Himbeersommer

Anja Saskia Beyer

Copyright © 2013 Anja Saskia Beyer

Cover: www.art-for-your-book.de

www.Anja-Saskia-Beyer.com

Alle Rechte vorbehalten

ISBN-3-9815843-2-5

ISBN-978-3-9815843-2-5

Das Buch

Irgendwie gehört zu einer glücklichen Beziehung doch auch ein Kind, findet Nora. Die chaotische Architektin und ihr langjähriger Freund Tobias probieren es schon seit zwei Jahren. Doch Sex nach Terminplan ist alles andere als Leidenschaft pur. Um ihre Beziehung zu retten, kommt Nora auf eine außergewöhnliche, verrückte Idee. „Du spinnst", findet Jacky ihre beste Freundin, doch Nora lässt sich nicht beirren und verfolgt ihren Plan.
Als sie sich dann in den unverschämt-charmanten Daniel verliebt, der zwölf Jahre und hundert Falten jünger ist als sie, geht der Schlamassel richtig los. Nora wird Mutter und ihr Leben noch turbulenter als je zuvor. Und dann muss sich Nora entscheiden: Für den besten Vater für ihr Kind und den Mann, den sie liebt.

Die Autorin

Anja Saskia Beyer studierte Theater-, Kommunikationswissenschaft und Werbepsychologie in München. Sie arbeitet erfolgreich als Drehbuchautorin und Dramaturgin für das Fernsehen. Seit 2013 hat sie zahlreiche Romane geschrieben, darunter vier #1-Kindle-Bestseller und zwei #1-BILD-Bestseller. Auch all ihre anderen Romane eroberten die Bestsellerlisten.
Die Autorin lebt mit Mann, ihren zwei Kindern und ihrem Hund in Berlin.

www.facebook.com/AnjaSaskiaBeyer
www.Anja-Saskia-Beyer.com
www.instagram.com/AnjaSaskiaB

Anja Saskia Beyer

Himbeersommer

Roman

***

Wenn Männer schlafen, schlafen sie. Mit offenem Mund, vibrierenden Nasenhaaren – und Tobias nackt. Wir hatten endlich mal wieder richtig guten Sex. Und das, obwohl wir schon seit sieben Jahren zusammen sind und Leidenschaft auf Knopfdruck mindestens so schwierig ist, wie auf ein Stück Himbeertarte mit Schlagsahne zu verzichten.

Mein Handy dudelt „The Look of Love" von Nina Simone, während ich mein Becken routiniert nach oben drücke, um die Wahrscheinlichkeit einer Befruchtung zu erhöhen.

„Jacky, du störst", wispere ich leise ins Fon. „Wir hatten gerade ... du weißt schon."

„Eisprung-Sex? Na wunderbar. So hast du dir deinen 39. früher bestimmt immer vorgestellt. Happy Birthday, Süße. Ich wollte einfach nur die Erste sein, als deine Nummer eins."

„Danke. Es war richtig gut diesmal."

„Ist er nicht gleich wieder eingeschlafen?"

„Doch. Das schon. Noch auf mir. Ich hab ihn gerade runtergerollt."

Seit einem halben Jahr ungefähr schläft er danach sofort ein, und ich weiß nicht warum. Und das macht mich verrückt.

„Ich bin mir sicher, das ist nur ein typisch männliches Ego-Problem", versucht sie mich aufzubauen. „Dein widerspenstiges Ei will sein königliches Sperma nicht, und das macht ihn fertig. Nein, Nora, du redest dir jetzt nicht wieder ein, dass *du* schuld bist. Es gibt tausend

Gründe, warum man nicht schnell schwanger werden kann, von denen 956 nicht an der Frau liegen, okay?"
„Ja, ja. Aber... meinst du, unsere Beziehung hält das noch lange aus?"
Jacky atmet aus. „Ihr seid doch unser Traumpaar. Wenn ihr euch trennt, stürzen sich eine Million frustrierte Single-Frauen in die Spree." Jacky klingt jetzt wirklich ein bisschen verzweifelt. „Und ich als Alleinerziehende springe als Erste."
„Ich fisch dich wieder raus."
„Sehr witzig. Bleibt`s diese Woche bei unserem Mittwochslunch?"
„Klar."
„Super, ich muss dir nämlich was erzählen."
„Jetzt sag schon."
„Nein, nein. Nur so viel: Nasigoreng." Sie lacht. „Mehr am Mittwoch." Ihre Stimme wird warm. „Kuschel dich jetzt lieber wieder an ihn. Vielleicht hat`s ja diesmal geklappt. Ganz sicher, Süße. Ein kleines, niedliches Geburtstagsgeschenkchen."
Ich nicke lächelnd, wir verabschieden uns, und ich lege voller Hoffnung auf.
Tobias schläft unruhig, seine Nasenflügel vibrieren leicht.
Zack, schlenkert sein Arm im Schlaf herum und bleibt auf meiner nackten Brust liegen, die dadurch leider noch weiter zur Seite rutscht. Nichts bleibt wie es war. Wir befinden uns mitten im Umzugschaos. Unsere 1,80-Matratze liegt auf dem Boden, ein großer, verschrammter Koffer daneben. Die Sonne kitzelt mich an der Stirn. Wir müssen dringend zu Ikea, Vorhänge kaufen.
Ich küsse ihn liebevoll wach.

„Hast du von mir oder unserem Bankkredit geträumt?", ich sehe ihn forschend an. „Du hast so panisch gewirkt."
Tobias lächelt, gibt mir einen Kuss und umarmt mich ganz fest, wir wälzen uns über die Matratze und verheddern uns lachend in unseren Decken.
„Von *dir*. Alles Liebe zum Geburtstag, Schnecki, hab ich das vorhin überhaupt schon gesagt? Mann, sind deine Füße wieder kalt!"
„Und ich hab schon befürchtet, sie werden mit 39 heiß", seufze ich, „das mit der Hitzewallung kommt ganz viel später, oder?"
Er grinst.
Plötzlich ist Babygebrüll von der Straße zu hören.
Tobias Miene wird blass, er richtet sich angespannt auf.
„Können Mütter ihre brüllenden Babys nicht irgendwo anders herumschieben, als direkt vor *unserem* Fenster?!", regt er sich auf.
Wir sehen uns betreten an. Jacky hatte recht. Es geht *nur* um sein Sperma.
Tobias steht auf und sieht den bedrohlich schiefen Turm aus Umzugskisten vor uns an, als wäre er unser Leben.
„In welchem Karton sind frische Socken?", will Tobias leise wissen.
„Ähm, ich habe ein ‚S` darauf geschrieben", erläutere ich mein System, wohl wissend, dass „S" auch Schuhe bedeuten kann und „S" wie System nicht für mich steht. Eher „U" wie unorganisiert.
Tobias sieht die Kartons an, schüttelt nur den Kopf.
„Auf jedem steht ein ‚S` - unter anderem", er macht einen Karton auf und schaut fasziniert in die Kiste, „`S, C, B´ - Schuhe, Cremes, Bücher", das schaffst nur du."
Er lächelt.

Glück ist, wenn dich ein Mann trotz deiner Macken liebt.

„Dein Arzttermin!", erinnere ich ihn schnell. „Ich hab doch heute Nachmittag einen Arzttermin für dich gemacht."

„Ich bin nicht krank", wundert er sich wirklich.

„Beim Urologen, Sperma testen, das hab ich dir vorgestern gemailt!"

„Was?! Wieso hast du es nicht auf Facebook gepostet oder getwittert?", erwidert er genervt. „An deinem Geburtstag? Ich muss in die Kanzlei und du auf deine Baustelle … und wir müssen doch noch so viel für die Party vorbereiten!"

„Jacky macht einen Couscous-Salat, den Rucola-Mango-Chutney-Dings-Salat mache ich später fertig. Der Rest wird geliefert, wo ist das Problem?"

Ich sehe ihn müde an. „Seit wann liest du meine Mails nicht mehr?"

„Natürlich lese ich deine Mails noch", Tobias nimmt mein Gesicht zwischen seine Hände und küsst meine Stirn.

In die Augen schauen kann er mir nicht. Oder bilde ich mir das nur ein? Er dreht sich um und zieht sich seine alten Socken an. Die Socken immer zuerst.

„Bei welchem Urologen?", will er angespannt wissen.

„Dr. Schabe, dein anderer hatte so schnell keinen Termin, wieso?!" frage ich, während ich meine etwas eng gewordenen Jeans malträtiere. Ich passe nicht mehr in Hüftjeans Größe 38. Punkt. Obwohl ich weder schwanger bin noch vier Kinder bekommen habe. Aber ich finde, mit 39 ist man über 38 einfach hinausgewachsen.

Tobias hält sein Hemd von gestern in der Hand und sieht es stoisch an.

„Ich habe noch einen Mandanten reingekriegt, das könnte länger dauern. Und jetzt, wo wir hier am Stadtrand wohnen, ... bis ich mit der S-Bahn erstmal im Büro bin ..."
„Ich hol dich mit dem Audi in Mitte ab", stoppe ich seine fadenscheinigen Ausreden. „15 Uhr." Ich streife noch mein Ringel-T-Shirt über und muss mich beeilen. Mein Bauleiter wartet schon.

Der Bauleiter ist ein echter Kerl. Bierbauch und Glatze. „Niedlicher Hintern, und sogar was in der Birne", hat er nach unserer ersten Baubesprechung gesagt und mich, eine Frau, eine ArchitektIN, sofort als Projektleiterin akzeptiert. Und seitdem mag ich Manni. Ein Kompliment über meinen Hintern hat Tobias noch nie über die Lippen gekriegt. Dabei sollte das jeder Mann, der behauptet, eine Frau auch nur ansatzweise zu verstehen.
Stolz wie eine Hacienda-Besitzerin betrachte ich meine Himbeersiedlung. Eine heruntergekommene Reihenhaussiedlung aus den 60ern, die nach *meinen* Plänen zu einer Kinder-Oase par excellence mutieren soll. Bis jetzt sieht es eher aus wie auf einem Schrottplatz. Überall stehen Baugeräte herum, die Häuser sind eingerüstet, die Gärten noch ziemlich wild, aber herrlich verwuchert. Und wenn ich meine Augen schließe, sehe ich unsere zwei Kinder inmitten dieser Blütenpracht, die kreischend in ein gelbes Planschbecken hopsen.
Ich halte mir die Ohren zu. Denn eine Kreissäge durchschneidet das Lachen der Kinder, die auf dem Bauschutt Spiderman spielen.
Ein junger Maurer, mit Dreitagebart und Nasenring, pfeift mich aus meinem klebrigen Tagtraumnetz.

„Die Trockenbauwand in Haus 10 kommt mir irgendwie komisch vor."
„Komisch? Ich wusste gar nicht, dass Trockenbauwände witzig sein können", kontere ich bemüht schlagfertig, ahnend, dass sich da ein Fehler eingeschlichen haben könnte.
Der nach frischem Schweiß und Döner riechende, Anfang Zwanzigjährige, legt mir grinsend meinen Plan vor und starrt mir in den Ausschnitt. Und tatsächlich.
„Äh ... die stimmt natürlich nicht", versuche ich meine Stimme gelassen klingen zu lassen. Und zeichne in die Wand noch eine Tür hinein.
„Wäre etwas umständlich, immer durchs Küchenfenster klettern zu müssen", lächle ich ihn an und bin froh, heute ein etwas tieferes Dekolletee anzuhaben.
Er lächelt zurück, und wir sind uns einig. Kein Wort zu niemandem. Manchmal ist es gut, dass Männer Primaten sind.
„Danke", rufe ich ihm noch nach.
Bauarbeiter sind meine allerbesten Freunde. Als Bauleiterin habe ich mich jahrelang mit polnischen Anzüglichkeiten herumgeschlagen, bis ich gemerkt habe, dass es Komplimente waren.
Nachdem ich mich unbemerkt in den Baucontainer geschlichen habe, um diese Küchentür heimlich im Plan des Bauleiters einzuzeichnen, ist es schon fast halb drei. Mist. Unser Arzttermin.

***

Ich renne über die kleine Straße vor unserer Siedlung und sehe dem Tod ins Gesicht. Ein junger Vespa-Fahrer kommt hinter einem wilden Himbeerbusch angebraust, tritt auf die Bremse – Reifen quietschen. Gemüse kullert aus einer Kiste, die auf dem Gepäckträger aufgeschnallt ist. Paprika, Gurken, Zucchini.
„Verdammt! Kannst du nicht aufpassen?!", herrsche ich ihn an, fühle mich so temperamentvoll wie eine schwarz gelockte Italienerin, nehme eine Zucchini auf und fuchtele damit herum. „Vorsicht, die brauch ich noch für mein Zucchini-Parfait", macht er mich an. Wohl sehend, dass mir nichts passiert ist.
„Hier spielen Kinder, ich hätte ein Kind sein können!", blaffe ich zurück und ignoriere seinen Charme.
„Bist du aber nicht. Oder doch?" Er grinst. Mit Grübchen.
Frechheit. Ich mag Grübchen.
„Hast du was mit dieser Baustelle zu tun?", will er wissen und sieht sich neugierig um.
„Wie kommst du da drauf?", erwidere ich störrisch.
Er kommt lächelnd auf mich zu, nimmt mir ein Stück Mörtel aus dem Haar und sein ebenmäßiges Gesicht ist mir ganz nah. Keine einzige Falte, schießt es mir durchs Hirn. Wie alt er wohl ist? Mitte zwanzig?
„Kann ich dich auf einen Espresso einladen?", fragt er frech, steigt auf seine Vespa und gibt etwas Gas.
Für meinen Geschmack zu viel Gas. Ich schüttele den Kopf. „Espresso macht mich komplett verrückt ... ich meine ... ich hatte heute schon zwei."
„Ich heiße Daniel", lächelt er mich an, ohne mich aus den Augen zu lassen.

„Ich Nora", erwidere ich schnell und drehe mich noch schneller um.
Ich muss Sperma testen, nicht ich, sondern Tobias, sofort. Gut, dass ich das nicht laut gesagt habe. Danke, Kleinhirn.
Ohne mich zu verabschieden, renne ich weiter, Richtung Parkplatz, steige in unseren geräumigen Kombi. Genug Platz für Kindersitze, Laufräder, Kinderwagen.
Der jugendliche Vespa-Fahrer sieht mir amüsiert hinterher.

Mit quietschenden Reifen fahre diesmal *ich* vor Tobias` Kanzlei in Mitte vor. Berlin-Friedrichstraße – shoppingfanatische Touristen mit Hermés-Tüten versperren mir den Weg. Ich bin mal wieder zu spät. Bestraft mich deshalb das Leben?

***

Die Fahrt zum Urologen wird schweigsam. Tobias schaut aus dem Fenster, als habe er noch nie ein Gucci-Schaufenster von außen gesehen. Während ich über die Brandenburger Strähnchen vor uns fluche, „Himmelherrgottsakrament!", versuche ich zu überholen. Endlich hat sie ihr Hinterteil in die Parklücke bekommen, und ich kann schnittig an ihr vorbeifahren. – Natürlich nicht, ohne einen kurzen Blick auf die neue Gucci-Kinderkollektion im Schaufenster zu werfen. Rosa Rüschenkleidchen, wie niedlich!

Wir haben uns zu lange vor einem Arztbesuch gedrückt. Ich, weil ich Angst hatte, nicht einmal fähig zu sein, Mutter zu werden – Tobias, weil er vor hundert Jahren für seine Ex-Ex ein Spermiogramm hat machen lassen. „Mit einem 1a-Ergebnis", wie er lange stolz betont hat. In letzter Zeit betont er das nicht mehr, wahrscheinlich aus Rücksicht auf mich.

Ich weiß, es ist das falsche Thema. Aber um Tobias etwas aufzulockern, erzähle ich ihm von meinem amüsanten Erlebnis bei meinem attraktiven, sonnengebräunten Frauenarzt, bei dem ich letzte Woche meine Abschlussuntersuchung hatte. Wobei ich die Beschreibung seines umwerfenden Äußeren natürlich ausspare.

Männer sind sensibel. Und Männer, die in einer halben Stunde Sperma liefern müssen, besonders.

„Und als mir Dr. Wagner dann gesagt hat, Frau Blume, an Ihnen liegt es mit 98-prozentiger Sicherheit nicht", bin ich ihm um den Hals gefallen und habe ihn dabei zu Boden gerissen. Das hab ich dir noch gar nicht erzählt, oder?"

Tobias erwacht kurz aus seiner Starre, sieht mich fassungslos an. „Deinen Gynäkologen? Und du lagst dann *unten ohne* auf ihm?"
„Nein!", versuche ich ihn lachend zu besänftigen. „Das war, *nachdem* ich auf dem Gyn-Stuhl war. Angezogen."
„Aha", sagt er, und wir steigen in den alten, ehrwürdigen Aufzug aus der Jahrhundertwende, der uns nach oben bringen soll.
Oben tatsächlich angelangt, öffnet Tobias die quietschende Aufzugstür und hält abrupt inne. „Wollen wir nicht einfach noch abwarten?"
Wir stehen vor der Praxis im ersten Stock. Die alten Teppiche riechen modrig.
„Abwarten? Was?", frage ich ihn verwundert. Bis sich dieser Baby-Virus, der unsere schöne Beziehung immer mehr vergiftet, ganz ausgebreitet hat?
„Ich weiß nicht ... wenn wir kein eigenes Kind kriegen sollten, ... ist es doch auch nicht so schlimm, oder?"
Ich sehe ihn paralysiert an wie ein hysterisches Kaninchen die lachende Schlange.
„Wir gehen da jetzt rein", erwidere ich, und hoffe die Lage in den Griff zu bekommen, drücke gegen die Tür und betrete die in Grün gehaltene Praxis. Grün ist die Hoffnung. Und glücklicherweise folgt mir Tobias.

Die blonde Sprechstundenhilfe hinter dem grünen Tresen lächelt uns freundlich an. Das grüne Ungeheuer steht mitten im Warteraum, so dass auch jeder mitbekommt, wer welche Geschlechtskrankheit hat,
„Blasenentzündung?", tippt sie einfach mal ins Blaue.
„Nein, äh ... mein Freund ...". Ich sehe Tobias erwartungsvoll an. Wenn ich schon den Termin gemacht habe, kann er ja wenigstens reden.

„Guten Morgen, ja ich ... soll getestet werden," Er quetscht ein misslungenes Lächeln heraus.
„Ah, die Sperma-Probe", flötet die Vollbusige laut und streckt ihm einen durchsichtigen Plastikbecher hin. Durchsichtig, damit auch jeder sofort sieht, wie viel er konnte?
„Bitte die dritte Tür rechts", lächelt sie ihn an, und Tobias ist noch blasser, so blass war er zuletzt, als Schalke gewonnen hatte.
Tobias nimmt den Becher irgendwie in Trance entgegen, hält ihn in der Hand und starrt mich an. Dann stellt er ihn auf den Tresen zurück und zieht mich mit sich hinaus.

Wir stolpern die vielen Treppen hinunter und sind endlich an der frischen Luft. Auf der Straße bricht dann alles aus ihm heraus.
„Ich kann nicht. Ich ..." Er stoppt.
„Was?", will ich tonlos wissen, und meine Knie fühlen sich an wie grüner Schleim, den es in meiner Kindheit in Plastikbechern gab.
„Kinder ... ich kann keine Kinder ... zeugen, Nora, es tut mir so leid ... Ich ... ich hab mich testen lassen ... vor einem halben Jahr schon ... ich wollte es dir damals schon sagen, aber ich hab irgendwie nie ... ich hatte so Angst ... dass ich dich verliere ... es muss an diesen verdammten Masern liegen, die ich letztes Jahr hatte ..."
Stille. Ein kleines Mädchen, das uns auf seinem Puky-Dreirad entgegenkommt, wiehert mit seinem Barbiepferd durch die Prärie. Die Welt scheint eine zweite Zeitebene erreicht zu haben. Ich kriege Flecken. Hektische Flecken am Hals und würde am liebsten

lachen und wiehern ... EIN HALBES JAHR weiß er es schon!?!

***

Als hätte ich ein Ziel - irre ich umher. Schwangere Frauen kommen mir entgegen, winken mir zu. Aus Kinderwagen ist höhnisches Babygekicher zu hören. Ich habe das Gefühl, ich drehe mich im Kreis.
Da sehe ich die rettende Insel. Ein kleines, französisches Bistro, umwuchert von Flieder und Himbeeren. Ich durchschreite den betörenden Duft und flüchte mich hinein in ein bezauberndes Ambiente. Kleine braune Bistrotische, liebevoll dekoriert mit echten Mohnblumen.
„Eine Flasche Weißwein zum Mitnehmen, egal welcher", sage ich, bevor sich meine Augen an das dunklere Licht gewöhnt haben, und setze mich auf einen braunen Barhocker, eine Sekunde, bevor meine Füße ihren Dienst versagen.
Da keine Reaktion von dem Mann hinterm Tresen kommt, kneife ich meine Augen zusammen und sehe ihn finster an. Erst jetzt erkenne ich ihn im Nebel.
Es ist der faltenlose Vespa-Fahrer, der mich erstaunt und besorgt ansieht.
„Ich mach dir eine heiße Schokolade." Er entscheidet einfach über meinen Kopf hinweg und fängt an, die Milch aufzuschäumen. Mir ist kalt, und die Vorstellung, die Kälte etwas verscheuchen zu können, lässt mich sitzen bleiben.
Daniel wirft mir immer wieder einen besorgten Blick zu, schüttet Kakao-Pulver in die Tasse, rührt nachdenklich um. Er fragt nicht nach und ich bin ihm sehr dankbar dafür.
„Zigarette?" Das ist die einzige Frage, die ich gelten lasse. Ich sehe ihn an und rutsche dabei in Zeitlupe vom Barhocker - zu Boden.

Daniel ist sofort bei mir, hilft mir hoch, wir sehen uns an.
„Ich habe noch nie in meinem ganzen Leben auch nur eine einzige Zigarette geraucht", sage ich, als würde ich sagen: „Ich habe eine Wassermelone getragen." Und wer wie ich über den Tod von Patrick Swayze immer noch nicht hinweg ist, weiß, wie ich mich gerade fühle.
„Jetzt ist genau der richtige Zeitpunkt", sagt Daniel, „für alles."
„Der Haut einer Frau sieht man jede einzelne Zigarette an, sagt meine Mutter immer." Ich fröstele.
Er lächelt und streicht mir zart über die Wange.
„Wie ein Babypopo."
Ich schluchze los, und er nimmt mich einfach in seinen Arm. Und duftet - viel zu gut.
Ich mache mich schnell wieder los, streiche mir meine Haarsträhne aus dem Gesicht und setze mich ungalant schniefend auf den Barhocker.
Daniel stellt mir die heiße Schokolade hin, dazu eine ungeöffnete Flasche Chardonnay, nimmt eine Streichholzschachtel aus einer Schale vom Tresen, zündet das Streichholz an und sieht mir über das Feuer hinweg in die Augen. Eine Sekunde, zwei, drei …
„Mist." Er schüttelt seine Hand, denn er hat sich verbrannt. „Wir haben uns verbrannt", sagt er grinsend dahin. „Für die Liebe muss man manchmal verrückte Dinge tun."
„Was soll dieses schicksalsschwangere Geschwafel", fauche ich ihn an und ziehe an der Zigarette, als wäre es die letzte meines Lebens. Natürlich huste ich sofort los. Und die Zigarette geht aus.
Peinliche Szenen habe ich in meinem Leben schon genug geliefert, und ich finde, diese muss verkürzt werden.

Die Zigarette im Mundwinkel, schnappe ich mir die Streichholzschachtel und den Chardonnay und stürme nach draußen.
Ein eiskalter Wind weht mich fast um, drückt mich mit dem Rücken an die nächstbeste Schaufensterscheibe. Ich wage es nicht, mich umzudrehen, denn ich ahne es und habe recht. Es ist ein Spielwarengeschäft.

Tobias findet mich. Zitternd und blass, bei Nino, meinem Eisverkäufer - mit sechs Kugeln Erdbeereis in der blau angelaufenen Hand.
Nino schaut Tobias an, als habe er seine Frau eine Hure genannt. Und Tobias glaubt, dass ich Nino in allen Details von seiner Unfruchtbarkeit erzählt habe. Ich lasse ihn schmoren. So wie er mich hat schmoren lassen, in dem Glauben, nicht fruchtbar zu sein. Je länger ich darüber nachdenke, desto gemeiner finde ich es. Ein halbes Jahr!

„Nora, bitte, es tut mir so leid, aber kannst du dir vorstellen, was das Ganze für *mich* bedeutet?!" Tobias sieht mich flehentlich an.
Ich starre fassungslos zurück. Und strafe ihn mit Schweigen. Das, was er die letzten Monate so gut konnte. Während ich all die Gyn-Untersuchungen über mich habe ergehen lassen.

„Meine Party, ich muss doch noch den Rucola-Drecksdings-Salat machen", höre ich mich durch dumpfe Watte fluchen. Und mir ist schlecht.
Tobias wirkt irgendwie erleichtert, dass ich noch funktioniere. Er legt Nino ein ordentliches Trinkgeld hin, nimmt mich liebevoll am Arm und führt mich zu

unserem Audi. Den Tobias vor einem dreiviertel Jahr gekauft hat, falls ich über Nacht schwanger werde.
Der Kombi scheint mich zu verhöhnen und glotzt wie ein Auto.
Tobias wirkt verzweifelt. „Ich will Kinder mit dir, Nora. Wirklich. Ich liebe dich. Wir könnten ... welche adoptieren?"
„Adoptieren?!", entfährt es mir spitz. „Auf keinen Fall!"

Meine Cousine hat ein sehr großes Herz. Sie hat ein Mädchen adoptiert. Mia. Mia ist jetzt elf und knutscht mit einem 16-Jährigen. Letztes Jahr hat meine Cousine herausgefunden, dass Mias Mutter eine 15-Jährige Prostituierte war. Seitdem hat sie panische Angst, bald Großmutter zu werden. Nein, ich glaube an Gene. Auch wenn meine nicht die einer Heidi Klum, sondern eher die einer Bridget Jones sind. Und ich nie auf einer Hochbegabten-Schule angemeldet werden musste. Ich fände es einfach niedlich, wenn mir mein Töchterchen irgendwie ähnlich sieht und ist. Keine Frage. Ich finde Leute anbetungswürdig, die ein fremdes Kind bei sich aufnehmen. Hut ab vor meiner Cousine. Aber – es mag ein Einzelfall sein - ihre Ehe leidet sehr seit Satansbraten Mia.

„Wie lange wolltest du dieses Spiel noch treiben?!", fauche ich Tobias an und Tränen drücken sich mir niagaraverdächtig in die Augen.
Er schluckt, schüttelt unglücklich den Kopf. Er scheint es selbst nicht zu wissen und starrt auf seine braunen Riccardo-Cartillone-Schuhe. Ich habe sie ihm zu unserem Siebenjährigen geschenkt.

„Ich habe einfach … den richtigen Zeitpunkt verpasst. Kennst du das nicht?"
Doch. Kenne ich. Bei meinen Haaren. Wenn sie strähnig ins Gesicht fallen. Und Otto, mein Friseur, gerade nach Malle abgereist ist.
Tobias hält mir bittend die Autotür auf. Wieder fällt mir eine Haarsträhne ins Gesicht. Ich lasse sie hängen.

Ich bin keine Frau, die zusammenbricht. Ich verbiege mich nur manchmal zu sehr.
Ich befehle Tobias, mich zu Jacky zu fahren. Sonst wüsste ich
nicht, wohin mit mir.

***

Jacky weiß, was Frauen brauchen. Was Frauen, die von Männern zutiefst enttäuscht wurden, brauchen. Marshmallows, in die man Zahnstocher pieken kann, Cola (auf gar keinen Fall light oder gar zero), Kleenex-Tücher, im Zweifel tun es auch Popo-Feuchttücher von Baby Gregor, und eine große Packung Paprika-Chili-Tacos mit extra fettigem Käse überbacken.

Jacky wurde von einem „große Liebe schwörenden" griechischen Tauchlehrer in Australien geschwängert und schnöde sitzen gelassen. Er hatte ihr gesagt, dass sie die erste Frau seit fünf Jahren ist, in die er sich richtig verliebt hat, dass er sie seiner Familie in Athen vorstellen möchte, dass er gerade dabei ist, einen Flug für sie beide nach Athen zu buchen – dummerweise hat er seine Mastercard auf einem Tauchgang verloren, ob sie ihm 1900 Euro für die beiden Flüge leihen kann. Seine Oma wird eine große Portion Moussaka machen, wenn sie beide kommen. Jacky, die mit Männern schon einiges mitgemacht hat, war noch nie naiv und gutgläubig. Aber einmal wollte sie offen sein für die große Liebe – an die sie seitdem nicht mehr glaubt. Tobias und ich sind ihre letzte große Hoffnung, das Traumpaar schlechthin.

„Tobias ist so ein Arsch - wie alle anderen auch. Er kann keine Kinder kriegen. Und weiß das schon seit einem halben Jahr!", platzt es bereits im 50er-Jahre-Treppenhaus aus mir heraus. Jacky hat Baby Gregor im Arm, starrt mich fassungslos an.
Die alte Frau Piske, die gerade mit ihrem Dackel aus der Tür gegenüber kommt, nickt nur bestätigt und brät

ihrem Dackel Willi eins mit der Leine über. Ihr Mann hieß Willi und ist mit einer Russin durchgebrannt.
Jacky sieht mich ungläubig an. „Was, was, Moment, Moment, TOBIAS!?"
„Er weiß es schon seit einem halben Jahr oder vielleicht noch länger, wer weiß…!" Wir sind in ihrem kleinen Wohnzimmer angekommen. Jacky reicht mir ein Marshmallow und ich beiße hastig hinein, um meine Tränen mit zwei Millionen Kalorien zu ersticken.
„Tobias hat dich … verarscht?" Sie kapiert es genauso langsam wie ich.
„Er will ein Kind adoptieren. Aber das kommt überhaupt nicht in Frage."
„Zumal ihr dafür bald schon zu alt seid. Und erstmal heiraten müsst. Und dann wartet man ja `ne Ewigkeit auf so ein Kind. Und eins aus China mit Schlitzaugen, oder ein verstrahltes aus der Ukraine, ich weiß nicht."
Ich sehe sie an und die Tränen fließen endlich.
Jacky nimmt mich in den Arm. Baby Gregor wird dabei gequetscht und fängt an zu schreien. Männer! Sie wollen immer im Mittelpunkt stehen.
Während sich Jacky erstmal um Gregor kümmert, der jetzt auch noch die Brust will, steche ich Zahnstocher in Marshmallows.
Und als die Marshmallows alle tot sind, fasse ich einen Entschluss.
Wir sind nicht tot, wir leben noch. Und wir kämpfen bis zum bitteren Ende.

***

Schockgefroren wie Käpt`n Iglo, lächelt mich Tobias an, als ich mit Jacky und Baby Gregor zu meiner Geburtstagsparty in der Tür unseres gerade erworbenen Häuschens erscheine. Unsere gemeinsamen Freunde und zukünftigen neuen Nachbarn unterhalten sich bereits prächtig, freuen sich, mich zu sehen, busseln mich ab und merken nichts. Schon als Kind war ich eine überzeugende Biene, bei unserer Biene-Maja-Aufführung in der 3. Klasse.

„Das Buffet ist ja schon halb leer gefuttert", beschwert sich Jacky, „komm, wir gehen wieder", aber ich schüttele den Kopf und ziehe sie mit herein. Wir erhaschen fettige Frühlingsrollen und kalte Chicken-Wings. Und ich muss Glückwunschküsschen über mich ergehen lassen.

Während ich dem Blick von Tobias ausweiche, nehme ich Baby Gregor auf den Arm und wiege ihn.

„Guckt er?", frage ich Jacky leise, denn ich will ihm wehtun. So wie er mir wehgetan hat.

„Ja. Wer sind denn die?", fragt Jacky und deutet mit dem Kinn auf die Neuen aus Haus 5. „Echte Spießer, oder?"

„Kann sein. Oder gerade nicht. Guck mal da drüben, der coole Portugiese, der hat sich als echter Spießer rausgestellt. Zwanghaft pingelig, will eine Thuja-Hecke, hat seine Wiese drei Stunden geharkt. Ein echter Albtraum."

„Echt, schade, sieht süß aus", findet Jacky und stopft sich eine zuckrige Dattel in den Mund. „Der Mann, die Mogelpackung."

„Das ist Konrad Wolkner, dem gehört das Eckhaus, und das ist seine Frau Monique und ihre entzückende Tochter Sarah."
„Mann, hat die ein Figürchen." Jacky wirkt gefrustet, denn sie hat seit der Geburt von Gregor fünf Kilo zugenommen.
„Konrad hat noch drei Kinder aus erster Ehe. Also sehr potent."
„Und die Hippies da?" Jacky sieht sie etwas zu auffällig an.
„Die Meissners. Drei Kinder, jedes Jahr eins. Sag mal, spinn ich oder ist die schon wieder schwanger?" Ich starre Frau Meissner an, als wäre sie ein Zeppelin.
Jacky sieht mich etwas besorgt an und schüttelt langsam den Kopf.
„Komm, dieser Werner, der mit den längeren Haaren, den muss ich mir mal genauer angucken, nur fürs Ego. Und du stellst mich vor, das ist doch ein Freund von Tobias, oder nicht?"
„Werner ist glücklich verheiratet und hat zwei Kinder!" Ich versuche sie schnell einzubremsen.
„Na und", findet Jacky, „der guckt aber. Wetten, die haben seit Monaten keinen Sex mehr. Solche Männer machen tolle Komplimente." Typisch Jacky.
„Was wolltest du mir überhaupt noch erzählen?", fällt es mir ein.
„Ach nix. Ich hab 'nen Typen im Supermarkt kennengelernt. Nasigoreng Fertigmenü. Alles klar, dachte ich mir und hab ihn angequatscht. Ganz nett, aber nix gegen diesen Werner da. Der ist voll mein Beuteschema."
Wir lächeln. Ich stelle ihr Werner vor und werde dabei von Magda und Ines beobachtet, dem lesbischen Paar aus Haus 7.

Als ich Jacky ihrem Werner überlasse, spricht mich Magda an.

„Dafür, dass du heute Geburtstag hast, siehst du verdammt traurig aus."

„Was?! Nein, überhaupt nicht. Alles super!"

Magda lächelt mitleidig, sieht Baby Gregor an, den ich immer noch krampfhaft im Arm halte, und löst meine Faust, die sich in sein Beinchen verkrallt hat. Wir sehen uns kurz an, dann streichle ich Gregor, dem das Ganze zum Glück nichts ausgemacht hat. Er gluckst selig.

Magda hat gesehen, dass Ines` Schnürsenkel offen ist, bückt sich und macht ihr die Schlaufe zu. Ines lacht.

„Wenn ihr immer noch nicht wisst, was wahre Liebe ist, das hier ist sie!"

Ich sehe die beiden an. Sie wirken sehr glücklich, so wie Tobias und ich - vor nicht allzu langer Zeit.

Mit Magda und Ines hatte ich bei den Baubesprechungen die wenigsten Probleme. Sie ticken wie ich, haben den gleichen Geschmack und die gleiche Einstellung zu Fliesen und Männern. Fliesen sind hart und kalt und sehr, sehr wenige interessant.

Ich seufze. Sehe Tobias an, der sich gerade mit der Nachbars-Mami aus Haus 3 unterhält. Sie ist schwanger, und er starrt ihr immer wieder auf den Bauch.

Ich hasse diesen Bauch und drücke Baby Gregor seiner Mama Jacky, die gerade zu mir kommt, in den Arm. Sie wirkt etwas verstört, will aber nicht sagen warum.

Ich stelle mich neben den Bauch und höre Tobias zu. Der sagt Sachen wie „Wenn dein Mann immer so lang arbeitet und du Werkzeug brauchst …"

„… willst du ihr deinen Hammer leihen?!" Ich unterbreche ihn fassungslos.

Die beiden scheinen mich erst jetzt zu registrieren. Tobias sieht mich todtraurig, aber auch angriffslustig an.

„Oder eine Säge. Katrin ist eine Zauberkünstlerin."

„Aha. Eine Zauberkünstlerin. Wen hast du denn verzaubert?", ich wende mich kühl an den Bauch, und schicke Tobias einen grimmigen Seitenblick.

Katrin sieht uns beide unwohl an, weicht unbewusst einen Schritt zurück.

„Äh ... das war doch nur Quatsch. Ich glaube ich hol mir noch was von eurem leckeren Buffet."

Und weg ist sie.

Wir funkeln uns an.

„Du willst es nicht verstehen, wie immer." Tobias fährt sich gekränkt durchs Haar. Eine Geste, die er sonst nur macht, wenn er von seiner Mutter genervt ist.

„Ich bin nicht deine Mutter!", schmettere ich ihm entgegen, da werden wir vom melodischen Klopfen an ein Glas unterbrochen.

Alle Blicke wenden sich Werner und seiner etwas aufgedunsenen Frau Corinna zu, die etwas blass in der Mitte des Wohnzimmers auf unserem roten Flokati stehen.

„Also, ich will die Party jetzt wirklich nicht sprengen, aber da hier alle Bauherren der Himbeersiedlung beisammen sind ...", beginnt Werner unwohl.

Corinna, die schon immer das Heft in der Hand hatte, redet weiter.

„Wir werden uns scheiden lassen, das Haus aber trotzdem behalten. Werner wird ausziehen. Vorerst. Wir wollten nur, dass ihr das wisst, damit es kein Gerede gibt."

Die Partygäste sehen sich betreten an. Gemurmel setzt ein, ich sehe Jacky an, dass sie etwas überfordert ist mit

der Situation. Baby Gregor fängt an zu schreien. Und mir ist auch danach.
„Können wir reden?", flüstert mir Tobias zu.
„Nein!", fauche ich ihn an.
„Habt ihr etwa auch Probleme?", will Kuno, Tobias` verklemmter Anwaltskollege, scherzend wissen. Und ein paar andere Gäste sehen her.
„Nein! Wir doch nicht! Wir sind doch Mr. und Mrs. Right", erwidere ich, auf Krawall gebürstet.
Doch Tobias geht dazwischen. "Bitte, Nora, ich glaube, du bist heute etwas …"
„Überspannt", vollende ich seinen Satz bitter lächelnd.
„Wir können keine Kinder kriegen, weißt du, Kuno, weil …"
Tobias packt mich am Arm.
„Das muss doch jetzt wirklich nicht sein!? Wenn Kuno es weiß, weiß es die ganze Kanzlei," zischt er.
Wir hatten noch nie eine Szene. Aber ich schätze, das war sie. UNSERE Szene.
Der Großteil der Gäste hat mitbekommen, dass wir uns streiten. Und Jacky, die sich um den armen Werner kümmert, macht mir Zeichen, dass es eindeutig Zeit für einen Break ist.
Tobias, der ihre Gestik auch gesehen hat, nickt und wendet sich an unsere Freunde und Nachbarn.
„Ich fürchte, heute ist irgendwie der Wurm drin. Vielleicht sollten wir die Feier an dieser Stelle beenden."
Allgemeine Zustimmung, und die ersten machen sich sogleich auf den Weg. Sie wirken irgendwie erleichtert.
Ich nicht.
Ich stehe in der Ecke und sehe Tobias zu, wie er die Gläser zusammenräumt. Und Jacky und Werner helfen ihm. Mir wird bewusst, wie zerbrechlich eine

Beziehung ist. Kann ich ihm diesen Verrat jemals verzeihen? Liebt er mich überhaupt noch wirklich? Und vor allem: Kann ich mit ihm wieder glücklich werden, auch ohne Kinder?

***

Je mehr es regnet, desto mehr nehmen meine Zweifel an uns zu.
Der Umzug ist gerade mal eine knappe Woche her. Ich hatte bisher so viel auf der Baustelle zu tun, dass ich fast noch keine Kisten ausgepackt habe.
Meine Mutter hat mir am Telefon sofort angehört, dass etwas Furchtbares passiert sein muss!
„Es ist wirklich nichts, Mama." Ich habe versucht, sie abzuwimmeln. Jetzt steht sie vor der Tür. Mit einer Kuchentüte in der Hand.
„Zwei Sahneschnittchen, du kannst dir eins aussuchen." Sie versucht mich nur aufzuheitern und kommt einfach herein.

Meine Mutter ist eine seltsame Person. Sie wohnt in einer Einraum-Wohnung am Alex, die aussieht, als wären die 68er gerade mal zwei Jahre her. Weiße Kugellampen, orange-braune Tapeten und ein Foto, das sie mit meinem Vater bei einem Rockkonzert zeigt. Aktuell hat sie zwei Liebhaber. Beide verheiratet.
„Kindchen, du hast zwei Kilo zugenommen, habt ihr keinen Sex mehr?", fragt sie mich und kneift mir in die Hüfte. „Sag was los ist. Hat er eine andere?"
Ich starre die Glühbirne über mir an.
„Nein. Er kann keine Kinder kriegen und hat mir das ewig nicht gesagt."
Mama sieht mich an, als habe ich einen Scherz gemacht.
„Und das ist alles?", will sie fast schon amüsiert wissen.
„Nora, du bist doch überhaupt nicht der Mutti-Typ. Du wolltest nie Kinder, erst seit ein paar Jahren. Und auch nur, weil es alle machen."

„Das stimmt nicht. Ich will schon länger ein Baby. Gut, früher nicht, aber jetzt schon sehr." Ich versuche, nicht in Tränen auszubrechen.
Jetzt sieht meine Mama mich an und sagt etwas, was ich nie vergessen werde.
„Nora. Ich habe es bereut. Wirklich. Versteh mich nicht falsch, ich liebe dich über alles. Und deine Schwester auch. Aber was das für ein Stress war, als ihr klein wart, die ganze Schreierei. Was glaubst du, warum Papa gegangen ist?"
„Papa ist wegen uns gegangen?"
„Nein, also ich meine, ja, auch. Er hat sich sein Leben so einfach nicht vorgestellt. Und ich auch nicht."
Wir haben uns aufs Sofa gesetzt, ein großer Fleck von der Party gestern ist nicht zu übersehen. Und wird vermutlich für immer bleiben.
„Kinder sind keine Beziehungsretter. Im Gegenteil. Wie viele Väter lassen denn ihre zweijährigen Würmer sitzen. Das Geschrei, das hält doch kein Mensch aus", sagt sie und zündet sich eine Zigarette an.
Ich starre sie an und sehe eine verbitterte Frau vor mir sitzen. Und ich will so nicht werden.

Da klingelt es. Ich stehe schnell auf und öffne den Polen die Tür, die das Parkett im Kinderzimmer auswechseln sollen.
„Wo ist Kinderzimmer?", sie kommen polternd herein.
„Oben, im 1. Stock", sage ich mit butterweicher Stimme und werfe meiner Mutter einen enttäuschten Blick zu. Dann führe ich die Polen nach oben.
„Ich habe fünf", sagt der kleinere Pole lächelnd. „Soll ich machen Sandmann-Tapete?"

„Nein. Parkett", erwidere ich ziemlich garstig. Der eine macht das Zeichen für dicke Luft zum anderen. Der grinst.
Ich geh schnell zu meiner Mutter runter und bitte sie, die Handwerker zu beaufsichtigen. Ich muss los. Eine Baubesprechung. Sie will protestieren, aber ich gehe. So sind Kinder eben. Undankbar bis zuletzt.

Ich habe einen Termin mit Magda und Ines, den ich fast vergessen hätte. Sie wollen in ihrem Häuschen noch ein, zwei Wände anders setzen, freuen sich sehr, mich zu sehen.
„Diese Wand hätten wir doch gerne da", sagt Magda und sieht mich forschend an. „Wir sind eben manchmal etwas unentschlossen, sorry."
„Kenn ich." Ich lächle traurig. „Ich leider auch."
Magda und Ines werfen sich einen Blick zu, denn ich starre einfach nur aus dem Fenster, auf den welkenden Himbeerbusch.
Da klingelt es, Ines öffnet und zwei hübsche Mädchen stürmen herein.
„Das ist Ruby und das Wanda." Magda stellt mir die beiden zwölf- und neunjährigen Mädchen vor.
„Unsere Töchter."
Ich sehe Magda und Ines verblüfft an. Mit was für einer Selbstverständlichkeit Magda das sagt. Ich wusste nicht, dass die beiden Kinder haben.
„Heute hat die Oma keine Zeit, normal nehmen wir sie nicht mit auf die Baustelle."
Ruby und Wanda jagen durchs Haus und dann wieder raus in den Garten.
„Ich schätze, du weißt jetzt warum", lacht Ines und sieht ihnen stolz nach.

„Und wie ... ich meine, wer ...," stammele ich ziemlich deppert. Ines erbarmt sich. „Wer der Vater ist? Ein guter Freund aus dem Hinterhaus, wo wir gerade noch wohnen. Willst du wissen wie?"
Ich nicke und wir setzen uns auf das frisch verlegte Nussbaum-Parkett. Magda verteilt eine Runde „Toffifee".
„Auf die einfachsten Lösungen kommt man ja immer zum Schluss", sagt Ines lächelnd. "Wir haben uns vor 13 Jahren kennengelernt, da war Magda 28 und ich 31. Und es war klar, das ist es, das ist meine große Liebe, und für Magda war es genauso, behauptet sie zumindest."
Magda nickt mit einem wahnsinnigen Strahlen in den Augen.
„Vorher bin ich nur an Vollidioten geraten. Der letzte wollte, dass ich beim Sex ein Hund bin."
Wir lachen.
Ines grinst. „Naja, und wir wollten beide schon immer Kinder. War klar, dass es schwierig wird, vielleicht unmachbar – was uns ziemlich traurig gestimmt hat. Aber jetzt, wo wir uns hatten, da mussten wir nicht mehr lange überlegen. Nur noch wie, von wem."
Magda ergänzt. „Holland kam für mich nicht in Frage. Von irgendeinem arbeitslosen Holländer, der wichsen als Arbeit deklariert – nein danke. Mal davon abgesehen, dass ich den HIV-Tests bei so einer Sperma-Probe auch nicht so ganz vertraue. Und die Gene sind ja nun doch verdammt entscheidend. Einen Mann, mit dem sie Kinder will, sucht sich eine Hetero ja normalerweise auch in Ruhe aus."

Stimmt. Wenn auch nur unbewusst. Schließlich ist man ja nicht mit einem Typen zusammen, der gar nicht geht.
Ines beißt nachdenklich in ein Toffifee. „Tja, und das alles hat uns ganz schön fertig gemacht. Ich glaube wir waren auch mal kurz davor, uns zu trennen."
Magda nickt nachdenklich, nimmt Ines` Hand.
Ines lächelt sie an. „Wir haben uns nur noch angezickt, ich hab mir eingebildet, mich in eine andere verguckt zu haben. Wenn Magda nachtragender wäre, ich mag gar nicht dran denken …" Magda streichelt ihre Hand. „Ich weiß halt, was ich an dir habe."
Ines nickt. „Und dann fiel uns ja zum Glück das nächstliegende ein. Michael Schleicher. Dieser skurrile Workaholic aus dem Hinterhof. Sieht nicht super aus, aber okay, ist durchschnittlich clever, ein lieber Kerl und sehr kinderlieb."
Magda grinst. „Er hat irgendein Kindheitstrauma, superdominante Mutter, und ist deshalb total beziehungsgeschädigt und nie länger als sechs Wochen mit einer Frau zusammen."
„Aber dominante Mutter ist ja nicht vererbbar", fährt Ines fort. „Und so haben wir ihn einfach gefragt. Er war erst richtig schockiert. So etwas passt überhaupt nicht in sein Weltbild und er hat auch gleich abgelehnt. Aber dann, kurz vor Weihnachten, hat er bei uns geklingelt und gesagt: „Ich will strahlende Kinderaugen unterm Weihnachtsbaum. Ich will Papa werden. Teilzeitpapa. Mich nicht zu viel kümmern müssen, gern ab und zu. Aber um ehrlich zu sein, Sex mit euch kann ich mir … also nehmt es bitte nicht persönlich, aber …" Ines und Magda prusten los, dass die Untertassen klappern.
Und ich stimme amüsiert ein.

„Ich hätte mit dem nie, also wirklich nie …" Magda kriegt sich vor Lachen fast nicht mehr ein.
„Typisch, was Männer sich da gleich wieder ausmalen. Wir haben ihm dann von unserem Plan erzählt."
Ich sehe die beiden neugierig an. Ines fährt fort.
„Naja, ist doch ganz einfach, hab ich zu ihm gesagt. Hör zu, Michael. Die Magda hat in circa einer Woche ihren Eisprung. Da holst du dir jeden Tag einen runter, ziehst das Zeug in eine große Spritze auf und bringst es schnell rüber."
Michael hat mich angeguckt wie eine Verrückte. ´Ich soll…aber die Babys, in eine Spritze?! Und die sterben doch ab`, hat er gesagt. ´Auf dem Hof ist es doch immer so zugig.`"

Wir lachen los, mein Gott, wie niedlich Männer sein können.
Magda fängt sich als Erste. „Ines hat ihn todernst angeguckt und gesagt, das sind noch keine Babys, das sind deine Spermien, Michael. Und normalerweise quetschst du die in ein nach altem Gummi stinkendes Kondom und wirfst sie in die Tonne. Ich glaube, in Magdas warmer Scheide geht es ihnen tausendmillionen Mal besser. Das hat Michael zum Glück verstanden, und so haben wir es dann gemacht."
Die beiden strahlen sich an, küssen sich. „Und beim zweiten Mal genauso. Michael ist echt ein cooler Papa. Oder, Ruby?" Ines sieht die zwölfjährige Ruby fragend an, die gerade wieder hereingedüst kommt.
„Wanda ist Yakari, hab keinen Bock auf diesen Kinderkram."
Wir sehen uns amüsiert an. Ist das schon der Beginn der Pubertät?
Sie kuschelt sich an Magda, die weiter erzählt.

„Am Anfang hat er sich zwar ein bisschen seltsam angestellt und stand uns auch etwas zu oft auf der Matte, aber wir haben ihm dann nett klargemacht, dass wir ihn nicht jeden Abend bekochen oder ihm Leberwurststullen schmieren werden – und jetzt ist alles prima." Wieder küssen sie sich und wirken richtig, richtig glücklich. Ruby gibt Magda einen Kuss.
Ich werde fast neidisch, freue mich aber sehr mit den beiden. „Eine wundersam schöne Geschichte", sage ich.
Ich sehe Magda an, dass sie merkt, wie nah mir das Thema geht. Und sie ist so taktvoll, nicht zu fragen, ob ich Kinder habe - und warum vielleicht nicht. Ich denke, sie ahnt es. Warum sonst hätte man so viel Interesse an so einer Story.
Sie lächelt mich an.
„Weißt du, manchmal ist alles viel einfacher, als man denkt, wenn man die ungewöhnlichen Wege geht. Und für die Liebe muss man manchmal verrückte Dinge tun."
Ich nicke ergriffen und schockiert, genau das Gleiche habe ich heute doch schon von Daniel gehört – und verabschiede mich schnell nach draußen.
Was für ein Tag. Waren das jetzt alles irgendwelche Engel, die mir das Schicksal geschickt hat?
Nicht dass ich an so etwas glaube, aber irgendwie schon verrückt.

***

Ich packe zögerlich noch ein paar Umzugskisten aus, halte dann aber inne, bin mir nicht sicher, ob ich weiter auspacken soll. Und niste mich bei Jacky ein.

Die hat mal wieder eine Schreinacht hinter sich, und ich nehme ihr Gregor ab. Er wimmert, bekommt neue Zähne. Männer können so wehleidig sein.
Jacky sieht aus wie eine leer gesaugte Milchtüte und würde Gregor am liebsten verschenken.
Werner hat sich nach ihrem letzten Telefonat nicht mehr gemeldet, nachdem Gregor im Hintergrund die ganze Zeit geschrien hat. Ich nehme sie in den Arm.
„Das hast du wirklich nicht verdient, Süße."

Wir diskutieren, wie schwerwiegend Tobias' Vertrauensbruch war, ob ich weiter mit ihm leben kann, ob es eine Möglichkeit gibt zu verzeihen.
Nach fünf anstrengenden Stunden, fünf Gläsern Baileys und dank Jacky ist mir klar, ich liebe Tobias sehr und er ist der Vater meiner Kinder.
„Aber ich kann ihm nicht verzeihen, dass er mich angelogen hat."
Jacky verdreht die Augen und erinnert mich an meine Lüge vor fünf Jahren.
„Du hast Tobias damals auch angeschwindelt!"
„Das war etwas ganz anderes."
„Ja, ja. So rasend eifersüchtig wie er auf Olaf ist, war es schon auch ein großes Ding."
Beste Freundinnen haben das Feingefühl einer Stecknadel.

Stimmt. Ich hatte Tobias gesagt, dass ich mit Jacky in einem Fastenhotel an der Ostsee bin. Stattdessen war ich mit meinem Ex auf Sardinien.

„Ich brauchte eine Auszeit und einen guten männlichen Freund. Und Tobias hätte nie verstanden, dass es so etwas wie `Sex mit dem Ex´ bei mir nicht gibt", verteidige ich mich halbherzig.

„Gibt es ja auch nicht. Also wie oft ich schon mit irgendwelchen Exen ..." Jacky lächelt amüsiert vor sich hin.

Das mit Olaf war vorbei, aber die Tatsache, dass er mich immer noch unglaublich erotisch fand, ziemlich ähnliche Ansichten wie Tobias hatte, aber nicht so gut aussieht wie Tobias, ließ ihn zur perfekten Auszeit-Begleitung werden. Natürlich hat Tobias die Flugtickets gefunden und natürlich hat er mir verziehen. So wie nun ich ihm verzeihen muss. Denn das ist wahre Größe.

Aber ich kann es nicht. Und versuche es trotzdem. Ich wollte schon als Kind groß sein. Aber ich bin nur 1 Meter 71.

„Ich will mich in die Seele eines Mannes hineinversetzen", sage ich zu Jacky und wir sehen uns an, prusten beide los. Was für ein sinnloses Unterfangen.

„Die Seele eines Mannes ist duster, du wirst nichts finden – außer einem großen schwarzen Loch", amüsiert sich Jacky, während sie ihren Still-BH für Gregor öffnet. Gierig schnappt er nach ihrem Nippel.

„Au! Siehst du", jammert sie, „nicht beißen, sonst beiße ich zurück, du kleiner Satansbraten!"

Ich sehe die beiden an und stelle mir plötzlich vor, ein saugendes Baby an meiner Brust zu haben.

„Vielleicht ist es das", überlege ich laut, während ich meine Beine aufs Sofa ziehe und das Kuhfell-Kissen im Arm zerknautsche.

„Zurückbeißen?", grinst Jacky, „willst du dich von einem anderen schwängern lassen, um es Tobias heimzuzahlen?"

Wir sehen uns an. Ich nicke.

„Nein, das kann ich nicht. Ich bin kein rachsüchtiger Mensch." Ich mache einen Rückzieher.

„Stimmt. Du hast dir schon in der Schule die Pausenbrote klauen lassen. Und statt dich zu wehren, hast du am nächsten Tag Nutella-Brote für alle mitgebracht."

„Woher weißt du …?"

„Deine Mutter."

„Na wunderbar. Ich war also schon immer naiv und unsagbar bescheuert?"

„Sagen wir – zu gut für die Männerwelt, deshalb liebt dich Tobias ja so."

„Tut er das? Seltsame Art, mir das zu zeigen." Ich werfe das Kissen in die Ecke, als wäre es ein Schmetterball.

„Finde es heraus. Einen Besseren kriegst du eh nicht mehr mit 39 und beginnender Cellulite."

Ich schnappe mir das Kissen erneut und werfe es Richtung Jackys Kopf. Sie duckt sich, das Kissen schießt eine Vase um, die zerbricht.

„Verdammt." Ich stehe auf, um die Scherben aufzusammeln.

„Soll ich wirklich?" Ich sehe eine scharfkantige Scherbe an.

„Klar, Tobias ist der tollste Mann, den ich kenne, wenn du ihn nicht mehr willst, nehm ich ihn", sie grinst – und ich schneide mich.

***

Tobias kommt müde und wortkarg von der Arbeit nach Hause.

„Abendbrot fertig?", muffelt er vor sich hin, setzt sich vor den Fernseher, Füße auf den Couchtisch, die Socken riechen.

Und ich stelle mir meinen muskulösen Skilehrer vom letzten Skiurlaub vor, der ganz sicher auch müffelnde Socken hat und mit dem man sich nicht mal gut unterhalten konnte.

Das Gute an Tobias ist, er braucht eine halbe Stunde für sich, wenn er nach Hause kommt, gibt dann nur grammatikalisch mangelhafte Zweiwortsätze von sich, schaut sich die Börsennews in n-tv an und ist nach dieser halben Stunde dann wieder ganz da. Es gibt Männer, die aus einer halben Stunde den ganzen Abend machen.

Leider scheint es so, als habe Tobias das ausgerechnet heute vor. Und ich leide - sehr.

Ein Kind als Beziehungsretter ist so ziemlich das Dümmste, was man sich vorstellen kann, erinnere ich mich an Mamas Gejammer. Aber trotzdem will ich ein Kind.

„Schatz, machst du bitte mal den Fernseher aus?" Ich fange vorsichtig an.

Er macht es sofort, sieht mich angespannt an. Hat Angst, ich mache jetzt Schluss. Und ein warmes Gefühl durchströmt meinen Magen.

„Wir sind füreinander geboren, vergiss das nie." Das hat er mir ganz am Anfang mal geschrieben. Erst spät habe ich herausgefunden, dass er den Satz aus dem Internet hat. „Liebesbriefe für Jedermann."

„Ich habe was für uns gekocht", sage ich und fliehe in die Küche, um die Schüsseln zu holen. „Also kochen ist etwas übertrieben. Sahneheringe mit Kartoffeln. Dein Lieblingsessen."
Tobias lächelt ein wenig. „Heißt das, du verstehst mich ein kleines bisschen?"
„Also, ehrlich gesagt – nein. Ja. Ich muss. Weil selbst du nicht perfekt bist. Auch wenn ich es mir sieben Jahre eingeredet habe. In so was bin ich gut, weißt du ja."
Er sieht mich ernst an. „Nora, ich wollte dir wirklich nicht wehtun. Ich wusste nur keinen Ausweg."
„Ja klar. Aber ich versteh es trotzdem nicht. Wir haben uns doch immer alles gesagt. Also ich dir zumindest."
Jede Gehirnwindung habe ich diesem Mann offenbart. Und das sind bei einer Frau Ende 30 mehrere Millionen.
Bis auf den Urlaub mit Olaf natürlich. Und heimliche Sexphantasien, die man nicht einmal seiner besten Freundin erzählt.
„Ich dir auch. Aber du wolltest dieses Kind so unbedingt. Ich hatte irgendwann das Gefühl, dass du es mehr willst - als mich", sagt er mit belegter Stimme.
Ich sehe ihn traurig an. Was ist aus uns geworden.
„Ich will dich. *Und* ein Kind. Ich stelle mir ein Leben ohne ... einfach - sehr einsam vor."
„Aber wir haben doch *uns*, wir haben uns doch all die Jahre vollauf genügt."
„Willst du kein Kind mehr?", frage ich ihn leise.
„Doch", erwidert er schnell. „Aber ich weiß einfach nicht ... wie ... und ..."
„Ich aber", lächle ich ihn an. „Du hast dir doch immer ein kleines Mädchen gewünscht, das aussieht wie ich,

hinten auf dem Fahrradrücksitz, mit wehenden Haaren."
Tobias nickt angespannt. „Habe ich."
„Also, ich habe eine Idee, die uns retten könnte! Wir suchen uns einen Spender, also einen Samenspender, aus dem Bekanntenkreis, jemanden, den wir kennen, der klug ist und okay aussieht und der soll mir … also kein Sex, … mit einer Spritze…"."
„Was?!" Tobias wird ganz blass.
„Magda und Ines, du weißt schon, die Bauherrinnen aus Haus 5, die haben es auch so gemacht. Zweimal. Und sind total happy damit. Einen anonymen Samenspender finde ich irgendwie gruselig."
Tobias starrt unsere Umzugskisten an, als wären sie Monster.
„Und wer soll so etwas mitmachen? Nora, derjenige wird tausend Ansprüche an uns stellen. Rechtlich ist das sehr kompliziert!"
Er steht auf, räumt sein Glas ordentlich in die Spülmaschine, obwohl er noch gar nichts gegessen hat, und geht ohne ein weiteres Wort raus. Ich starre traurig den Hering an. Wenigstens hat der keine Augen mehr, glotzt nicht zurück.

Je mehr sich Tobias von mir entfernt, desto bewusster wird mir, wie wichtig er mir ist. Es darf nicht sein, dass ein Eiweiß unsere Beziehung zerstört.

Tobias hat sein Jogging-Outfit angezogen, kommt zu mir, kniet sich nieder und nimmt mich liebevoll in den Arm.
„Wir lassen nicht zu, dass das unsere Beziehung zerstört, okay?"

Erschrocken sehe ich ihn an, bin nur noch fähig zu nicken. Er hat also wirklich über eine Trennung nachgedacht?!
„Also, an wen hast du gedacht? Aber nicht Dirk!"
Schniefend muss ich grinsen. „Nein, auf keinen Fall Dirk. Keine Ahnung, so weit hab ich noch gar nicht überlegt. Ich wollte es erstmal mit dir besprechen. Ich will auch nicht, dass du Angst haben musst, dass ich dir heimlich ein Kind anhänge."
Es ist ihm anzusehen, dass er diesen Gedanken schon hatte. „Wenn es ohne Sex geht…"
„Auf jeden Fall ohne Sex. Ich will nur mit *dir* schlafen, mit sonst keinem", sage ich im Brustton der Überzeugung.
Natürlich stelle ich es mir ab und zu mit dem spanischen Kellner in meinem Lieblingslokal vor. An der Costa del Sol, am Sandstrand, nach ein, zwei Caipis, wie sich unsere Körper im Meer umschlingen …
„Und Jens bitte auch nicht. Der ist zwar Anwalt, aber total unsportlich und hat Mundgeruch", unterbricht mich Tobias und scheint sich richtig zu ekeln.
Ich küsse ihn und liebe ihn gleich noch mehr. „Du bist das Beste, was mir je begegnet ist. Welcher andere Mann würde sich sonst auf so eine verrückte Idee einlassen."
Tobias lächelt schwach, denkt nach.
„Und was, wenn derjenige dann das Kind ständig sehen will oder das Sorgerecht anficht?"
„Kann man das nicht vertraglich regeln?", frage ich den Anwalt meines Vertrauens. Aber Tobias kennt sich in Familienrecht nicht genug aus. „Muss ich mich mal erkundigen."
„Hätte auch seine Vorteile", werfe ich lächelnd ein. „Wir hätten ständig einen kostenlosen Babysitter."

Ich sehe Dollarzeichen in seinen Augen. Er nickt und ich setze noch eins drauf.
„Ich finde der genetische Vater muss dir schon sehr ähnlich sehen. Blond, blauäugig, sportlich."
Tobias ist jetzt vollends überzeugt. „Von diesen Prachtexemplaren gibt es zwar nicht so viele, aber du hast vollkommen recht. Das ist es. Dann ahnt später keiner, dass es nicht mein Kind ist. Ich habe nämlich keine Lust auf Erklärungen. Außer uns beiden darf nie jemand von der Sache erfahren. Außer uns und dem Spender. Deal?"
„Deal. Und Jacky, ja?", sage ich und lächle ihn bittend an.
Tobias lächelt zurück. „Von mir aus auch Jacky."

Wir kuscheln uns mit einem Glas Bordeaux aufs Sofa und da ist sie wieder - diese beruhigende Nähe, die ich in letzter Zeit so oft vermisst habe. Und wunderbarerweise scheinen wir uns innerlich noch nicht entfremdet zu haben. Wir nehmen die Löffelchenstellung ein und gehen mein zerfleddertes Adressbuch durch.
Da, wie wär`s mit Alex, genannt die Birne. Er hat eine etwas verunglückte Figur, treibt zu wenig Sport – und fällt dadurch bei Tobias auch sofort durch.
„Willst du etwa, dass mein Sohn im Freibad gemobbt wird, weil er aussieht wie ein nasser Sack?" Wir kichern wie alberne Teenager.
„Dann hätten wir da noch Stuart. Rotblond, Irische Abstammung, Jurist. Aber nein, denk dran, der lacht so quietschend wie ein Meerschweinchen. Ob das vererbbar ist?" Wir amüsieren uns köstlich. Und finden an jedem etwas auszusetzen. Weder Anton noch Robert noch Markus noch Ralf kommen in Frage. Und

mehr Blonde, Blauäugige haben wir nicht. Die, die in Beziehungen sind, fallen sowieso gleich weg, denn welche Frau bei klarem Verstand würde wollen, dass ihr Mann einer anderen ein Kind macht? Sei es auch nur per Spritze.
Noch dazu, wo es sich bei vielen Männer um Exemplare handelt, die seit Jahren damit prahlen, ein Leben ohne Kinder führen zu wollen. Sehr zum Leidwesen ihrer Frauen.
Denn eins ist ja wohl klar. Ein Mann, der einer Frau sagt, dass er kein Kind will, weil er noch nicht reif dazu ist, oder erstmal Karriere machen oder reisen will, der ist auf jeden Fall dazu fähig, der Nächsten, in die er sich unsterblich verliebt, sofort ein Kind zu schenken.
Tobias sieht etwas frustriert aus. „Mhmm, wen nehmen wir denn nun?"
Und auch ich habe mir die Sache wirklich leichter vorgestellt. Wir gehen noch mal die durch, die wir vielleicht etwas zu leichtfertig wegen Meerschweinchenquietschen ausgesondert haben und einigen uns darauf, Stuart zu fragen.
„Er ist überzeugter Single, DJ, hauptberuflich Anwalt für Menschenrechte, und wenn das Kind rote Haare kriegen sollte, können wir immer noch behaupten, dass es von deiner Oma mütterlicherseits ist", resümiere ich.
Tobias nickt lächelnd. „Eine kleine Pippi Langstrumpf stelle ich mir niedlich vor."
„Gut. Nur wie fragen wir ihn?" Ich überlege laut. Eine doch recht heikle Angelegenheit. Wir beschließen, ihn zum Essen zu uns einzuladen.
Stuart wundert sich am Telefon. „Wie komme ich zu der Ehre?"

Ich druckse etwas herum und rede seltsames Zeug. Er will es sich überlegen.

***

Der Abend wird ein Desaster. Der Schweinebraten war 20 Minuten zu kurz im Ofen. Da Stuart richtig Hunger hat, schneide ich den Braten auf und brutzele die Fleischscheiben in der Pfanne an. Die Pfanne vergesse ich auf dem Herd und die Scheiben verkohlen. Ich wende Trick 17 meines Vaters an: Was verkohlt ist, lässt sich wunderbar panieren. So sieht man nicht, was man da isst. Und Maggi sei Dank werden wenigstens die Klöße richtig lecker.
Ich flunkere ein wenig, „das ist ein Rezept meiner Mutter".
„Mmhm, tatsächlich?" Stuart scheint zufrieden.
Und eigentlich ist es auch nicht gelogen, denn die Klöße meiner Mutter wären aus dem Päckchen gewesen, wenn sie denn mal Klöße gemacht hätte.
Meine Mutter stammt aus der Päckchen- und Tütchen-Generation. Salatsauce Knorr Fix, Maggi Jägersauce, Fisch à la Bordelaise. Sie findet es unter ihrer Würde, sich an den Herd zu stellen.
Wie viele Geschmacksverstärker und Konservierungsstoffe ich intus habe, will ich gar nicht wissen. Erstaunlich, dass aus mir kein hyperaktives Neurodermitis-Kind wurde.
Leider habe ich so nie Kochen gelernt. Leider für Stuart. Er kaut auf dem zähen Bratenstück herum und ich beobachte ihn dabei panisch. Jetzt rutscht die Panade zur Seite! Doch nicht.
Tobias bringt unser Anliegen schnell und nüchtern auf den Punkt.
„Sag mal, du weißt ja, wir wünschen uns schon länger ein Kind – und in Noras Alter – du weißt schon, klappt das ja nicht mehr so leicht."

Hätte ich nicht gerade das Weinglas am Mund, würde mir in dem Moment die Kinnlade nach unten fallen. Tut sie auch. Doch sie wird vom unteren Glasrand aufgefangen.
Sag jetzt nichts, Nora, er braucht das für sein Ego, sagt meine innere Stimme zu mir.
Stuart kaut, nickt und wirft mir einen bedauernden Blick zu. Tobias nimmt einen weiteren Schluck und kommt zur Sache. „Und wir dachten, … ich meine wir sind ja alle moderne, aufgeklärte Menschen … dass es vielleicht schneller geht, wenn Nora sich das Sperma mit einer … Spritze einführt. Dein Sperma."
Stuart hustet lautstark los, verschluckt sich und wäre um ein Haar als Spender ausgefallen, da erstickt, weil er den verkohlten Bratenbissen in die Luftröhre bekommen hat.
Doch dank meiner handfesten Art hilft mein auf-den-Rücken-schlagen wunderbar. Als er sich wieder etwas gefangen hat, quietscht er wie ein Meerschweinchen, stößt dann hechelnd hervor. „Und wieso nicht dein Sperma, Alter?"
Tobias sieht mich todtraurig an. Es bleibt ihm nichts anderes übrig, als sich zu outen.
„Naja, weißt du, … ich hatte Masern."
Stuart versteht. Und ich auch.
Die Tatsache, dass er keine Kinder zeugen kann, hat Tobias` Selbstbewusstsein bis ins Mark erschüttert.
Stuart ist blass wie das moderne Gemälde an der Wand.
„Und da habt ihr gedacht… Mann, ihr seid ja echt abgefahren. Ehrt mich total. Also echt. Ich hab ja wirklich tolle Gene…"
„Du kannst es dir ruhig noch mal in Ruhe überlegen," sage ich rasch.

„Da gibt es nichts zu überlegen." Stuart sieht uns fest an. Tobias nimmt glücklich meine Hand, wir strahlen uns an.
Doch das Strahlen erstirbt.
„Ich bin ja nicht verrückt". Stuart schüttelt den Kopf. „Und da werdet ihr auch keinen halbwegs normalen Typen für finden. Die Nummer ist so was von Einlaufgefährdet. Da lebt dann so eine Göre von mir und ich hab ständig das Gefühl, mich kümmern zu müssen. Nee danke."
„Musst du nicht." Ich versuche zu retten, was nicht zu retten ist. „Naja, ab und an mal Babysitten", Tobias pfeift mich zurück.
„Nein, wirklich. Wenn er nicht will." Wir funkeln uns an. Schon gehen die ersten Meinungsverschiedenheiten los.
Stuart steht auf, legt das Besteck hin. „Ich lass euch dann mal allein. Bei euch ist ja eh schon länger der Wurm drin. Wär eh nicht so gut, wenn ihr ein Kind kriegt, solang ihr eure Probleme nicht gelöst habt."
Das saß. Genau deshalb haben wir doch unsere Probleme, will ich ihm ins Gesicht schleudern, aber ich halte mich zurück. Was genau hat Tobias seinem Kumpel über uns erzählt?
Kein Kind, zumindest bei starkem Kinderwunsch – ist ein echtes Beziehungs-Killerkommando.

Tobias und ich meiden an den nächsten Tagen das Kinderzimmer.
Man sollte sich kein Haus kaufen, bevor die Kinder nicht geboren sind. Es ist ein schlechtes Omen, finde ich.
Und sicherlich auch Brad Pitt. Denn Brad und seine Jennifer hatten damals, als die Ehe noch gut war, „the

room". Ein bereits hübsch eingerichtetes, grün bemaltes Kinderzimmer. Aber kein Kind weit und breit. Irgendwann, als sie kein Grün mehr sehen konnten, haben sie sich getrennt. Es muss ein Albtraum gewesen sein.

Die nächsten Tage reden wir kaum. Tobias arbeitet bis Mitternacht und ich gehe shoppen - ohne Sinn und Verstand. Ein brauner Mohairpulli beruhigt, die beige Handtasche gibt Hoffnung und die blau-türkise Kette, tja, die verbindet. Mich und Tobias. Denn so eine hat er mir in unserem allerersten Urlaub, wir waren in Tunesien, geschenkt. Und die passende Handtasche dazu. Bis dato wusste er nicht, dass ich 35 Handtaschen im Schrank habe.
Und ich bleibe an jedem Schaufenster mit Kindersachen mindestens zehn Minuten stehen, bevor mir klar wird, dass ich nie einen Strampler für mein eigenes Baby kaufen darf.

Ich bin die gereifte Generation Bridget Jones. War vor Tobias verzweifelt auf der Suche nach dem Richtigen. Hatte meinen Rentiermann in ihm gefunden - und den gebe ich nicht mehr her. Weil wir uns so perfekt verstehen, weil ich ein echter Beziehungsmensch bin – und weil ich Respekt vor Tobias habe. Und Respekt vor einem Mann zu haben ist gar nicht so einfach. Frauen, die gerade ihren arbeitslos-frustrierten Hermann aufbauen, wissen, wovon ich spreche.
Ich habe Respekt vor Tobias, und das gelingt mir nicht bei vielen Männern. Tobias ist die perfekte Mischung zwischen Frauenversteher und Macho. Richard Gere kommt dem Ganzen recht nahe. Auch wenn ich Tobias` graue Schläfen betrachte. Ich liebe ihn und ich

werde nicht zulassen, dass Richard, ich meine Tobias, und ich uns trennen.

Vermutlich ist es wirklich zu unangenehm, in unserem privaten Bekannten- und Freundeskreis nach einer Spermaprobe zu fragen.

„Haben Sie vielleicht ein Ei für mich", kam mir bei meinen Nachbarn ja schon immer schwer über die Lippen, wenn ich spontan Pfannkuchen backen wollte.

„Was soll der denn denken?! Dass ich unfähig bin, ordentlich einzukaufen?", habe ich Tobias gefragt.

Nein, es muss jemand sein, den keiner, den wir kennen, kennt, den wir aber kennen, sonst könnten wir ihn nicht fragen.

Und der aber trotzdem nett, zuverlässig, verantwortungsbewusst, hochintelligent und wunderschön ist. Nein. Er muss nur so verrückt sein, uns diesen „kleinen" Gefallen zu tun.

Geld. Es geht alles mit Geld. Zum einen steckt unser Geld aber in den italienischen, blauen Fliesen, meinem extragroßen Einbau-Schuhschrank und diversen anderen Sonderwünschen, ohne die mir mein Leben nicht lebenswert vorkam.

Und zum anderen wären wir dann kurz vor der Samenbankvariante. Und die, da gebe ich Magda recht, nicht nur gruselig, sondern indiskutabel ist. Ein Vater meines Kindes, der es nur des Geldes wegen „gezeugt" hat, geht gar nicht.

Das wäre ein Trauma für das Selbstbewusstsein meines Nachwuchses, und wie lebenseinengend ein mieses Selbstbewusstsein ist, sehe ich an mir.

Meine Mutter hat alles, also wirklich alles versucht, mich zu einem selbstbewussten, forschen Menschen zu erziehen. Sie hat mich mit einer Blume auf dem Kopf auf die Bühne geschubst, hat mich in den

Gitarren-Unterricht geschleppt und mich Weihnachten vor versammelter Familie gezwungen, einen Song von Janis Joplin zu singen. Ich wirke zwar nach außen straight und tough, aber tief in mir drin sieht es aus wie in meinem Kleiderschrank. Sehr durcheinander.

Und von wem ich die Veranlagung dazu habe? Von meinem Vater. Einem etwas schusseligen Mann, der in seinem Leben eindeutig zu viel gekifft hat und von meiner Mutter überfordert war. Meiner extrovertierten Mutter mit ihrem „komm, Mädchen, das steht dir nicht, dafür hast du zu breite Hüften". An solchen Tagen habe ich sogar den Schokoladenkuchen meiner Oma abgelehnt. In der Hoffnung, schmalere Hüften zu bekommen. Oma meinte immer, „ein gebärfreudiges Becken, das kannst du noch gebrauchen". Und meine Oma war eine kluge Frau.
Es kann doch nicht so schwer sein, einen Samenspender zu finden?

***

Die Himbeersiedlung blüht und gedeiht. Laufrad fahrende Kinder und schwangere Drittgebärende sprießen wie Löwenzahn aus dem Boden.
Bald können die nächsten zwei Bauherren ihre Häuser übernehmen. Wie durch ein Wunder habe ich es geschafft, meinen Job nur so weit zu vernachlässigen, dass es keinem bisher aufgefallen ist. Weitere größere Pannen sind ausgeblieben - zumindest bis jetzt.
Nur noch die Hälfte des zukünftigen Spielplatzes sieht aus wie ein großer Schrottplatz. Auf der anderen wird gerade ein großes Piratenschiff von drei starken Männern aufgebaut.
Ich sehe ihre Muskeln in der Sonne glänzen und sehe die Cola-Werbung vor mir, wie sie ihre Bierflaschen zu den Lippen führen.
Attraktive, schwitzende Männer trinken Cola, lächeln mir zu.
Ich lächele zurück, denn mir kommt da so ein Gedanke.
„Mehr nach rechts, der Mast kippt gleich, Achtung, genau. Ihr macht das super." Ich versuche sie bei Laune zu halten.
Der eine, ein Neuer auf der Baustelle, zwinkert mir zu, grinst. Ich fühle mich so begehrenswert wie Nicole Kidmann in Spitzen-Unterwäsche. Na also, geht doch.
Der Typ ist bestimmt ein lieber Kerl, sportlich, bodenständig, clever, ... kinderlieb. Der perfekte Spender.
„Süße", ruft er zu mir runter. „Wir können das übrigens."
„Was?", frage ich etwas verwirrt zurück.
„Den Mast aufstellen." Anzügliches Grinsen.

Lautes Gelächter schallt mir entgegen.
Ich bin wieder auf dem Boden der Tatsachen angelangt.
„Don't fuck in the company" ist einer der weisen Sprüche, die mir mein Vater mit auf den Weg gegeben hat, bevor er nach Mexiko ausgewandert ist. Und er als Alt-68er muss es ja wissen.
„Sieht mir aber nicht so aus", schmettere ich dem Kerl mit seinem Riesenmast entgegen und drehe mich auf dem Absatz um. Sie pfeifen mir hinterher. Das bin ich gewohnt – und genieße es immer mehr, je schneller ich auf die 50 zusause.

Mein Lieblingsdachdecker Kalli grinst mich an, als ich in meinen grünen Gummistiefeln auf ihn zugestapft komme.
„Dem Neuen musst du noch zeigen, wer hier die Hosen anhat."
„Weiß er schon", lächle ich extra cool, als wäre ich selbst davon überzeugt.
Er grinst, zieht eine Zigarette hinter seinem Ohr hervor und kramt nach seinem Feuerzeug.
„Mist, hast du grad mal Feuer?", fragt er, während er in seiner Jacke weitersucht.
„Der Haut einer Frau sieht man jede einzelne Zigarette …"
„Ich weiß, ich weiß, Nora. Deine Mama hat sich selbst aber nicht dran gehalten, oder?"
Ich schüttele grinsend den Kopf. Da fühle ich eine Streichholzschachtel in meiner Jackentasche und ziehe sie heraus.
„Bistro bleu." Die Streichholzschachtel aus dem kleinen französischen Bistro!
Ich starre sie an, dann Kalli, dann wieder die Schachtel.

„Was hast du?", will er erschrocken wissen.
„Irgendwas durcheinander?"
„Ja, alles!", lächele ich wie ein Mondkalb vor mich hin, drehe mich um, gehe an einem Himbeerbusch vorbei und mache mir einen Stengel ab. Oh wie die Blüten duften!
Kalli ruft mir irritiert hinterher. „He, und was is mit dem Feuer?"
Doch ich höre ihn nicht. Ich habe mein Handy gezückt, öffne die Hand, in der sich die Streichholzschachtel befindet und starre meine Finger an - sie zittern.
Ich tippe die Nummer und höre Kinderstimmen.
Es sind nur Ruby und Wanda, die das Piratenschiff entern.

Es meldet sich keiner, doch dann nimmt Daniel ab.
„Ja, hallo?"
Ich fange an, zu stottern. „Hi, ich bin's, also ich mein, ... die von der Baustelle ... mit der heißen Schokolade, also in deinem Bistro .... falls du dich irgendwie ..."
„Nora. Klar erinnere ich mich. Du schuldest mir noch `ne Zucchini." Was hat er nur für eine angenehme Stimme.
„Äh, ja, genau ... Was hältst du davon, wenn ich dich mal ... zuhause besuche", sage ich spontan und beiße mir sofort auf die Zunge.
Autsch. Der Mann muss denken, dass ich eine Prostituierte bin!
Dabei will ich doch nur sehen, wie er wohnt, um mir ein Bild von ihm zu machen, dem Erzeuger meines Kindes.
Daniel scheint sich zu amüsieren. Ich höre es förmlich durch den Apparat.

„Schöne Idee. Aber wir treffen uns besser um drei im Volkspark Friedrichshain. An dem See mit den Enten, kennst du sicher, oder? Ich will dir da was zeigen."
Der Kerl weiß, was er will. Und ich mag klare Ansagen. Denn ich hasse es, mich zu entscheiden.
Dusche, Peeling, Beine rasieren. Obwohl das kein Date ist, sondern ein ... ominöses Vorstellungsgespräch.
Ich nehme den dezenten, hellbraun-orange Lippenstift. Der macht meine etwas zu schmal geratene Oberlippe breiter und nicht so blass. Auf Lidschatten verzichte ich ganz. Zu viel Schminke macht alt, und Daniel ist mindestens zehn Jahre jünger als ich. Und wie gnadenlos Tageslicht sein kann, wissen wir Enddreißigerinnen leider sehr gut
Daniel darf auf keinen Fall sehen, dass ich die Freundin seiner Mutter sein könnte. Noch bilde ich mir ein, dass er mich für 25 hält. Oder sagen wir mal Ende 20. Zuviel steht auf dem Spiel.
Ich durchforste eine Umzugskiste nach der anderen. In jeder der 100 Kisten steckt ein Paar Schuhe. Und wie durch ein Wunder entdecke ich ein Dutzend sehr jugendliche Shirts. Wer wirft schon T-Shirts weg, die in 20 Jahren wieder „in" sein könnten.
„Aber Teenie-Mode ändert sich doch täglich", warnt mich Jacky am Telefon in eindringlichem Ton. Und Baby Gregor, der auf ihrem Arm ist und mal wieder brüllt, scheint dies zu bestätigen. „Dann sieht er ja sofort, dass du aus dem letzten Jahrhundert kommst", sagt sie und scheint zu grinsen.
„Vielen Dank. Gehst du mit mir shoppen? Wir haben noch eine Stunde Zeit!", bitte ich sie, dem Nervenzusammenbruch empfindlich nahe.

Doch Baby Gregor gefällt diese Idee überhaupt nicht. Er gibt alles, und ich freunde mich schnell mit meinem alten T-Shirt aus den 80ies an.
„Ich war seit der Geburt dieses Mistkäfers nicht mehr shoppen", erinnert mich Jacky traurig.
Fettnapf! Wäre ich nicht so aufgeregt, hätte ich natürlich daran gedacht.
„Internet-Shopping ist eh viel entspannender." Ich versuche sie zu trösten. „Keine verzweifelte Toilettensuche, keine überfüllten Kabinen, viel besser für die Frau ab dreißig."
„Aber keine Flirtmöglichkeit, kein einziger attraktiver Mann. Wehe, du verknallst dich in diesen Daniel! Ich werde eure Trauzeugin, das habe ich Tobias versprochen."
„Bist du verrückt? Der ist hundert Falten jünger als ich."
Ich habe während des Telefonats die nächste Umzugskiste geöffnet. Dass ich wirklich so viele Schuhe habe wie Umzugskisten, hat Tobias doch schockiert.
„Meine braunen Stiefel, schwarzes T-Shirt, Jeans, ist das zu konservativ?"
„So läufst du doch immer rum?", wundert sich Jacky.
„Aha. Ich wusste es. Du willst ihm *doch* gefallen!"
„Will ich nicht!" Beste Freundinnen können die Pest sein. „Ich muss mich beeilen." Ich beende das Telefonat und lege mit fiebriger Stirn auf.

***

Da stehe ich nun, frierend im Friedrichshainpark und habe mir schnell noch einen Vorwand ausgedacht. Wie immer fällt mir im Nachhinein die beste Ausrede ein.
Wie immer bin ich etwas zu spät, klatschnass im Gesicht, weil mir die Tram vor der Nase davongefahren ist, sehe mich aufgeregt um, doch kein Daniel weit und breit.
Kann der nicht mal fünf Minuten auf mich warten?! Also gut, 20 Minuten. Oder ist er etwa noch unpünktlicher als ich? Was soll das für ein Kind werden? Immer 40 Minuten zu spät in der Schule? Ich sehe schon die blauen Briefe vor mir, wische mir mit meinem Schal den Schweiß aus dem Gesicht, kratze mich an der Nase. Da sehe ich ihn mit seinem süffisanten Grinsen im Gesicht.
„Hast du mich beobachtet?", fahre ich ihn an.
Er grinst noch mehr. Ich sehe peinlich berührt zur Seite.
„Die Tram hat heute ihren privaten Shuttle-Service eingestellt." Ich versuche schnell witzig zu sein, um mich nicht ganz zu verlieren.
Daniel kommt auf mich zu, ganz nah und gibt mir einfach einen Kuss. Auf die Wange, rechts und links. Ohne Vorwarnung, einfach so. Sein After-Shave riecht gut. Verdammt gut. Aber ich kenne es nicht.
Das von Tobias kenne ich - seit Jahren. Und das gibt mir ein Gefühl von Sicherheit.
„Du riechst gut", sagt Daniel und reißt mich aus meinen Gedanken.
Hat er etwa gerade das Gleiche gedacht wie ich? Ich lächle und stottere etwas von Chrome, Azzaro, eigentlich for men. Doch Daniel schüttelt den Kopf.

„Nicht das Parfum, dein Eigengeruch."
Eigengeruch? Verzweifelt und möglichst unauffällig schnuppere ich in die Luft. Kann zum Glück aber keine Schweißwolke erhaschen.
„Ich kann dich gut riechen. Und das ist selten bei mir."
Daniel sagt das, als hätte er schon an Millionen Frauen gerochen, als wär` er Grenouille.
Welch Glück, dass er mich riechen kann und ich ihn, schießt es mir durch den Kopf. Denn sonst wären sein Sperma und meine Eizelle vielleicht nicht kompatibel. Sperma zur Eizelle: „Igitte, da will ich nicht rein." Eizelle zum Sperma: „Lass ich dich auch nicht, du Stinkstiefel." Ich merke, ich werde albern, wie immer, wenn ich äußerst nervös bin.

Wir finden einen hübschen Platz im Café „Schönbrunn", direkt neben einer stillenden Mutter. Eine von der Sorte, die ihre prallen Brüste gerne zur Schau stellen und in der Sonne verwöhnen, da sie bisher unter Körbchengröße A gelitten haben und über dieses Busenwunder der Natur extrem entzückt sind. Das Baby ebenso. Ein Junge. Er nuckelt zufrieden und glücklich.
Kein Wunder, dass Männer auf große Brüste stehen, sie werden von klein auf darauf geeicht.
Ich setze mich so, dass Daniel nicht auf den blanken Busen schauen muss. Oder sagen wir mal *darf*. Von dicken Brüsten abgelenkte Männer sind miserable Gesprächspartner. Das ist fast so, als monologisiere man mit Tobias während eines WM-Spiels, Deutschland gegen Italien.
Die Unterhaltung kommt nur zäh in Gang. Ich hasse „Anfangsgespräche", obwohl das keines ist. Aber aus meiner Zeit als Großstadtsingle kenne ich diese

hochnotpeinliche Situation zu gut. Irgendwann fällt einem dann nur noch die nicht akzeptable Frage ein: „Und wie hat dein Zwergkaninchen geheißen?" Spätestens dann sollte man seinen Café Latte ausgetrunken und sein Handy auf Weckruf gestellt haben. Der natürlich im originalen Klingelton schrillen muss.
„Ach, du bist es, Annett, ... was, Thomas hat sich von dir getrennt, ach herrje, du Arme, ... Natürlich komm ich sofort bei dir vorbei." Man muss eine schauspielerische Höchstleistung absolvieren und kann dafür sofort flüchten.
Aber ich merke schnell - vor Daniel bin ich nicht auf der Flucht.
Nach den ersten fünf Minuten reden wir, als würden wir uns schon aus Kleopatras Zeiten kennen. Gespickt mit einer erotischen Stimmung, die eine Sandkastenfreundschaft nicht hergibt. Mein Unterbewusstsein fragt sich die ganze Zeit, wieso ich dieses flirty Lachen einsetze. Und mein langsam wiederkehrender Verstand fragt es sich so langsam auch. Ich will wirklich nichts von diesem jungen Mann. Fast nichts. Nur ein bisschen Samen. Doch um an den zu kommen, muss Daniel von mir bezaubert sein. Wieso sonst sollte er sich auf diesen seltenen Deal einlassen.
Ich überlege, ob ich mit der Tür ins Haus fallen soll.
„Hör zu, ich will nichts von dir, ... nur ein Kind."
Aber Männer müssen das Gefühl haben, sie erjagen die Beute. Also bin ich ein kluges Mädchen und lasse ihn zappeln. Denn auch das habe ich schmerzlich aus meinem Single-Dasein gelernt. Je rarer Frau sich macht, umso interessanter ist sie. Was komplett gegen meine Ungeduld spricht. Ich bin der Typ

Mondscheintarif, der sein Handy hypnotisiert und fünf Minuten nach einem Date sehnsüchtig auf eine SMS wartet. All ihre Freundinnen anruft und stundenlang durchdiskutiert, warum *er* noch nicht angerufen oder gesimst hat. Ob er vielleicht von einem Laster zerquetscht wurde oder mit amputiertem Bein im Krankenhaus liegt. Ich empfinde es als Zeitverschwendung, fünf Mal mit einem Typen auszugehen, um dann erst festzustellen, dass er im Bett überhaupt nicht kompatibel ist, um es mal ganz vorsichtig auszudrücken.

Sex ist zu wichtig, als dass man mit einem Mann zusammen sein sollte, mit dem es im Bett einfach nicht klappt. Als Single habe ich also spätestens nach dem zweiten oder dritten Mal ausprobiert, ob dieser Mann der Mann meines Lebens sein kann. Oft habe ich danach nicht mal mehr eine SMS bekommen, geschweige denn einen Strauß Blumen.

„Too easy to have." Das hat eine New Yorker Freundin mal gesagt. Jäger und Sammler brauchen den Kick. Aber wenn eine Frau nach dem ersten Kuss gedanklich schon beim Schnitt ihres Hochzeitskleides ist, schrillen die männlichen Alarmglocken laut.

Nur um das richtig zu stellen. Ich habe nicht mit tausenden Männern geschlafen. Ich habe sehr schnell verstanden, dass ich meinen Mr. Right so nicht finde. Und es dann ganz gelassen.

Denn ich habe ein sehr großes Problem. Wenn ich mit einem Mann guten Sex habe, verliebe ich mich in ihn. Egal wie er aussieht, egal was er von sich gibt.

Ich erinnere mich mit Grauen an den etwas klein geratenen, am Rücken komplett behaarten Jens, mit dem ich nach einer feucht-fröhlichen Clubnacht Sex hatte. Ich habe mich in dieses Zotteltier doch tatsächlich verknallt! Dachte ich zumindest. Jacky hat mir damals zum Glück die Augen geöffnet und ich nahm schnell Reißaus und schwor ihr, mich das nächste Mal erst zu verlieben und dann mit einem Mann ins Bett zu gehen.

Kein Sex, keine Tränen. Jacky war mir dafür sehr dankbar. Und meine Telefonrechnung auch. Flatrates wurden erst danach so richtig billig und *in*. Mein Gott, bin ich alt.

Entzückende hellbraune Entenbabys tuckern ihrer Mama hinterher.
„Wie niedlich", ich bin hin und weg und Daniel auch. Von mir.
„Ja. Sie sind wirklich schön. – Ich mag deinen Mund", sagt er und lächelt mich an.
Wieso sind Frauen nur für jedes abgeschmackte Kompliment derart empfänglich? Ich schmelze dahin, fühle mich wie Angelina Jolie mit ihren sinnlichen Lippen und fahre elegant mit der Hand durchs Wasser. Dabei fische ich das Blatt einer Seerose heraus, sehe ihn heimlich von der Seite an und stelle mir vor, wie wir da in zehn Jahren graumeliert stehen, entzückt von unserem Nachwuchs. Die Wahrheit ist: *Ich* graumeliert. Aber natürlich gefärbt mit Pflanzenhaarfarbe von Santé. Er in der Blüte seiner Jugend.
Daniel lächelt mich amüsiert an, ich sehe schnell weg. Das letzte Entenbaby kommt fast nicht hinterher, paddelt wie wahnsinnig und schafft es dann doch noch. Die Sonne scheint, der Frühling ist da. Fast hätte ich es nicht mitbekommen, vor lauter Kinder- und Hausbaustress.

„Ich muss los." Ich beeile mich, die romantische Stimmung zu zerstören. Was nicht sein darf, darf nicht sein.
„Musst du nicht." Daniel sieht mich fest an.
„Danke für den schönen Nachmittag." Ich verabschiede mich hastig. So hastig, dass der Wangenkuss – durch eine kleine Frechheit von Daniel, der seinen Kopf einfach dreht – zu einem Kuss auf dem Mund verrutscht. Erschrocken sehe ich ihm in die Augen, drehe mich schnell um, eile davon und fühle mich wie Cinderella in Jeans. Hoffentlich hat mich keiner gesehen. Knutsche fremden Jüngling mitten im Park, um an sein Sperma zu kommen. Sind alle Enddreißigerinnen so hormongesteuert?

***

Starke Männerhände umfassen meine Hüfte.
Es ist Tobias. Ich packe hektisch Kisten aus. Er ist heute früher nach Hause gekommen und extrem gut gelaunt.
„Es ist irgendwie Wahnsinn, aber ich freue mich schon tierisch auf das Baby", sagt er und lächelt.
Ich lächle zurück, korrigiere „unser Baby" und bin wieder beruhigt, genau das Richtige zu tun. So hat mich Tobias schon lange nicht mehr angefasst. Seine Augen haben schon lange nicht mehr so vorfreudig gestrahlt. Und offenbar hat er sich mit der Idee bestens angefreundet.
„Hast du schon ein Opfer gefunden?" will er neugierig wissen. Doch da ich noch nicht dazu gekommen bin, Daniel zu fragen, schüttele ich nachdenklich den Kopf.
„Nein. Aber ich habe ein gutes Gefühl."
Was für ein Satz. Ich habe ein gutes Gefühl. Hat mein Vater gesagt, als ich ihn als 14-Jährige gefragt hatte, ob er mit meiner Mutter glücklich ist. Kurz danach hat er die Scheidung eingereicht. Ich bin ein verkorkstes Trennungskind und ganz sicher therapiebedürftig. Aber noch sträube ich mich dagegen.
Ich habe Daniel meine Handy-Nummer gegeben. Und ich bin sicher, er ruft bald an. Männer sind so unberechenbar.

Ich liege in der Badewanne und starre abwechselnd auf meine Platt-Spreiz-Senk-Füße, meinen vermurksten Nagellack und mein altes Nokia-Handy. Das neuere Smart-Phone-Modell liegt bereits im Regal. Ich bin aber nicht fähig, die Telefonnummern zu bluetoothen, und Tobias hat nach der Arbeit keine Lust mehr auf so etwas. Früher hätte er es für mich gemacht. Früher war alles anders. Da hatte auch noch nicht jeder ein iPhone. Außer mir.

Wieso vergeuden wir eigentlich so viele Stunden unseres Lebens mit dem Warten auf den Anruf irgendeines Kerls? Und während wir warten, schauen Männer Autorennen, machen sich eine Fertigpizza heiß, schneiden sich vor dem Fernseher die Fußnägel und lassen sie da liegen, oder checken den Goldpreis. Sie vergeuden keine Millisekunde damit, uns warten zu lassen. Wieso warten wir? Wieso schaffen wir es nicht, uns solange ein gutes Buch zur Hand zu nehmen, konzentriert das Auslandsjournal zu schauen, ohne währenddessen mindestens alle drei Minuten unser Handy zu hypnotisieren.

Mein Handy klingelt! Ich angle danach und um ein Haar wäre es in der Wanne untergegangen - mit mir.

Am anderen Ende ist Jacky. Ich mache ihr blitzschnell klar, dass die Handyleitung frei sein muss. Ich rufe sie auf Festnetz zurück.

Von meinem konfusen Bericht über den Tag mit Daniel ist sie so begeistert wie über den neuesten Sabber-Milchfleck auf ihrer ein Monate alten Mango-Bluse, einem Internet-Schnäppchen.

„War ja klar. Du bist verknallt!" Sie klingt zutiefst frustriert.

„Spinnst du? Natürlich nicht, ich hab ja nicht mit ihm geschlafen", entgegne ich verwirrt, „und das werde ich auch nicht tun." Um mir im gleichen Moment da nicht mehr ganz so sicher zu sein.

„Vergiss es. Das macht der nie mit", sagt sie und beißt in einen Apfel. „Der ist viel zu knackig. Der verbaut sich doch nicht seine Zukunft mit einem Blag."

Gregor fängt wieder an zu schreien. Und es schmerzt mir zum ersten Mal sehr im Ohr.

„Aber wenn wir nicht bald ein Kind kriegen, dann war's das ... mit uns," sage ich leise, und der Schaum unter meinem Kinn zittert so sanft wie ein gerade geschlüpftes Küken.

Das Wasser ist kalt. Ich habe keine Lust mehr zu baden, geschweige denn zu warten.

„Lass uns morgen weiterreden, ich erfriere", unterbreche ich Jacky, die gerade mit einer Schimpftirade loslegen will. Denn Baby Gregor hat „eingekackert", wie Jacky gerade flucht. Warum eigentlich nehmen alle Mütter diese Kita-Sprache an? Und das selbst im Umgang mit kinderlosen, gewählt sprechenden Freundinnen? Werde ich je Mutter sein?

Endlich. Eine SMS von Daniel!

***

Die Himbeeren sind so langsam verblüht.
Tobias und ich sitzen beim Frühstück und ich erzähle vom Stand der Dinge. Währenddessen malträtiere ich umständlich mein Ei. Ein Ei zu köpfen ist eine ernste Angelegenheit.
Natürlich erzähle ich nicht von Daniel, sondern vom Stand meines Bauprojektes. Aber Tobias hört nicht zu. Spielt er in Gedanken die Wandfarbe unseres Kinderzimmers durch?
„Weißt du eigentlich, wo die nächste Winter-Olympiade stattfindet?", fragt er mich aus heiterem Himmel.
„Ich habe dir gerade von meiner Arbeit erzählt und du denkst an Skispringen?", sehe ich ihn fassungslos an.
„Oh Gott, tut mir leid, ich bin irgendwie völlig neben mir. Sag bitte noch mal. Was war mit Magda und Ines?"
„Sie ziehen heute ein", wiederhole ich gnädig. „Und sie haben mich gefragt, ob ich ein gutes Catering weiß. Für ihre Einzugsparty."
Im gleichen Moment ärgere ich mich, das Thema Catering erwähnt zu haben und schiebe mir glibbriges Eiweiß hinein.
„Und? Weißt du eins?", will Tobias bemüht interessiert wissen.
Dass ich ein charmantes Bistro kenne und einen noch charmanteren Bistrobesitzer, der ganz hervorragende Caterings ausrichten kann, sage ich ihm nicht.
Ich schüttle den Kopf und ekle mich vor mir und dem Ei.
„Was macht eigentlich die Spendersuche?", will Tobias lächelnd wissen. „Seit wir uns entschieden haben, kann ich es nicht mehr erwarten."

Und genau in diesem Moment fällt es mir auf. Das Blau des Eierbechers, den mir Tobias zu meinem 39. Geburtstag geschenkt hat, ist identisch mit dem Blau aus Daniels „Bistro bleu"!
Endlich steht Tobias auf, er muss los in die Kanzlei und ich auf die Baustelle.

Das Meeting mit unserem Polier zieht sich wie zäher Kaugummi, der zu lange in der Sonne lag.
Hektisch bringe ich es hinter mich, habe keine Zeit mehr zu duschen und eile in der Mittagspause, leicht verstaubt, zu unserem Treffpunkt.
„12 Uhr bei den Enten?" Hat er geschrieben. Und ich habe endlose zehn Minuten verstreichen lassen, um mich rar zu machen, und ihm dann erst geantwortet!

***

Von schlechtem Gewissen getrieben, eile ich auf die Enten-mama zu, um festzustellen, dass Daniel wieder mal noch später dran ist als ich. So unterhalte ich mich mit der Ente - von Frau zu Frau.
Erst als Daniel amüsiert neben mir steht, merke ich, was ich da tue. Zum Glück habe ich mit der Ente nur Smalltalk geredet. Soviel wie: „Das süße Kleine da hinten sieht ganz schön mager aus", oder: „Wo ist eigentlich dein Mann? Musst du das mit den Kleinen ganz alleine machen?"
Daniel küsst mich und ich schaffe es gerade noch, den Kopf zu drehen. Diesmal wird es ein Wangenkuss. Wir lächeln uns an. Die Entenmama schwimmt in den Wasserlinsen davon, die Kleinen kommen kaum hinterher.
„Wo warst du so lange?", will Daniel wissen, während er mich ansieht wie einen blauen Himmel, an dem keine Wolke vorbeizieht.
„Ich habe einen Catering-Auftrag für dich." Ich versuche die knisternde Stimmung in eine unerotische zu switchen.
Doch ein Straßenmusikant hat sich im Park aufgestellt und singt aus Leibeskräften „You are the one".
Der Himmel über uns ist tiefblau. Und dieses Blau wird von keiner einzigen Wolke getrübt.
Ich fauche Daniel an. „Kannst du nun kochen oder nicht?"
Er sieht mich nur an, grinst, kramt in seiner abgewetzten Umhängetasche herum, zieht eine Pappschachtel heraus, öffnet sie und lässt mich in eine köstliche Himbeertarte beißen.
„Finde es heraus."

Und ich, die ich schon mit zehn Jahren als Schlüsselkind alleine eingefrorene Tiefkühl-Frühlingsrollen aufbacken musste, schmelze dahin. Jeder Widerstand ist zwecklos.
„Die habe ich für dich gebacken." Er sieht mir ernst in die Augen. „Wenn du sie nicht magst, drehe ich mich um und bin weg. Für immer."
Diese Tarte ist mehr als eine Tarte. Sie ist die Erfahrung, für einen Menschen sehr, sehr wichtig zu sein.
„Du kennst mich doch gar nicht." Ich versuche es erneut. Das zu verhindern, was nicht passieren darf.
Gewisse Männer sind wie Himbeer-Eis. Man kann darauf verzichten, aber die Versuchung, und die Gefahr zu schmelzen, ist sehr, sehr groß.
Zum Glück bin ich eine starke Frau und überlege fieberhaft, wie ich endlich zum Punkt kommen soll. Mein Eisprung müsste ungefähr übermorgen sein. Wenn wir nicht wieder vier Wochen warten wollen, dann ist es höchste Zeit.

Wir schlendern einen kleinen Weg entlang, vorbei an einer Mutter mit Kinderwagen.
„Sag mal, du weißt ja, dass ich mit Tobias … zusammen bin," fange ich vorsichtig an.
Daniel nickt lächelnd „Ja. Aber ich habe auch gesehen, dass du mit ihm nicht richtig glücklich bist."
Wie bitte?! Da weiß er eindeutig mehr als ich!?
Ich verdränge bekanntlich schnell und klammere mich an seinen Aufhänger.
„Eigentlich haben wir eine richtig gute Beziehung."
Daniel nickt „Und deshalb triffst du dich auch mit mir."

Wieso müssen Männer immer so logisch sein? Klar, dass sie uns in Mathe immer voraus sind.
„Ja. Genau so ist es. Ich treffe mich mit dir, weil ich dich … brauche." Ich nehme allen Mut zusammen und stottere los.
„Tobias und ich, also …"
Wir kommen gerade an einem großen Spielplatz vorbei, und meine Mission wird von einem dreijährigen Trotzkopf übertönt.
Der Kleine schreit „neeeiiin" und bockt wie ein junger Stier. Die Mutter will ihn zum Nach-Hause-gehen bewegen, hat aber keine Chance.
Daniels Aufmerksamkeit ist sofort bei dem Kind, und ich beschließe, das Thema zu verschieben.
Der Mutter steht der Schweiß auf der Stirn. Sie bemüht sich, nach außen ruhig zu wirken, lächelt uns kurz an, um ihren Kleinen dann einfach unter den Arm zu klemmen und in den Kinderwagen zu setzen. Doch von wegen. Der Kleine wehrt sich mit Händen und Füßen, macht sich steif und strampelt so wild, dass sein Buggy umkippt und er rücklings in den Sand fällt.
Daniel jumpt über eine Wippe, eilt zu der Mutter, hilft ihr, den Kleinen wieder aufzurichten und redet auf den Jungen ein. Von einer Sekunde auf die andere ist der ruhig, lächelt Daniel an, als wäre er das liebste Kind auf der ganzen Welt.
Die Mutter, ich schätze sie auf Ende 20, sieht Daniel mit glutroten Wangen an. Ich weiß, dass sie denkt, sie habe als Mutter versagt. Genau das Gleiche denkt Jacky auch immer.
„Danke. Bei mir hätte er die nächste Stunde Rabatz gemacht." Sie lächelt ihn zaghaft an. „Er ist in der Trotzphase."

Daniel antwortet etwas, was ich nicht verstehe. Und abgesehen davon, verspüre ich plötzlich ein Gefühl, das ich schon lange nicht mehr spüren musste. EIFERSUCHT! Nackte, blanke Eifersucht!
Nora, bist du nun völlig verrückt? Du willst mit *Tobias* ein Kind!
Zum Glück klingelt genau in dem Moment mein Handy.
Es ist Jacky, die immer einen Riecher für brenzlige Situationen hat.
„Ich sitze seit einer halben Stunde bei Pepe, wo bleibst du?", herrscht sie mich an.
Jacky, unser Mittwochs-Lunch-Date, wie konnte ich das vergessen. Seit zehn Jahren treffen wir uns jeden Mittwoch bei Pepe. Und da kann meine Baustelle einstürzen oder mein Eisladen zumachen - bisher habe ich es immer pünktlich geschafft.
Für Jacky, die seit Gregor kaum noch Freundinnen hat, ist dieses Treffen enorm wichtig. Was bin ich nur für eine egoistische Fast-Milchkuh!
„Oh Gott, ich bin unterwegs, aber gleich bei dir." Ich versuche die Erklärung und ihre Schimpftirade noch ein wenig hinauszuzögern.
Als sich Daniel umdreht, bin ich weg.

Ich bin vor mir und meinen Gefühlen auf der Flucht. Nur leider weiß ich wieder mal nicht wohin.
Jacky ist nicht mehr da, als ich bei Pepe eintreffe.
„Sie ist nicht sauer", sagt Pepe in ungewöhnlich ruhigem Ton. „Sie ist *stink*sauer! Und wenn ich du wäre, würde ich die Finger von diesem jungschen Daniel lassen und *sofort* zu ihr gehen."
„Was hat sie von Daniel gesagt?" Meine Stimme wird schrill.

„Nichts. Nur dass du sie wegen diesem Kerl versetzt hast. - Und, Liebes, lass dir eines sagen, Freunde sollte man wegen keines Kerls dieser Welt … du weißt schon. Ich spreche aus Erfahrung."
„Aus Erfahrung? Heißt das, du bist schwul?", bricht es fassungslos aus mir heraus.
„Natürlich. Wusstest du das etwa nicht?"
Nein, ich wusste es nicht. Hätte ich sonst diese Sex-Fantasien mit dir gehabt?! Wieder einmal bin ich froh, wenigstens meine Gedanken im Griff zu haben.
Mein Handy klingelt, und es ist Daniel! Hilfe, soll ich rangehen?

***

Jacky öffnet mir *nicht* ihre Tür!
Ich fasse es nicht. Ich stehe in ihrem Treppenhaus und versuche sie anzurufen.
Die alte Frau Piske mit ihrem Dackel kommt natürlich just in diesem Moment heraus. Ich nehme an, sie lauert immer, was bei den Mädchen so los ist. Ist ja auch immer spannend bei uns, keine Frage. Mal heult die eine, mal die andere, mal werden Tonnen von Süßigkeiten angeschleppt, dann plötzlich Windeln, dann kommt mal ein richtig gut aussehender Kerl, dann ist das nur der Klempner …
Frau Piske hat es jedenfalls gut. Sie setzt ihre Perücke auf und fühlt sich chic. Dass sie aussieht wie Atze Schröder, scheint sie nicht zu stören.
Jacky geht auch nicht an ihr Handy! Nachdem ich ihr das dritte Mal auf Mailbox gequatscht habe, wie leid es mir tut, was für eine miese Freundin ich bin und sie gar nicht verdient habe, gebe ich auf.
Ich bin eine Frau zwischen zwei Männern! Ein Szenario, von dem ich in meinem Leben nicht zu träumen gewagt hätte. Eher war ich mir sicher, als neurotischer Großstadtsingle in der Ambulanz der Psychiatrischen in Mitte zu enden. In diesem schönen Innenhof unter blühenden Büschen und meinesgleichen. Enddreißigerinnen, die alle Fehler ausschließlich bei sich suchen – und jede Menge finden.
Dabei können Männer, vor allem Männer um die 40, wirklich grausam sein. Haben sie doch selbst ihre Päckchen zu tragen. Nur über *ihre* Macken reden wir nicht.

Ich habe es wirklich geschafft! Ich bin nicht ans Handy gegangen, als Daniel angerufen hat. Und es fällt mir erst jetzt wieder ein. Oder um die Wahrheit zu sagen, ich habe mich selbst kasteit, die ganze Zeit daran gedacht und mich richtig stark gefühlt, zu widerstehen. Schnell wähle ich die Nummer meiner Mailboxabfrage und höre seine junge, angenehme Stimme, die klingt wie die deutsche Synchron-Stimme von Leonardo DiCaprio.
„Nora, wo warst du so plötzlich, hier ist Daniel. Melde dich, ich muss dir was sagen."
Na bravo, das hat er doch extra gemacht. „Muss dir was sagen." Natürlich bin ich mindestens so neugierig, wie wenn ich eine neue Haarfarbe ausprobiere und hoffe, dass sie mir steht. Und natürlich sehe ich mich im Spiegel an.
Meine Finger zittern bei 30 Grad. Und das wegen eines Kerls, der weit unter dreißig ist!
„Ich bin's, Nora."
„Es hat keinen Sinn zu flüchten", sagt er und trifft damit den Punkt.
Ich werde blass und höre das Klappern von Tassen im Hintergrund.
Ich habe von der Frucht der Versuchung genascht und muss nun damit leben.
„Ich komm zu dir auf die Baustelle." Er klingt sehr entschlossen.
„Bist du verrückt?! Auf keinen Fall."
„Aber ich muss dir was Wichtiges sagen."
„Das kannst du genauso gut am Telefon tun", versuche ich, meine Stimme so gelassen klingen zu lassen, wie Joan Collins damals im Denver-Clan, als sie mit einem jüngeren Lover telefonierte. Und ich fühle mich mindestens so alt und so biestig wie sie.

„Nein", Daniel klingt so aufgewühlt, als habe er gerade einen Schatz gefunden. Aber offensichtlich will er nicht verraten, unter welcher Palme er liegt. „Wo können wir uns sehen?"
Ich überlege, und es fällt mir nichts ein. Mein Hirn ist in rosa Zuckerwatte gepackt. Meine Synapsen verklebt.
„Also gut. Du gibst eh nicht auf."
„Das hoffst du", entgegnet er lächelnd.
„Wie wäre es heute Abend?" Ich höre mich reden und fühle mich schlecht.
Was tue ich da? Heiligt der Zweck wirklich jedes Mittel? Die Gefahr, mich unsterblich in Daniel zu verlieben, nur um ein Kind mit Tobias zu bekommen, ist so groß wie … wie mein Hintern auf dem unsäglichen Foto, das meine Mutter immer noch an ihren Kühlschrank hängen hat. Wir waren damals auf einem Ponyhof, ich war 17 und ich bin gerade auf ein Pony gestiegen, das kleiner war als ich. Meine Mutter steht neben mir. Sie selbst sieht in ihrem lila Flatterkleid umwerfend aus. Ich hingegen wie eine Mischung aus Walross und Storch.
Was ziehe ich an? Meine jugendlichen Outfits habe ich bereits durch und keine Lust mehr, mich zu verkleiden. Das Beste ist, ich sage ab.

***

Es kommt, wie es kommen muss.
Daniel hat einen Rucksack dabei. Gefüllt mit den leckersten, selbst gemachten Köstlichkeiten dieser Zwischenwelt.
Ich sterbe für eine gute Quiche, und ich habe immer geahnt: Nora, das wird dir einmal zum Verhängnis.
Ich flüchte in ein kleines Café und erleichtere wenigstens meine Blase. Meinem Gewissen hilft das nichts. Aber immerhin spüre ich eine angenehme Leere in mir.
„Ich habe etwas Wichtiges vergessen. Ich muss noch mal schnell in den Supermarkt", Daniel geht bereits los. Und ich folge ihm, wie in Trance.
Wir betreten den Supermarkt, als wäre er ein paralleles Universum. Daniel steuert auf das Gewürzregal zu und findet, was er sucht. Zimt. Eine Stange natürlich, nicht gemahlen.
„Wir hatten keinen mehr im Bistro, und an meinem Nachtisch fehlt ein petit petit davon."
Wir lächeln uns an, unsere Hände berühren sich eine Millisekunde, als er mir den Zimt unter die Nase hält.
Ich sauge den Duft ein, schließe die Augen. Obwohl ich mich mit aller Kraft dagegen sträube, schafft es Daniel, mich zum Strahlen zu bringen. Die Pudel-Frisur-Kassiererin grinst mich an.
„Hach, frisch verliebt is eenfach chici." Mir wird abwechselnd heiß und kalt und ich glaube, ich werde zum ersten Mal nach vielen Jahren rot wie eine Chili.
Was redet diese Frau da, es stimmt einfach nicht. Es ist hot, aber mehr nicht!

.

Daniel hat alles mitbekommen – und gibt er mir demonstrativ einen Kuss. In den Nacken, was mich schmelzen lässt.
Denn wenn ich eine besonders erogene Zone habe, dann ist es dieser Bereich. Angefangen zwischen meinen Schultern, bis hoch zu meinem Haaransatz. Und Daniel scheint das intuitiv zu ahnen.
Der Pudel-Frisur bleibt der Mund offen stehen.
„Respekt, mein neuer Lover is nich so knackig", flüstert sie mir grinsend zu.
Ich muss unwillkürlich schmunzeln. Und mein Selbstbewusstsein steigt, auf einer Skala 1 bis 10, fast auf die 9. Was soll`s, was die Leute denken, ich will nur ein Kind von ihm, mehr nicht.
„Der Trend geht zum jüngeren Mann." Das hat mir Jacky noch vor ein paar Wochen aus der Gala vorgelesen. Madonna, Carolin Beil … es gibt immer mehr gut aussehende, erfolgreiche Frauen, die einfach keinen Beschützer mehr brauchen. In Amerika gibt es dafür eine Bezeichnung: Cougar. Bedeutet Puma. Die Parallele liegt zum einen im silbrigen Fell des Pumas (Silberlöwe) und zum andern in der Jagd (auf jüngere Männer). Demi Moore und Ashton Kutcher (immerhin hat diese Beziehung unfassbar lange gehalten), Madonna und Jesus Luz, Nena und ihr Philipp. Es gab schon einige, nicht gleichaltrige Paare, deren Liebe sehr lange gehalten hat. Ich befände mich also in bester Gesellschaft, wenn ich ihn denn wollen würde. Diesen jüngeren Mann. Ich will ihn aber nicht.

Trotzdem folge ich ihm in die die S-Bahn, vom Hackeschen Markt nach Wannsee. Ich verstehe mich nicht. Die Fahrt wird zur Zeitreise. In eine ferne,

unbekannte Welt. Wir sitzen uns gegenüber und ich sehe ihn nicht an, erhasche nur ab und zu einen Blick. Berlin rauscht an mir vorbei und ich versuche, meine Gedanken auf das Baby zu lenken.
Tobias wird ein großartiger Vater sein, daran zweifle ich nicht. Aber ich zweifle an meinem Verstand. Was mache ich hier?
Daniel sieht mich an, als wäre ich zart und zerbrechlich. Und er sagt nichts, und es stört mich nicht. Im Gegenteil. Ich fühle mich zart und zerbrechlich wie Liv Tyler als Elfenkönigin. Ein verrücktes Gefühl.

Die S-Bahn hält am Savignyplatz. Ein kleines, blondes Mädchen, ganz in Rosa, steigt mit seiner Mutter ein und lächelt Daniel an. Und er lächelt zurück, macht Faxen, und spielt plötzlich verrückt. Die Kleine lacht und auch ich kann mir ein Schmunzeln nicht verkneifen.
Wie gut er bei kleinen Kindern ankommt. Aber leider bei jungen, sehr schlanken und faltenfreien Müttern nicht minder!
Mein 39-jähriges Gesicht spiegelt sich in der schmutzigen Scheibe, Graffities jagen vorbei, und ich frage mich ernstlich, ob ich nicht nur die elfenfarbene Haut mit den Sommersprossen, sondern auch die Veranlagung zum unschönen Doppelkinn von meiner Oma Else väterlicherseits geerbt habe. Irgendwie werden meine Sommersprossen von Jahr zu Jahr zahlreicher. Und großflächiger. Sind das etwa Altersflecken?!
Was will dieser Kerl von *mir*? Mein Selbstbewusstsein ist wieder bei einer schwächlichen fünf angelangt. Was

unter anderem an dem miserablen Zustand meines geplagten Gewissens liegen dürfte.
Daniel könnte doch eine Jüngere, länger Gebärfähige haben. Aber nein, er will *mir* sein Sperma schenken! Und weiß es noch nicht einmal.
„Ich weiß es", fängt Daniel mit ernster Miene an.
„Du ...weißt es?" Ich bin wirklich schockiert. Befinde ich mich in einem dieser amerikanischen Filme, in denen der Held Gedanken lesen kann?
„Ich weiß es einfach."
Charlottenburg rast an mir vorbei.
Die Sonne sticht, ich schwitze. Was nur werde ich Tobias sagen? Dass ich bei Jacky war?
Da sie seit Stunden nicht an ihr Handy geht, ernenne ich sie zum perfekten Alibi.
„Ich fühle mich mit dir ... wohl, auch wenn wir nicht reden", sagt er und streicht sich eine störrische Strähne aus dem Gesicht.
Wieder sage ich nichts. Und spüre es. Ich fühle mich auch wohl. Er nimmt meine Hand. Und meine Muskeln, die sie zurückziehen könnten, versagen den Dienst.
Das blonde Mädchen grinst, seine Mutter lächelt.
Die S-Bahn fährt in Wannsee ein.
Ich sterbe vor Hunger. Daniel hält meine leblose Hand und erst jetzt spüre ich meine Finger wieder. Ich bewege sie, als hätte ich Gicht.

Gut, dass Berlin so groß ist. Die Wahrscheinlichkeit, hier einem Freund oder Kollegen von Tobias zu begegnen, geht gen Null.
„Hallo Nora, du hier?"
Ich erstarre und drehe mich um.

Glücklicherweise ist es Nino. Mein Eisverkäufer, der Daniel abschätzend mustert. Daniel lächelt ihn an, und sein Charme zaubert sogar italienischen Machos ein Lächeln ins Gesicht. Nino zwinkert mir zu und geht, den Daumen heimlich nach oben haltend, weiter.
Und nach dieser Schrecksekunde geht es mir plötzlich besser. Nino hat mich gesehen, als es mir schlecht ging. So schlecht wie noch nie in meinem Leben. Weil Tobias mir vorgegaukelt hatte, ein rassiger Zuchtbulle zu sein. Ein halbes Jahr lang! Während ich mich gefühlt habe wie eine vertrocknete Erbse, die widerlich schmeckt und nicht einmal fähig ist, sich fortzupflanzen!
Und irgendwie ist der schlechtgewissige Kloß im Magen plötzlich auf die Größe einer kleinen Eiskugel geschrumpft. Und ich hoffe, er wird noch weiter schmelzen.

Daniel zaubert Cremes und Törtchen aus seinem Rucksack, und ich falle ausgehungert darüber her. Daniel ist ein begnadeter Koch, und der Hauch Zimt gibt dem Nachtisch tatsächlich eine betörende Note.
Dass ein junger Mann so fantastisch kochen kann, lässt mich einiges vermuten. Entweder, dass er a) früher nie etwas Schmackhaftes zu essen bekommen hat, b) eine richtig tolle Mutter hat, also eine perfekte Schwiegermutter und Omi für mein Kind!, oder c) ein sehr sensibler, kreativer Typ ist.
Ich bete für die nette Schwiegermutter und die Kreativität. Denn Letzteres wäre für unseren gemeinsamen Nachwuchs wirklich von Vorteil, und die Schwiegermutter als Babysitter ist hiermit bereits fest eingeplant.

Meine Mutter als Oma wird ein Totalausfall. Da bin ich mir inzwischen leider sehr sicher. Sie kann mit Kindern, wie ich jetzt weiß, leider ziemlich wenig anfangen. Ich frage mich ernstlich, wie sie wohl früher zu mir war. Und ob ich davon irgendwelche Langzeitschäden davongetragen habe? Ich meine solche, die mir bisher noch nicht bekannt sind?
Tobias` Mutter Hilde ist das genaue Gegenteil. Sie liebt Kinder und wünscht sich nichts sehnlicher als einen Enkel. Auch wenn sie vermutlich nicht gerade viel von ihm haben wird. Sie ist eine Frau mit Klasse, hat einen extravaganten Kleidungsstil und führt ein ausgefülltes, spannendes Leben (und das in dem Alter!). Vermutlich hat sie dadurch wenig bis gar keine Zeit für ihren Enkel oder ihre entzückende Enkelin. Und vielleicht ist das dann auch wieder mein Glück. Denn Hilde kann sehr, sehr anstrengend sein.

Wir finden ein einsames Plätzchen direkt am See. Wildschweinspuren bestätigen das.
Daniel hat eine Decke dabei. Ich schätze, es ist ein afrikanischer Webstoff, in Braun, Lila, Orange gehalten. Wie wohl seine Wohnung eingerichtet ist?
„Wohnst du eigentlich alleine oder in einer WG?", höre ich mich fragen, ohne vorher über die Wirkung meiner Worte nachgedacht zu haben.
„Wieso willst du das wissen?", amüsiert er sich.
„Nicht, weil ich bei dir einziehen will."
„Schade."
„Und?"
„Alleine. Über meinem Bistro. Es ist eine Wohnung für zwei."
Er sieht mich an, als wollte er mir gleich einen Heiratsantrag machen. Nein, Nora, das bildest du dir

jetzt wirklich ein! Männer denken nicht in weißen Rüschen.

„Ich bin da mit meiner damaligen Freundin eingezogen. Aber, sie war nicht die Richtige."

„Scheint so", quetsche ich aus mir heraus und werde nervös.

Er merkt das, nimmt wieder meine Hand, hält sie ganz fest.

„Es entscheidet sich in den ersten Sekunden. Das war schon immer so." Daniel sieht mich ernst an.

Wie kann ein so junger Mann nur so romantisch sein. Ist er vielleicht ein verwunschener Prinz?

Ich sehe einen Frosch am Ufer und entziehe Daniel meine Hand. Sie fängt an zu zittern.

Frauen sind so einfach zu betören. Diese große Liebe-, das-Schicksal-hat-uns-zusammengeführt-Nummer zieht einfach immer. Zumindest bei so romantisch veranlagten Frauen wie mir, die an die große Liebe glauben und bisher gedacht haben, sie zu erleben.

Wie traurig, am Ende eines Lebens resümieren zu müssen, dass man sie nie getroffen hat, die Liebe seines Lebens. Vielleicht, weil man es nie gewagt hat, auf sein Herz zu hören? Weil man nie sein altes, gemütliches Leben über Bord geworfen hat, um etwas zu riskieren? Ich war mir bisher so sicher, dass es Tobias ist. Mein Mr Right. Und was, *wenn* er es ist und ich ihn fort werfe wie einen – Frosch!?

Ich darf nichts kaputt machen. So wie meine Mutter ihre Männer immer kaputt gemacht hat.

Daniel hat sich mit einem Grashalm zwischen den Zähnen auf den Rücken gelegt und betrachtet den Himmel.

Ich lege mich neben ihn und sehe, was er sieht. Eine große, weiche Wolke zieht über uns hinweg. Sie sieht aus, als könnte man sich darin verlieren.
In meinem Alter legt man sich nicht mehr wöchentlich auf eine Decke und betrachtet den Himmel. Das sollte man aber unbedingt tun!
Wenn man von den roten Ameisen, die gerade meinen Fuß als Straße entdeckt haben, und der Panik, auf dem kühlen Boden eine Blasenentzündung zu bekommen, absieht, hat es etwas Beruhigendes, sehr Erdendes. Erde und Ameisen ersetzen so manche Therapie.
Das Wasser glitzert, eine Entenmama schwimmt mit ihren Jungen vorbei. Wir lächeln uns an.
Daniel springt auf, zieht sich aus und rennt in den See. Ich fühle mich schlagartig in einen Super-8-Film meiner Eltern versetzt, bin nicht mehr in meinem Körper. Ich ziehe mich auch aus, denke nicht an meinen unperfekten Hintern oder meine der Schwerkraft folgenden Brüste, fühle mich frei wie selten zuvor und renne ihm nach.
Das Wasser ist kalt, aber es stört mich nicht. Daniel taucht plötzlich ab, und nur ein paar Blasen lassen ahnen, wo er sich befand. Plötzlich packt ein Wassermonster meine Beine und zieht mich zu sich hinab in die Tiefe.
Da unten ist es still, unendlich still. Wir nehmen uns fest in den Arm, ich spüre seine nackte Haut.
Ich mache mich los und schwimme ans rettende Ufer zurück. Doch es ist keine Rettung in Sicht!
Daniel kommt dazu, wickelt mich zart in die Decke, legt seinen Arm um mich und ist beruhigend warm.
Ich spüre seinen Atem und schließe die Augen.
Meine Welt steht still.

Daniel ist ein einfühlsamer Liebhaber. Seine Hände berühren mich so, wie mein Körper seit Jahren wieder berührt werden will. Zärtlich und fordernd, lustvoll und schmeichelnd. Ich habe das Gefühl, die Hauptrolle in Titanic zu spielen.

Ich habe vergessen, wie es ist, begehrt zu werden. Eines der größten Probleme in langjährigen Beziehungen. Dass Männer ihren Frauen dieses Gefühl nicht mehr geben. Dieses Gefühl, das wir so dringend brauchen. Denn sonst können wir uns nicht fallen lassen, denken die ganze Zeit: „Wie schaffe ich es, meinen Bauch zu verdecken, und in welcher Stellung sieht mein Busen am besten aus?"
Daniels Hände geben mir das Gefühl, sexy und erotisch zu sein, und ich werde mutiger. So lasziv hat mich Tobias schon lange nicht mehr erlebt. Und daran ist er wirklich selbst schuld!

Nassgeschwitzt und völlig verstört liege ich in Daniels Armen, rieche ihn und sehe ihm beim Schlafen zu. In dem Alter hat man wohl noch keine Nasenhaare, zumindest sehe ich nichts vibrieren.
Erst jetzt bemerke ich Ameisen an meinem Bein. Es brennt.
Daniel atmet ruhig und zufrieden. Nicht einmal der weiße Schmetterling, der sich ausgerechnet auf seinen Bauch gesetzt hat, scheint ihn zu stören.
Plötzlich bin ich hellwach, versuche, den Schmetterling zu verscheuchen, muss aber einsehen, dass da gar keiner war.

Ich setze mich auf. Bin ich verrückt? Ich, die ich Fremdgeher immer zutiefst verachtet habe, habe selbiges getan. Und Tobias Vertrauen aufs Widerlichste missbraucht!

Da auch Daniel nur ein Mann ist - also sehr schnell, sehr tief schläft - kann ich mich unbemerkt anziehen und schnell davon rennen. Dass es nicht möglich ist, vor seinem schlechten Gewissen wegzulaufen, wird mir just in dem Moment schlagartig klar.

***

Die Fahrt in der S-Bahn wird sehr einsam. Ich versuche, die grinsenden, tuschelnden Fahrgäste zu ignorieren, starre hinaus und konzentriere mich darauf, meine Gedanken zu sortieren. Selbstverständlich bilde ich mir das alles nur ein. Es kann nicht sein, das, was da gerade passiert ist. Es *kann nicht* sein!
Ich brauche frische Kleider. Tobias wird riechen, dass ich ihn betrogen habe. Und ich muss duschen, Tobias hat eine sehr feine Nase.
Ich beschließe, zu Jacky zu gehen. Wie immer in einem Notfall. Ich hoffe, sie sieht ein, dass dies einer ist.
Jacky öffnet mir die Tür.
Sie weiß sofort, was Sache ist. Ich liebe sie, und wir nehmen uns zitternd in den Arm.
„Ich hab dich so vermisst, du dummes Stück." Sie weint und ich habe sie noch nie wegen mir weinen sehen.
„Selber", schniefe ich in ihr Milchsäuregeschwängertes T-Shirt.
Und Baby Gregor heult mit.
Jacky zieht mein grünes Esprit-Kleid aus einem Altkleidersack.
„Sorry, aber eigentlich war das eine Unverschämtheit, mir diesen hautengen Fetzen anzudrehen", sagt sie.
„Ich pass da in diesem Leben doch nie und nimmer mehr rein."
„Dankbar warst du noch nie", lächle ich sie an. „Aber erst muss ich duschen."
„Tja, geht leider nicht. Wasserschaden im ganzen Haus. Der Klempner kommt erst morgen."

Irgendwie scheint gerade alles schief zu gehen, denke ich, während ich mir das grüne Kleid über den kalten Körper ziehe.
„Hast du abgenommen? Wenn man verliebt ist, nimmt man sehr schnell ab."
„Bin ich aber nicht", antworte ich schnell und beiße in ein widerlich süßes Gebäck vom Türken an der Ecke.
Beste Freundinnen bringt nichts auseinander.
„Ihr habt es getan, oder?" Jackie sieht mich betroffen an.
Ich nicke schwach und habe es plötzlich sehr eilig.
„Ich erzähle dir alles im Detail, aber jetzt muss ich ganz schnell zu Tobias. Der wundert sich bestimmt schon wo ich bleibe."
„Stimmt. Er hat angerufen." Sie sieht mich herausfordernd an.
„Und? Was ... hast du gesagt?" Mein Leben rast an mir vorbei.
Doch Jacky grinst. „Dass du gerade im Bad bist und ihn zurückrufen wirst. Hast du halt bei unserm fünften Caipi vergessen, was soll's."
Ich nehme Jacky in den Arm.
„Du bist die Beste, wirklich!"
„Die Allerbeste, bitteschön, und erzähl es herum. Vielleicht verirrt sich dann auch mal ein blonder Jüngling an meine Tür."
Wir drücken uns kurz, und ich muss los, eile zur Haltestelle und komme zu spät, wie immer in diesem Leben.

Die Tram fährt weg, mein Herz rast.
„Hör auf dein Herz, Nora", hat meine Oma früher immer zu mir gesagt. Aber das Einzige, was ich höre, ist die Musik aus dem MP3-Player rechts von mir. Ich

stehe da und warte. Auf die Tram, auf eine Entscheidung, auf ein perfektes Leben mit Kind.

Um Mitternacht bin ich endlich zu Hause und mir ist schlecht. Oh mein Gott, bitte nicht, ich bin schwanger, fährt es mir wie ein Blitz durchs Hirn. Dass die Übelkeit nicht davon kommen kann, selbst wenn Daniels Sperma in Lichtgeschwindigkeit in meine Eizelle geschlüpft sein sollte, ist mir zum Glück gleich klar. Wieso habe ich nicht verhütet?!
Wie absurd dieser Gedanke ist, wo ich doch ursprünglich bei ihm war, um ein Kind von ihm zu bekommen!
„Tobias!? Bin wieder zu Hause", rufe ich ins dunkle Haus. Aber zum Glück, aber auch seltsamerweise, ist er nicht da.
Ich gehe ins Bad und ziehe mich aus. Dann betrachte ich mich nackt im Spiegel. In mein Gesicht kann ich nicht schauen. So verhakt sich mein Blick an meinen Füßen. Schuhgröße 42 hatte ich schon zu meiner Konfirmation. Und mit 27 Jahren sah mein Körper deutlich besser aus.
Ich dusche, und die Wärme tut mir gut. In meinem Kopf dreht sich alles im Kreis, mir ist schwindlig.
Plötzlich steht Tobias im Bad und ich erschrecke mich fast zu Tode.
„Du duschst um diese Uhrzeit?", fragt er verwundert und irgendwie angespannt.
„Ja ... weil ... ich einen Unfall hatte", komme ich stammelnd aus der Dusche und ziehe schnell meinen roten Bademantel an. „Wir ... also ich, mein ich, ... musste auf die Polizei warten ... mein Akku war alle ... tut mir leid."

Tobias` Stimme klingt sofort besorgt. Der etwas vorwurfsvolle Ton ist dahin.
„Ein Unfall?! Ist dir was passiert, Schnecki?", will er liebevoll wissen.
„Nein ... nein, nein. Alles gut. Nur der Fahrradkurier ... der hat ganz schöne ... äh ... Schrammen."
„Was? Wie ist das denn passiert, um Gottes Willen? Bist du ihm reingelaufen?"
Ich nicke schnell. Denn das würde sehr gut zu mir passen.
Tobias setzt sofort sein Anwaltsgesicht auf und sagt: „Ich werde einen Brief an die gegnerische Partei aufsetzen. Nicht, dass die noch Ansprüche an dich anmelden."
Schockiert sehe ich ihn an. „Nein, das war ein total Netter. Der meldet nichts an. Ich bin ihm auch nicht wirklich ... reingelaufen. Eher er mir. Reingefahren. Ach, halb so schlimm. Dem geht's gut, mir geht's gut, alles ...". Ich halte inne.
Tobias sieht mich irritiert an. Wie eine Angeklagte. Zumindest bilde ich mir das ein.
Er geht wortlos raus, kommt kurz darauf sofort wieder herein.
„Jeder hat heutzutage ein Handy, du hättest mich von einem anderen Handy aus anrufen können."
Ich merke, er ist sauer. Ich wäre es auch.

Ich streife den Bademantel ab und creme mich mit Raspberry-Bodylotion von Bodyshop ein. Das beruhigt. Doch meinen gerade verdrängten Gedanken werde ich nicht los. Was, wenn ich jetzt wirklich schwanger bin!?

Vor lauter Kinderwunsch, war das Thema Verhütung für mich seit Jahren sehr fern. Dass ich mich im

Moment höchster Ekstase nicht darauf besonnen habe, ein Kondom zu nehmen, verwirrt mich komplett. Ganz zu schweigen von Aids!
Was habe ich Frauen, die es im 21. Jahrhundert nicht geschafft haben, ordentlich zu verhüten, verachtet. Oder sagen wir: Ich konnte es einfach nicht fassen! Wie einem die Leidenschaft so derart das Hirn ausknipsen kann. Jetzt weiß ich es und knipse das Nachtlicht an meinem Bett schnell *an*.
Ich liege frisch geduscht und schweißnass im Bett, als sich Tobias neben mich legt. Er war noch joggen, doch diesmal ist keine Versöhnung in Sicht.
Ich stelle mich schlafend und bin froh. Kein Kuss, keine Umarmung, nichts.
Plötzlich höre ich mein Handy, das im Flur in meiner Handtasche verräterisch piepst. Oh nein! Wenn du schon fremdgehst, dann bitte intelligenter, Nora, schimpfe ich mich in Gedanken und halte die Luft an. Tobias liegt neben mir und atmet genervt.
„Von wegen Akku alle", zischt er und dreht sich um.
Ich überlege aufzustehen, doch dann müssten wir reden. Und genau das will und kann ich jetzt nicht.
Stattdessen steht Tobias auf, geht in den Flur, reißt das Handy aus meiner Tasche und stellt es ab. Egal, was Daniel geschrieben hat, ich muss es löschen.
Daniel läuft Amok, und das zu Recht. Wenigstens ist er taktvoll und ruft nicht an.
Ich warte schier endlos scheinende Sekunden, bis Tobias schläft und jumpe dann auf.
Eine Sehnsuchts-SMS nach der anderen. Und ein Glück, er versteht mich sehr gut.
„Du hättest es nicht getan, wenn es nicht richtig wär", schreibt er. Oder: „Wir sind füreinander bestimmt."
Nachdem ich eine schicksalsschwangere SMS nach der

anderen gelesen habe, ist mein Hirn wieder so romantisch vom Winde verweht, dass es nur eine Lösung zu geben scheint.
Koffer packen und mit Daniel auf die Bahamas durchbrennen.
Mit einem noch größeren Wust an Gedanken als sonst und einem halb gepackten Koffer voller Sandalen und Sonnenhüte im Hirn, schlafe ich ein. Morgen scheint bitte wieder die Sonne.

***

Ich wache auf, und Regentropfen peitschen gegen die Scheiben.
Das Bett neben mir ist leer, ich höre kein einziges Geräusch aus der Küche!
Schnell sehe ich nach, ob Tobias` Laptop noch da ist.
Ja, er ist es. Ein Glück! Ich hatte plötzlich panische Angst, er könnte mich verlassen haben. Und das, wo ich vielleicht endlich schwanger bin!

Schlagbohrhämmer dröhnen auf meiner Baustelle, und plötzlich sieht meine Welt nicht mehr rosa, sondern staubig aus. Ich ziehe mich rasch an.
In einer Stunde habe ich einen sehr wichtigen Termin auf der Baustelle, und in drei Stunden soll unser Apfelbäumchen geliefert werden. *Haus bauen, Kind kriegen, Apfelbäumchen pflanzen.*
Mein Gott, hoffentlich bin ich nicht wirklich schwanger! Dabei wünsche ich mir doch so sehnlich ein Kind.
Ich starre in mein Müsli und denke, es könnte Babybrei sein.

Es klingelt. Magda ist es und fragt mich ziemlich blass und aufgewühlt, ob ich ganz ausnahmsweise eine Stunde auf ihre Tochter Ruby aufpassen könnte. Wanda ist bei einer Freundin. Aber Ruby kriegt sie nicht untergebracht.
„Ich hab einen ganz dringenden Termin." Magda beginnt zu flüstern. „Der Arzt hat was in meiner Brust getastet."
Ich sehe sie schockiert an.

„Klar kann ich", sage ich sofort. „Eine Stunde, kein Problem."

Als sie weg ist und Ruby kaugummikauend auf unserem Sofa sitzt, wird mir klar, dass mir das jetzt gerade noch gefehlt hat. Egal. Lenkt vielleicht ab.
Ruby ist es langweilig, und gleichzeitig klingelt es an der Tür. Der Elektriker. Den habe ich ja völlig vergessen. Ich drücke Ruby eine „Petra" in die Hand, Titelthema „Erogene Zonen über 40" und erkläre dem Elektriker mein Problem. Nicht das mit den Schmetterlingen, sondern das mit dem Lichtschalter.
Ruby scheint fasziniert von den erogenen Zonen der 40-Jährigen und sieht mich immer wieder grinsend an. Ich bin nicht 40, würde ich ihr am liebsten sagen, lasse es aber, denn für eine 12-Jährige macht es wirklich keinen Unterschied, ob man 39 oder 40 ist. Für eine 39 einen großen!
Erogene Zonen habe ich en masse, wie ich seit gestern wieder weiß, und nebulös von Tobias. Denn wenn ich mich zurückerinnere, war Tobias ein mindestens genauso guter Liebhaber wie Daniel. Betonung auf „war". Jobstress, Alltag und Kinderfrust, haben unser Sexleben einschlafen lassen wie eine Schildkröte, die ihren Winterschlaf hält. Doch wenn der Frühling kommt, wacht eine Schildkröte wieder auf!
Keine Nachricht von Tobias, aber wieder eine SMS von Daniel. Nachdem ich mindestens 18 Antwort-SMSe entworfen und vor dem Abschicken wieder gelöscht habe, schreibe ich ihm:
„Tut mir leid, hoffe du verstehst mich. War wunderschön. Bin verwirrt. Melde mich."
Ruby hat Durst.

„Habt ihr Sex?", will sie wissen, als ich ihr das Glas Orangensaft in die Hand drücke. Gut, dass sie es bereits hält, sonst wäre es mir herausgerutscht.
Was weiß sie? Woher weiß sie? Und wie kommt sie darauf?
„Die SMS war von Tobias." Ich sehe sie blass an.
„Klar, von wem sonst. Und, habt ihr noch Sex?"
„Äh ... wieso sollten wir denn nicht?" Ich weiche mittelgeschickt aus.
„Mama und Mama hatten mal länger keinen Sex mehr. Dann haben sie so einen Yoga-Massage-Tantra-Dings-Kurs gemacht und danach war wieder alles schön."
Aha. Interessant, was man so über die Nachbarschaft erfährt.
„Tja, ... bei uns ist das nicht das Problem."
Ruby horcht grinsend auf. Dass Kinder immer so feinfühlig sein müssen. „Und wieso hast du dann keine Kinder?"
Das musste ja kommen. Ich hasse diese Frage.
„Wir wünschen uns ein Kind. Aber, in unserem Alter klappt das nicht mehr so."
Ruby nickt ernst. „Bist du nicht eh schon viiiel zu alt für ein Baby?"
Na, vielen Dank für das Gespräch.
Aber Ruby lässt mich nicht in Ruhe. Sie will jetzt wissen, wo genau der G-Punkt auf dieser Zeichnung ist, was man da fühlt und wie man das hinkriegt, dass man da was fühlt. Ich bin erstaunt, wie gut sie sich auskennt, setze mich zu ihr und erkläre ihr, was ich weiß. Seit gestern Nacht glaube ich mehr zu wissen, und Ruby und ich haben viel Spaß.
Die Stunde ist fast zu schnell rum, da klingelt Magda an der Tür.

„Entschuldige bitte, Himmel, dass die ihre Praxis einfach nicht organisiert kriegen, ich musste zwei Stunden warten!"
„Zwei Stunden? Wie viel Uhr ist es denn?"
„Schon fast zwölf, tut mir wirklich leid." Magda nimmt Ruby in den Arm.
„Verdammt. Dann hab ich eine wichtige Baubesprechung verpasst."
„Oh nein, wie kann ich das wieder gut machen?"
„Lass gut sein, ... was kam denn heraus?"
„Der Ultraschall war immer noch unklar. Ich muss zur Mammografie und hab so ne Angst!"
Ich nehme Magda in den Arm und sie schluchzt los. Ruby sieht sie verstört an. Magda reißt sich schnell zusammen.
Das sind sie, die echten Probleme des Lebens.
Da jetzt eh Mittagszeit ist, trinken wir noch einen Kaffee zusammen und fühlen uns sehr nah. Magda als neue Freundin hier in der Himbeersiedlung, das wäre schön.

Plötzlich steht Tobias in der Tür und sieht uns drei Mädels verwundert an. Magda trinkt ihren Kaffee aus, und die beiden verabschieden sich schnell.
„Wieso bist du um die Zeit da?", frage ich Tobias unruhig und schleiche um ihn herum.
„Weil wir was Wichtiges zu bereden haben."
Ich werde nervös und bereite mich schon innerlich auf die nahende Trennung vor.
„Stell dir vor, mein Chef fliegt für drei Monate nach China. Er hat mich gebeten, einen Großteil seines Jobs mit zu übernehmen und die neue Kollegin einzuarbeiten."

„Toll", entfährt es mir erleichtert und ich lasse die „Erogenen Zonen" unter dem Sofakissen verschwinden.
„Dir ist klar was das bedeutet?"
„Äh, nein, was?"
„Du wirst mich die nächste Zeit kaum noch sehen, ich muss rund um die Uhr arbeiten. Du müsstest das mit dem Haus, was noch ansteht, alles alleine managen."
Ich starre ihn an. Ich habe eine Galgenfrist bekommen, und kann mir in Ruhe meinen und den Kopf von Jacky zerbrechen, welchen von beiden Männern ich für den Rest meines Lebens will.
„Scheint dir ja nichts auszumachen." Tobias ist etwas verschnupft.
Ich beeile mich, ein trauriges Gesicht zu machen und fühle mich mies.
„Doch, klar, aber das ist ja auch eine riesige Chance für dich, oder?"
Er lächelt wieder. „Sehe ich genauso."
Er kommt auf mich zu, küsst mich. Ich lasse es geschehen, werde innerlich rot.
„Du bist die tollste Frau auf der Welt, Nora. Ich liebe dich."
Muss er mir das genau heute sagen? Wo er es so gut wie nie über die Lippen bringt? Ich hauche ein „ich dich auch", und mir ist inzwischen speiübel.
Männer schaffen es, im Schnitt zweimal im Jahr zu sagen „Ich liebe dich". Wenn überhaupt. Einmal nach einem gigantomanischen Orgasmus, das zweite Mal, wenn sie ein schlechtes Gewissen haben, weil zu viel Zeit im Büro verbracht (oder im schlimmeren Fall bei der Geliebten).

Daniel ist da eine echte Ausnahme. Wir sehen uns die nächste Zeit täglich und er sagt es mir mindestens viermal am Tag. „Ich liebe dich, Nora, unendlich."
Und es ist mir weder zu romantisch, noch zu viel. Ich schwebe, und versuche mich mit aller Kraft wieder auf den Boden der Tatsachen zu holen. Aber es gelingt mir nicht.

***

Seine Wohnung über dem Bistro wird unser Nest.
Wir haben viel Sex, liegen aber auch stundenlang Arm in Arm und erzählen über uns und unser Leben. Lange nicht habe ich mich so jung und schön gefühlt.
Doch mein schlechtes Gewissen holt mich immer wieder ein. Ich bin nicht der Typ, der so etwas kann. Mit zwei Männern zusammen sein, ganz ohne Skrupel. Es muss endlich eine Lösung her.
Und mein Herz sagt ganz klar: „Ich weiß es nicht."

Jacky, die ich jetzt endlich wieder zu unserem Mittwochslunch treffe, sagt es mir schonungslos ins Gesicht.
„Nora, das ist unterste Schublade, was du da abziehst. Du wolltest ein Kind mit Tobias und vögelst jetzt mit dem Samenspender rum."
„Wir vögeln nicht rum, wir sind uns so nahe."
„Verliebt. Allerunterste Schublade. Tobias ist so ein toller Typ, du machst jetzt sofort Schluss mit diesem Teenieverschnitt, kapiert? Ach, hab ich dir gesagt, dass dieser Werner wieder angerufen hat?"
Ich sehe sie fassungslos an. Und mir bleibt ein Blatt Rucola mitsamt Soja-Sprosse im Mundwinkel stecken.
„Werner?"
„Ja, der ist ja so süß. Er will sich mit mir treffen. *Mit Gregor!*"
„Herzlichen Glückwunsch", bringe ich über die Lippen und denke an mein Kind und dass ich mich entscheiden muss.
Ich drücke mich weiter um eine Entscheidung. Mein altes Schnitzel-oder-nehm-ich-doch-den-Salat-mit-Hühnchenbrust-Problem. Die letzten Jahre hat Tobias

in Restaurants für mich bestellt, um den Ober nicht in die völlige Verzweiflung zu treiben. Doch jetzt muss ich erwachsen werden.
Daniel mit Kind oder Tobias ohne. Oder Tobias mit?
Daniel will ein Kind von mir, oder zwei oder drei, und malt sich unsere Zukunft sehr bunt und aufregend aus. Sein Bistro läuft recht gut und er versucht mich immer wieder zu überreden, mich für unsere einzigartige Liebe zu entscheiden.

Da erwischt uns Magda knutschend im Volkspark im Friedrichshain. Es ist mir unendlich peinlich, ich will mich erklären. Doch Magda zwinkert mir lächelnd zu und geht.
„Magda, warte, es ist nicht so wie du denkst!"
Oh Gott, ich habe ihn gesagt, den so ziemlich dämlichsten Satz in der Filmgeschichte.
Magda ist weg, aber meine trüben Gedanken bleiben.
Ich muss jetzt allein sein und schicke Daniel weg.

Zu Hause passe ich Magda bei ihren Tomaten ab.
„Du, das vorhin im Park ...", stottere ich los.
Doch Magda will nichts hören.
„Du musst mir doch nichts erklären, Nora", lächelt sie mich an.
„Will ich aber, weil ... ich deinen Rat brauche. Meine Freundin Jacky, die findet das alles so unterirdisch von mir ... Und ich ja auch."
Magda sieht mich lieb an und wir setzen uns auf die Stufen ihrer Veranda.
Nachdem ich ihr alles erzählt habe, erzählt sie mir, wie sie früher von einem Mann wegen einer Jüngeren verlassen wurde. „Anfangs konnte ich es nicht fassen, aber dann wurde mir nach und nach klar, dass in

unserer Beziehung so einiges nicht mehr in Ordnung war."
„Welche Beziehung ist schon perfekt", verteidige ich das, was ich mit Tobias habe. Denn es ist annähernd perfekt.
Magda fährt fort. „Und heute bin ich dieser Frau sehr dankbar. Denn mit Ines ist alles viel unbeschwerter, leichter. Ich kann dir nichts raten, Nora, wirklich."
„Und wie findest du den Altersunterschied?", will ich leise wissen.
„Den finde ich nicht schlimm", sagt sie und fügt lächelnd hinzu: „Der Trend geht zum jüngeren Mann."
„Ich weiß, das Alter ist auch wirklich nicht unbedingt mein Problem. Eher das da." Ich zeige auf mein Herz.
Magda nickt. „Versteh ich. Erinnerst du dich, wir haben dir doch erzählt, dass sich Ines auch mal in eine andere verguckt hat."
„Ja, und dass du nicht nachtragend warst"
„Und wir seitdem wissen, was wir aneinander haben."
„Und dass ihr froh seid, dass ihr euch *nicht* getrennt habt, nach all den Jahren, wegen dieser Jüngeren."
Magda nickt lächelnd.
Und ich bin ihr unendlich dankbar.
Und wie immer, wenn ich kurz davor bin, mich endlich zu entscheiden - wird für mich entschieden.

***

Ich bekomme die Quittung. Ich habe im Job einen gravierenden Fehler gemacht! Ich habe den Spielplatz für unsere Siedlung zu groß bauen lassen. Die Zufahrt zu den Autostellplätzen vor fast jedem Haus ist zu eng! Einige Bauherren, die mit den allerdicksten Schlitten, sind auf 180 und wollen mich als Projektleiterin eliminieren. Aber es ist mein Projekt! Meine große Chance, endlich, mit 39 zu zeigen was in mir steckt. – Nämlich nicht viel? Soll ich das meinen Enkeln, die es vielleicht nie geben wird, sagen?
Nein, das darf nicht sein. Ich versuche die Herren zu beruhigen. Doch der BMW-Fahrer aus Haus 11, Ingo Baltimore, der britische Vorfahren hat, zeigt keinerlei Verständnis.
„Einem Mann wäre das nie passiert. Ich war von Anfang an dagegen, einer Frau diesen großen Auftrag zu geben."
Ich sehe ihn fassungslos an und kontere scharf. „Wir werden eine Lösung finden. Und dieser Fehler hätte jedem passieren können. *Selbst* einem Mann!", füge ich noch ironisch hinzu.
„Sie haben viel zu viele Rutschen und Schaukeln bauen lassen, das soll kein öffentlicher Spielplatz werden, sondern eine Wohnanlage."
„Dazu gehören nun mal auch Spielgeräte für Kinder."
„Aber kein überdimensioniertes Piratenschiff, das ist doch total lächerlich, hier wohnt doch nicht - Jack Sparrow!"
Die anderen lachen. Ich versuche, mir weiter Gehör zu verschaffen.
„Kann sein. Aber ich werde das Schiff nicht wieder abreißen lassen, und damit basta!"

Wir blitzen uns an. Und ich unterbreche die Sitzung, denn ich bin den Tränen nahe und will nicht den letzten Rest an Glaubwürdigkeit verlieren.

Tobias ist mit der neuen Kollegin essen, sein Handy ist ausgeschaltet. Daniel ist sofort für mich da.
„Das ist natürlich krass für solche PS-gesteuerten Typen", Daniel nimmt mich fest in den Arm.
„Die schmeißen mich raus, da bin ich mir sicher."
„Das können die nicht. Du hast einen Vertrag."
Ich deute auf den Plan. „Das da könnte man wieder abreißen, dann kann der Doofkopf auf seinen Parkplatz fahren. Und da könnte man verbreitern, die andern haben nicht so breite Schlitten. Wichtig ist jetzt vor allem, den Doofkopf zu besänftigen. Wenn die Stimmung in der Siedlung kippt und mies wird, kann ich hier auch nicht mehr wohnen."
„Ist das dieser Baltimore?"
„Ja, dieser eingebildete Kunstkenner."
Er sieht mich an, seine Augen leuchten.
„Ein Kunstfreak. Ich glaube, dann hab ich eine Idee, die ihn deinen kleinen Fauxpas ganz schnell vergessen lässt."
Er nimmt Stift und Papier zur Hand und fängt an zu zeichnen.
„Hier, das Piratenschiff, da die Stellplätze, stimmts?"
Er malt ein paar Schnörkel neben das Schiff.
„Wie wäre es, wenn du die Himbeersiedlung, die ja vor allem für junge, moderne Familien umgebaut wird künstlerisch gestaltest. Kind und Kunst. Es wird sich doch ein Künstler finden lassen, der da ein tolles Objekt hinzaubern will."
Ich sehe ihn an und umarme ihn. Und halte ihn ganz, ganz fest.

„Das ist super. Wirklich. Das hätte glatt von mir sein können", ich lächle ihn an. Doch dann wird meine Miene bitterernst. „Aber es geht nicht. Wir haben kein Budget dafür. Und Baltimore ist ein Oberknauser, der macht bestimmt nichts locker!"
Daniel sieht mich an und überlegt.

Am nächsten Morgen habe ich einen Termin mit den Bauherren. Und meine Brüste spannen!
Ich rase zum Drogeriemarkt, kaufe einen Schwangerschaftstest und verkrieche mich im Bad.

***

Ich wage es nicht, die Packung zu öffnen, starre erst die verstaubte Lampe über mir und dann mein aschfahles Gesicht im Spiegel an. Und ich sehe nur Falten! Eine neue, tiefe Furche an meiner Stirn scheint über Nacht hinzugekommen zu sein, mindestens eine, wenn nicht zwei. Meine Lippen sind trocken, spröde, verlieren Kontur. Endlich weiß ich, wieso es Lippenkonturenstifte gibt, für die Frau ab 39!
Das arme Kind, falls es jemals ein Kind von mir auf dieser Welt geben wird. „Ist das deine Oma?", wird es im Kindergarten sicher gefragt. „Nein, äh … meine … äh … Mama."
Mir ist übel, und der Test bestätigt es. Ein Smiley lacht mir höhnisch entgegen. Schwanger, schwanger, schwanger!

Daniel und ich haben nach unserem ersten Mal, das zum Glück gut gegangen ist, mit der Temperaturmethode verhütet. Aber wie man ja eigentlich als einigermaßen gebildete Frau weiß, aber gerne verdrängt, ist das die sicherste Methode, schwanger zu werden. Verhütung für Frauen, die sich insgeheim ein Kind wünschen, das dem Partner gegenüber – und sich selbst vielleicht auch nicht - nie offen sagen würden.
Ich bin am Boden zerstört. Keine Freude. Nur eine große Leere und viele Tränen, die eine nach der anderen den grünen Badteppich beträufeln. Grün war die Hoffnung.
Ich rufe sofort Magda an. Jacky fällt aus, denn Gregor hat Windpocken und schreit noch mehr als sonst.

Hinzu kommt, dass Jacky die Sache mit Daniel sowieso nicht verstehen kann - oder will.

„Daniel sagst du es erst einmal nicht", versucht Magda mich zu beruhigen, während ich auf ihrem lila Sessel sitze und meine Handknöchel malträtiere. Sie kocht mir einen Fenchel-Tee, sieht mich immer wieder besorgt an. „Fenchel-Tee regt die Milchproduktion an, sorry, vielleicht noch etwas zu früh."
„Ich habe einen Magen-Darm-Virus," wimmele ich Daniel und unser nächstes Treffen per Handy ab. Nicht ahnend, dass das kein Grund für Daniel ist, mich *nicht* zu sehen.
Magda und ich reden viel und wirr. Da klingelt es und Ruby, deren Hort heute geschlossen hat, wird in unsere Überlegungen notgedrungen mit einbezogen.
„Voll krass, von einem zwölf Jahre Jüngeren! Cool." Ruby ist hin und weg. Wenigstens *eine*, die das richtig gut findet.
„Abtreibung kommt aber wohl nicht in Frage?", will Magda vorsichtig wissen.
„Natürlich nicht! Wir versuchen seit zwei Jahren schwanger zu werden!"
Wir? Ein „Wir" existiert nicht mehr. Oder doch? Und ich weiß nicht warum, ob es die Hormone, der natürliche Nestbautrieb oder sonst was ist - mir ist schlagartig klar, dass Tobias mein Mann ist und bleiben soll.
„Ich werde ihm sagen, dass ich die Spritzenmethode probiert habe und dass es sofort geklappt hat. Er wird zwar sauer sein, dass ich ihn nicht eingeweiht habe, wer der Spender ist, aber das kann ich nicht ändern." Ich sehe die beiden mit großen Fragezeichen in den Augen

an, nippe an meinem Stilltee und bilde mir ein, die Milch in meine Brüste einschießen zu spüren.
„Ja, klingt vernünftig", stimmt Magda zu.
„Vernünftig schon, aber große Liebe ist was anderes", meint Ruby enttäuscht.
Ich zeige ihr ein Foto von Daniel in meinem Handy und sie findet ihn *total* süß.
„Wenn du den nicht willst, nehm ich ihn. Ich steh auf ältere Männer", grinst sie und nimmt die zerfledderte, erogene Zonen-„Petra" zur Hand.

Trotz Übelkeit versuche ich, mich tapfer auf meinen Job zu konzentrieren. Zu viel steht auf dem Spiel. Ich habe einen Termin mit Ingo Baltimore. – Und sage ihn ab. Das hätte ich mich vor ein paar Wochen noch nicht getraut!
Baltimore tobt. „Was sich diese unfähige Architektin einbildet", regt er sich auf. Ich höre es bis in Magdas Küche, denn er steht gerade auf seinem Autostellplatz. Direkt neben dem Piratenschiff.
Es wird schwierig werden, die PS-gesteuerten Bauherren von unserem neuen Kunst-Konzept zu überzeugen.
Es war Daniels Idee, und ich hasse ihn dafür. Denn jetzt muss ich sogar im Job immer an ihn denken!
Daniel ruft an, will vorbeikommen, mit Salzstangen und Bananen.
„Tobias ist doch eh in der Kanzlei.", sagt er und ich höre bereits seinen Vespa-Schlüssel klappern.
„Nein! Er arbeitet heute hier", lüge ich notgedrungen. Ich zittere und willige in ein Treffen ein. „In der Mittagszeit, in unserem Park. Mir geht es schon etwas besser, ich bin bei der Arbeit, auf der Baustelle, ich muss aufhören."

Magda lächelt mich aufmunternd an.
„Ich muss es ganz schnell hinter mich bringen", sage ich und weiß, dass es richtig ist.
„Was?", Magda kann mir nicht ganz folgen.
„Ich muss Schluss machen. Auch wenn ich nicht weiß, wie das geht."
Denn tatsächlich haben vor Tobias alle Männer mit *mir* Schluss gemacht.

***

Die Entenmama ist nicht zu sehen. Die Wasserrosen verblüht.
Daniel weiß, dass etwas passiert sein muss. Sein Gesicht spricht Bände. Und meines auch. Wir sehen uns lange wortlos an. Ich nicke nur, während eine Elster dicht neben uns auf der Wiese landet, im Gras herumpickt und einen Wurm herauszieht. Im Park spielen Kinder Fußball. Ein kleiner Junge auf seinem Dreirad düst haarscharf an uns vorbei.
Es ist wie eine stumme Szene in einem dramatischen Liebesfilm. Nur fehlt die aufwühlende Musik.
„Wir lieben uns, Nora", sagt er und nimmt meine Hand. Ich entziehe sie ihm und sehe ihn traurig an.
„WARUM?"
„Ich weiß es nicht", sage ich, und drehe mein Gesicht weg. „Ich weiß einfach nicht, ob ich dich noch in einem Monat lieben kann. Ich weiß nicht, ob meine Gefühle für dich tief genug sind. Wir kennen uns doch kaum."
„Aber ich weiß es. Gib mir zwei Monate, Nora, drei, vier, viele …! Du bist eine sinnliche, gefühlvolle Frau. Tobias passt nicht zu dir. Es gibt für Verliebte kein Zurück."
Sauer sehe ich ihn an. „Natürlich habe ich eine Wahl!"
Er merkt, dass er diesmal genau das Falsche gesagt hat.
„Das mit Tobias, das hat seine Höhen und Tiefen, wie jede andere Beziehung auch. Bildest du dir ein, bei uns wäre das nach sieben Jahren anders?"
Er sieht mich an und sagt kein Wort.
„Tobias war immer meine große Liebe und wird es immer bleiben. Tobias ist großherzig, sensibel, und

zuverlässig." Ich habe mehr gesagt als nötig war, um Daniel zu zerstören.
„Sag bitte Tobias nichts von uns. Von unserer…"
Er sieht mich verletzt an. „Von unserer Affäre? War es das für dich? Eine billige, kleine Affäre mit einem jüngeren Knackarsch?!"
Ich sehe ihn schockiert an und laufe aufgewühlt davon. Wenigstens darin bin ich sehr gut.
Und er lässt mich gehen.
Ich bin sicher, er weiß, dass er mehr war für mich. Und er weiß, dass ich es mir nicht leicht gemacht habe. Aber jetzt besinne ich mich ganz auf meine Schwangerschaft, auf mein Kind.

Mein unglaublich gut aussehender Frauenarzt bestätigt es freudig. Eine kleine Kaulquappe schwimmt in mir herum und freut sich des Lebens. Und es ist ein seltsames Gefühl, Aquarium zu sein. Durchsichtig und sehr zerbrechlich.

Ich sage es Tobias abends im Bett. Er hat wirklich viel gearbeitet die letzten Wochen. War nie zum Abendessen zu Hause. Deshalb hätte ein hübsches Essen mit Kerzenschein auch keinen Sinn gemacht, um ihm die freudig-verwirrende Nachricht zu überbringen.
„Du bist schwanger?!", sieht er mich fassungslos an.
„Mit der Spritze ging das ganz einfach und hat auch sofort geklappt, ich wollte dir erstmal nichts erzählen, du hattest so viel anderes im Kopf und hättest dir vielleicht unnötig Hoffnung gemacht. Tut mir leid, freust du dich trotzdem?", schießt es aus mir heraus.
Tobias` Augen fangen an zu strahlen, so langsam sickert die frohe Kunde durch. Er packt mich, hebt

mich hoch, dreht mich einmal im Kreis und drückt mich ganz, ganz fest.
„Wir werden endlich eine richtige, kleine Familie."
Spätestens jetzt weiß ich, die absolut richtige Entscheidung getroffen zu haben. Und ich wage es, mich zu freuen, auch wenn Daniel leidet. Tobias` Geruch, der mir so vertraut ist, tut so gut.
Doch dann will Tobias natürlich wissen, wer es war. Ich schlucke schwer und sage dann das, was ich mir zuvor in der Badewanne bei einem dreistündigen Telefonat mit Magda überlegt habe.
„Er ist blond, sehr sportlich, intelligent, kreativ, wie du. Aber viel jünger als ich, du brauchst also überhaupt nicht eifersüchtig zu sein, und ich finde es besser, wenn du nicht genau weißt, wer es ist." Ich sehe ihn ängstlich an. „Findest du nicht auch?"
Tobias sieht mich an, in ihm arbeitet es.
„Viel jünger als du, was heißt das?"
„Zwölf Jahre. Ich fand das prima, dann musst du dir wirklich keine Gedanken machen, dass ich mich in ihn verlieben könnte." Ich rede sehr schnell und sehe ihn hoffnungsvoll an. Und Magdas Theorie klappt.
Tobias nickt und lächelt.
„Stimmt. Der will ganz sicher nichts von dir." Er freut sich.
Ich sehe ihn fassungslos an ob dieser Frechheit, reiße mich aber zusammen und umarme ihn schnell, damit er meine Zornesfalten nicht sieht.
Magda war der Meinung, dass sich ein Mann normalerweise nicht vorstellen kann, mit einer zwölf Jahre älteren Frau zusammen zu sein. Und sie hatte wirklich recht. Das Thema Kindsvater ist erstmal vom Tisch.

Wir kuscheln uns ins Bett und schmieden Pläne. Wie soll er-sie-es heißen, in welchem Krankenhaus will ich entbinden? Eine Intensivstation nebenan muss sein, um meine Panik vor der Geburt etwas zu mindern.
„Nehmen wir die dicke, burschikose Hebamme, die unsere frühere Nachbarin schräg gegenüber hatte, oder die junge, alleinerziehende von Jacky?" Tobias redet, als hätte er schon fünf Geburten hinter sich. Wir amüsieren uns sehr und sind uns wieder ganz ganz nahe.
Plötzlich gibt es zig offene Fragen und ziemlich wenige Antworten in meinem neuen Leben und dem meiner kleinen Kaulquappe. Ich beschließe, mich sofort mit der Mütter-Mafia in der Siedlung anzufreunden, um die wichtigen Windel-und-Still-Infos zu bekommen, die man als zukünftige Mama braucht. Welcher Schwangerschaftstee aus welchem Kräuterladen lockert am besten die Beckenbodenmuskulatur? Wie lange muss ich Folsäure schlucken, und ist es sehr schlimm, dass ich die nicht vor der Schwangerschaft schon genommen habe? Mir schwirrt der Kopf.
Tobias ruft seinen Chef in China an und bittet ihn, einen Kollegen mit der zusätzlichen Arbeit zu beauftragen.
„Von jetzt an will ich ganz für meine schwangere Frau da sein", sagt er lächelnd und geht duschen.
Ich lächle trübsinnig ein weißes Stoffschaf an, das mir Magda von Ruby vermacht hat.
Tobias kommt aus der Dusche und strahlt.
„Nora, wir müssen heiraten!"
„Was? Spinnst du? Wir müssen gar nichts!"
„Äh, okay, das war jetzt nicht gerade der Heiratsantrag, der bei „Nur die Liebe zählt" unter die Top five

kommen wird." Tobias versucht, der Situation die Schärfe zu nehmen.

„Ich will doch nur nicht, dass mein Kind unehelich geboren wird, verstehst du?"

„Nein, verstehe ich nicht. Wir leben doch nicht mehr im Mittelalter." Ich wundere mich sehr.

„Ich habe noch nie verstanden, wie man schwanger heiraten kann. Eine Party ohne Alkohol kommt ja wohl gar nicht in Frage."

„Du denkst immer nur an *dein* Vergnügen." Tobias sieht mich vorwurfsvoll an.

„Das stimmt, aber das soll gefälligst auch so bleiben", antworte ich sauer, denn mich ganz verleugnen will ich mich als Mama nicht, das habe ich mir immer geschworen.

Tobias nimmt mich in den Arm. „Also gut, mit einer Hochzeit warten wir bis nach der Geburt. Ich liebe dich."

***

Die Saure-Gurken-Zeit geht an mir leider nicht spurlos vorbei. Ich habe es geahnt, denn Fressattacken hatte ich schon seit meiner Kindheit. Meine Mutter musste alle Süßigkeiten immer in einem abschließbaren Schrank verstecken. Ansonsten hätten sie nicht lange überlebt.
Das bei einer Schwangerschaft auftretende Symptom der „rasanten Gewichtszunahme" ist für eine Frau hochgradig schockierend. Wie um Himmels willen soll sich mein Bauch auf diese ballonartigen Ausmaße vergrößern, ohne wie eine Melone, die auf der Straße aufprallt, zu zerplatzen? Und wie bitte soll das Kind, wenn es nach neun Monaten so riesig ist wie ein kleines Kalb, jemals aus meiner zierlichen Scheide kommen? Der Gedanke versetzt mich in blanke Panik und ich beiße in eine Lauch-Quiche von Magda, um zu verdrängen. Aber es passiert genau das Gegenteil.
Die Quiche erinnert mich an mein Picknick mit Daniel am Wannsee. Ich habe mir eine neue Handy-Nummer zugelegt und ich fürchte, er hat es verstanden. Jedes Mal wenn es an der Tür klingelt, zucke ich zusammen und mein Herz rast. Aber es ist zum Glück nie Daniel, sondern nur der Postbote oder Magda. Meine neue, zweitbeste Freundin.
Mit Jacky ist leider immer noch der Wurm drin. Sie scheint persönlich beleidigt, dass ich mich von Daniel habe schwängern lassen und lässt sich diesen Irrsinn nicht ausreden.
„Hast du denn immer noch nicht kapiert, was es heißt, alleinerziehend zu sein?!", sagte sie bei unserem letzten Mittwochslunch und winkte den dicken Aushilfskellner her. Jacky war lange Maskenbildnerin

beim Fernsehen. Aber mit Kind ist dieser Job utopisch. Seitdem hält sie sich mit Verkaufsjobs in Boutiquen über Wasser.

„Hast du Werner doch nicht getroffen?", fragte ich ahnungsvoll nach.

„Schön, dass dich das doch mal interessiert", erwiderte sie schnippisch. „Wir reden ja nur noch über Daniel, deine Schwangerschaft und deine Baustelle."

„Ich dachte, du willst das wissen, aber ..."

„Natürlich, aber du könntest dich zur Abwechslung mal wieder für mich interessieren." Sie lächelte plötzlich. „Ich hab in Zukunft weniger Zeit. Werner hat wirklich Interesse an mir. Trotz Kind."

„Was? Das sagst du mir jetzt erst?! Das ist doch toll. Oer gibt es einen Haken?"

„Bis jetzt noch nicht", Jacky zahlte, lächelte den dicken Aushilfskellner an. „Aber du weißt ja, bei Männern gibt es immer einen Haken."

Der Aushilfskellner, ein kleiner, feister Mann mit widerlich behaarter Brust, lächelte und schüttelte den Kopf.

„Bei mir gibt es keinen Haken!"

Wir sahen uns an und schafften es, erst auf der Straße loszuprusten.

Da mich die Schwangerschaftsübelkeit voll erwischt hat, und meine Beine bereits jetzt Wasser einlagern – so dass ich aussehe wie die alte Frau Piske ohne Perücke – bin ich froh, nur ein paar Häuser weiter rollen zu müssen, wenn ich eine gute Freundin brauche, um mich auszuheulen. Denn was Hormone aus einer taffen Frau Ende 30 machen können, steht in keinem dieser unzähligen weisen Schwangerschaftsratgeber beschrieben.

Magda hat immer ein Kleenex und einen guten Tipp parat. Sie erinnert sich zwar nur noch vage an die Babyzeit mit Ruby und Wanda – „Wahnsinn wie schnell man das alles vergisst" –, aber so nach und nach fällt es ihr wieder ein.

„Ich habe mich morgens und abends mit Bio-Olivenöl eingeschmiert. Schenkel, Po, Bauch und nicht zu knapp. Das Ganze einmassieren und voilà, schau, ich habe keine Schwangerschaftsstreifen." Sie reißt ihr T-Shirt hoch und ich bewundere ihren Bauch, der so flach ist, wie es mein Bauch noch nie war. Auch nicht zu *meiner* Geburt.

Natürlich befolge ich ihren Rat und schmiere, was das Zeug hält. Seitdem ist der Absatz unseres kleinen Bio-Ladens, was Olivenöl betrifft, sprunghaft in die Höhe geschnellt.

Je größer mein Bauch wird, desto mehr öle ich. Ein toller Tipp von Magda, wenn man die Preise für Schwangerschaftsöl einmal aus der Nähe betrachtet. Ich hoffe es hilft – und auch, dass die Fettflecken auf meinen Kleidern und dem Bettlaken durch Waschen wieder herausgehen.

„Toll, dass du so schwaches Bindegewebe hast." Sie lacht entschuldigend auf. „Aber das ist jetzt wirklich ein Vorteil. Ich bin mir sicher, du kommst um diese fürchterlichen Risse herum."

Risse. Na wunderbar. Wenigstens jetzt kann ich mich über mein schlaffes und dehnbares Gewebe endlich mal freuen. Da hat die Natur so richtig mitgedacht.

Tobias ist wirklich entzückend zu mir. Er bringt kleine Geschenke mit (was er seit ungefähr sieben Jahren nicht mehr getan hat), auch für das Kind, und es hilft nichts, ihn darauf aufmerksam zu machen, dass es ja noch gar nicht geboren ist.

Wir machen uns daran, die Einrichtung des Kinderzimmers zu planen, sind uns da aber nicht immer einig.

Die immer wiederkehrenden Gedanken an Daniel schiebe ich traurig beiseite. Ich habe das Gefühl, ich werde nie mehr hundertprozentig glücklich sein können und frage mich, was ich meinem Kind je über seinen Vater sagen soll.

Eine Wiege und andere Kindersachen haben wir schon, und der Rest kommt von Ikea. Andere Varianten werden schnell verworfen. Beim Thema Baby will einem die Industrie ja so richtig schön das Geld aus der Tasche ziehen.

„Hormongesteuerte Glucken scheinen dafür optimal bescheuert zu sein", hat Jacky mal gesagt.

Aber nicht mit Tobias. Er überwacht unsere Finanzen wie ein Adler die fliehende Beute und setzt den Rotstift an.

Ich denke täglich an Daniel. Und fühle mich immer schäbiger, je mehr mein Bauch wächst. Denn es ist sein Kind, und ich komme mir vor, als habe ich es ihm geklaut. Dass das Unsinn ist, ist mir auch klar. Selbst schuld, wenn er mit einer biologischen Atombombe schläft, ohne sich selbst um die Verhütung zu kümmern.

Dass Männer in dem Punkt so naiv sind, wundert mich immer wieder. Es gibt zwei Sorten von Männern, was das anbelangt. Die einen rennen schreiend davon, wenn sie eine Frau über 30 kennenlernen, die anderen lassen sich erzählen, die Frau habe die Temperaturmethode im Griff - oder ein anderes

schönes Märchen von stillenden Müttern: Während man stillt, kann man nicht schwanger werden.
Tobias` Mutter Hilde hat den contest „Wer wird worlds best Oma" ausgerufen. Nur macht meine Mutter nicht mit. Meine Mutter schenkt mir ein sexy Schwangerschaftskleid und einen schwarzen Still-BH mit Spitze. „Kindchen, denk daran, das werden die schwierigsten Jahre in eurer Beziehung."
Noch schwieriger, denke ich nur und werde unruhig. Was, wenn mich Tobias doch noch sitzen lässt? Alleinerziehend in Berlin ist zwar nicht gerade der Seltenheitsfall, aber auch wirklich nicht erstrebenswert. Noch dazu mitten in der Schwangerschaft. Wem soll ich denn dann bei der Geburt die Hand zerquetschen? Ich bin mir zwar sicher, dass sich Daniel meiner erbarmen würde, aber ich habe ja beschlossen, dass er nicht der ist, den ich will. Und ich habe mir das inzwischen so gut eingeredet, dass ich Daniel auch nicht als Notpapa missbrauchen würde.
„Wie ist eigentlich Sex in der Schwangerschaft", will Ruby von mir wissen, als sie von Magda eine Tüte gebrauchter Strampler bringt.
„Also, um ehrlich zu sein ... kocht mir gerade die Milch über. Sag deiner Mama ganz lieben Dank für die Strampler, tschühüss."
Ich schließe die Tür. Nein, Tobias und ich hatten keinen Sex seit Daniel. Aber das muss ich Ruby ja nicht unbedingt auf die Nase binden.
Eine Umfrage bei meinen neuen Mütterfreundinnen hat sowieso Spannendes ergeben. Manche Männer stehen sehr auf ihre schwangeren, vollbusigen Frauen, andere kriegen die große Panik und verweigern sich im Bett.

„Mein Kind soll jetzt schon Bekanntschaft mit meinem Schwanz machen?!", hat der Mann einer Schwangeren aus der Nachbarschaft gesagt und seine Frau Heidi in eine pränatale Depression getrieben.

„Ich bin hässlich, ich bin fett, ich bin unsexy, ein Nilpferd. Klar, dass er nicht mehr mit mir schlafen will", meinte Heidi. Und weder Magda noch ich konnten sie beruhigen. Alle anderen Erklärungen prallen an hormonverdrehten Gedanken ab. Und mit jedem Gramm mehr auf der Waage wird die persönliche Krise schlimmer.

Tobias gehört genau zu letzter Fraktion. „Ich tu dem Baby doch weh, wenn ich in dich eindringe."

Ich wusste, dass Männer gern an übersteigertem Selbstbewusstsein leiden, aber dass sie denken, ihr Schwanz wäre so lang wie ein Staubsaugerrohr und dass sie in Biologie offensichtlich nicht aufgepasst haben, macht mich fertig. In unserem Fall ist es mir allerdings recht.

Ich will noch nicht mit Tobias schlafen. Seit ich Daniel gespürt habe. Und ich bin sehr froh um Tobias` Fantasien und heize sie an.

In den Arbeitspausen, wenn ich mich nicht gerade mit Ingo Baltimore und der Suche nach einem Sponsor für mein Kunstprojekt herumschlagen muss, lasse ich mich auf überfüllte Kita-Wartelisten setzen.

Baltimore will jetzt gerichtlich gegen mich vorgehen. Eine Tatsache, die mich vor meiner Schwangerschaft an den Rand des Nervenzusammenbruchs gebracht hätte, bringt mich nun nicht extrem aus der Ruhe.

„Soll er doch", habe ich zu Tobias gesagt. „Die anderen finden den größeren Spielplatz toll."

Plötzlich gibt es Wichtigeres in meinem Leben als den Job. Nämlich die Frage, mit welchem Tee stoppe ich mein saures Aufstoßen, oder wie ergattere ich einen der so begehrten Kita-Plätze.

Kita-Plätze gibt es in Berlin wie Sand am Meer. Aber Plätze in von Übermüttern empfohlenen Kitas sind rar gesät. Und in Gegenden wie der unseren, wo es vor Kindern und jungen Familien nur so wimmelt, sind sie gar heiß umkämpft. Magda rät mir, mich schon jetzt, in der Schwangerschaft, um einen Platz zu bemühen. Ich finde das wirklich absurd, mache aber, was sie sagt. Und stelle auch hier fest: *Schwangersein ist eine Wissenschaft für sich.*

Es ist wie ein Studium, sich in all die diffizilen, tückischen Themen einzuarbeiten. Jetzt begreife ich endlich, warum sich Mütter stundenlang über ihren Nachwuchs unterhalten können und müssen. Das, was jeden Single-Menschen zur Weißglut bringt, und wo sich jeder sicher ist, so werde und will ich nie sein, zu so einem Muttertier mutiert man, wenn sich da so ein kleiner Alien in einen reingeschlichen hat und man keine Ahnung hat, ob „Listeriose" eine neue Zahnpasta-Marke ist.

***

Ich sitze auf einem Zwergenstuhl und meine aufgedunsenen Wasserbeine schmerzen. Es ist Eltern-Info-Abend in einer der heißbegehrtesten Kitas. Eine Schwangere neben mir strickt Söckchen.
„Ich habe da noch eine große, wunderschöne Palme, die könnte ich ihrer Kita spenden", sagt ein werdender Vater, Marke Unternehmensberater. Ich fasse es nicht. Er erdreistet sich wirklich, die Kitaleiterin zu bestechen! Und das vor aller Ohren. Ich denke an meine mickrige Yucca-Palme, die schon ziemlich verdorrt ist, und mir wird klar, dass mein Kind nie die gleichen Chancen haben wird wie seines.
Doch zum Glück lächelt die Kitaleiterin nur schief. Und erleichtert stelle ich fest, dass der Typ bei ihr sofort unten durch ist. Kitaleiterinnen sind taffe Frauen und lassen sich von solchen Männern nicht um den Finger wickeln.
100% Bio-Essen oder nur Bio-Fleisch, Bildungsangebote oder nur freies Spiel, Öffnungszeiten, Ferienschließzeiten, Größe der Gruppe und wie viele Erzieher pro Gruppe. Es gibt viel zu beachten und mir schwirrt der Kopf. Die strickende Mutter neben mir lächelt.
„Ich will mein Kind doch nur liebevoll betreuen lassen."
Und ich gebe ihr recht. „Ich stelle die Kita-Suche ein. Immerhin stehe ich auf 25 Wartelisten. Soll das Schicksal entscheiden."
Die Kitaleiterin sieht uns streng an. Getuschelt wird nicht.
Schicksal. Gerade als ich wieder an Daniel denke, klingelt mein Handy. Es ist Tobias.

„Schatz, wegen der wackelnden Kloschüssel, kontaktier doch bitte mal den Klempner. Da haben wir noch Garantie drauf."
„Ja, klar, mach ich", antworte ich leise und lächle vor mich hin. Daniel würde mir nach sieben Jahren vermutlich auch keine romantische SMS mehr schicken, das ist doch klar. Denn wenn die Kloschüssel wackelt, muss einfach ein Klempner her.
Wieder klingelt mein Handy, und die Kitaleiterin wirft mich raus. Ich habe einfach auf den Knopf meines Handys gedrückt, stehe jetzt draußen auf einem kühlen Flur und lausche, wer dran ist.
Daniels Stimme klingt fürchterlich erotisch.
„Ich vermisse sich. Unendlich. Wo bist du, ich muss dich sehen!"
Blass starre ich auf die aus Sperrholz gesägten, bunt angemalten Kindernamen, die über den Garderobenhaken hängen. Lina, Leon, Lotta, (fällt den Müttern eigentlich noch was anderes ein außer ein Name mit L?), ah da, Felix, Max, Anna, Mia. Die Top 10 der beliebtesten Kindernamen. Die Giraffengruppe.
„Nora? Bitte, wo bist du?"
„Ich ... äh ... bei den Giraffen", höre ich mich sagen.
„Was machst du im Tierpark?", wundert er sich sehr.
Ja, was mache ich hier. Ich melde deinen Embryo zum Spielen mit Giraffenbabys an, kann ich ja schlecht sagen und starre einem Affen auf einem Plakat in die Augen. Daniel darf nicht wissen, dass ich schwanger bin! Nie! Aber wie soll das nur gehen?!
„Nora?"
Die Elternveranstaltung ist zu Ende. Die Tür zum Spielraum geht auf, besorgt dreinschauende Eltern kommen heraus.

„Ich muss Schluss machen, sorry", mein Blick wandert wieder zu dem Poster. „Das Irren- äh, Affenhaus schließt."
Was, wenn ich Daniel einfach nie von seinem Kind erzähle?
Im gleichen Moment kommt eine Schwangere in lila Latzhose Richtung Toilette gehuscht. Sie sieht mich, stoppt, kann es nicht fassen.
„Nora, du hier? Und schwanger, nää! Mensch, du hast dich ja verändert, naja, wir werden alle älter, so ein Zufall, du fandest Kinder doch immer den reinsten Horror?" Sie fällt mir einfach um den Hals. Erst als ich ihren Knoblauch-Geruch einatme, fällt es mir wieder ein. Wir hatten uns im 1. Semester in München kennen gelernt. Und stimmt, ich fand Kinder damals Horror.
„Supi, du hast auch so dicke Elefantenbeine wie ich. Dieses Wasser, sagt meine Tante, geht ja nie wieder ganz raus. Knoblauch hilft, hoffe ich."
„Ach Trudi, Zufälle gibt's", murmle ich schockiert und mir wird klar, dass ich Daniel ganz sicher noch mindestens 50 000 Mal in meinem Leben über den Weg laufen werde. Denn das Schicksal will es so. Und er muss kein Mathegenie sein, um sich auszurechnen, dass dieses niedliche Kind an meiner Hand, das exakt seinen sinnlichen Mund hat, das seine sein muss. Danke, Trudi für diese niederschmetternde Erkenntnis. Man trifft sich immer mehrmals im Leben. Ich muss es ihm sagen. Möglichst bald. Trudi muss ganz schnell „pullern", ich soll ja warten, um die Handy-Nummern auszutauschen, aber ich warte nicht. Knoblauch-Trudi war mir damals schon peinlich, als sie die Typen anquatschte mit „Hey, meine Freundin steht auf dich, sie ist nur so schüchtern, weil sie eine Zahnspange hat, die stört aber nicht beim Knutschen."

Sie hat gestört. Vielleicht war und bin ich aber auch einfach zu sensibel.
Zu Hause lege ich mich erstmal in die Badewanne und betrachte meine immer dicker werdenden Schenkel. Schwanger sein ist eine wirkliche Nervenprobe. Nie wieder wird sich ein Mann für mich interessieren, falls mich Tobias verlassen sollte, denke ich. Und schon dreimal kein jüngerer.
Was am Schwangersein dagegen großartig ist, das sind meine neuen, prallen Brüste. Meine neue, als Teenie so sehnlichst herbeigewünschte, Körbchengröße C, die ich von nun ab mit tiefen Ausschnitten üppig in Szene setzen werde.
Die Gerüstbauer auf meiner Baustelle werden begeistert sein. Tobias dagegen erkundigt sich am nächsten Morgen nur, ob ich nicht besser einen Schal anziehen will, „nicht, dass du dich verkühlst."
Beim hektischen Espresso-Frühstück lege ich ihm den Prospekt einer Hebammenpraxis auf den Tisch.
„Sieh dir das mal an. Wir müssen dringend mit dem Geburtsvorbereitungskurs anfangen. Vermutlich sind wir eh schon wieder viel zu spät damit dran, ... wie mit dem Kinderkriegen", versuche ich einen Scherz.
Er sieht mich an und wirkt plötzlich sehr sehr nachdenklich.
„Ein Mutter-*Vater*-Kurs? Ich bin doch gar nicht ... ich meine, ich komme dafür doch immer viel spät aus der Kanzlei."
„Wolltest du jetzt etwa sagen, du bist nicht der Vater?!"
„Nein, natürlich nicht."
„Wolltest du doch!" Meine Stimme klingt plötzlich gereizt.
„Nora. Die Kurse fangen doch bestimmt alle um fünf an."

„Pech gehabt. Der da ist um acht. Hier."
Ich knalle ihm den esoterisch angehauchten Flyer auf die Untertasse, dass es scheppert.
Er starrt auf das Yin- und Yang-Symbol und schüttelt den Kopf.
„So ein Eso-Hechelkurs, das ist nichts für Männer."
Ich sehe ihn fassungslos an, und in dem Moment klingelt sein Handy. Er nimmt dankbar ab, doch seine Stimme klingt sofort genervt.
„Mama ... Was? Ja, ich habe Stress ... Ja mit Nora. Wie kommst du darauf?"
Mein Blick wird noch fassungsloser, aber er lächelt jetzt.
„Schwangere Frauen sind eine tickende Zeitbombe - so, so, wem sagst du das. Es ging nur um einen Geburtsvorbereitungskurs. Mal ehrlich. Vater hat damals doch bestimmt auch keinen mitgemacht, oder?"
Er lauscht, aber die Antwort scheint ihm nicht zu gefallen.
Jetzt lächle ich. „Gib mal her."
Ich ergreife sein Handy.
„Hallo Hilde. Und, hat Raimund oder hat er nicht?"
„Nora, Liebes, grüß dich", flötet es aus dem Hörer. „Selbstverständlich hat er mitgemacht. Glaubst du, ich hätte ihm das durchgehen lassen?"
Ich liebe meine Schwiegermutter in spe. Tobias steht derweil auf und zieht seinen Mantel an. So kommt er mir nicht davon.
„Weißt du, Nora, Tobias ist manchmal etwas lasch, du musst ihm schon zeigen, wo's lang geht."
„Mach ich, Hilde, darauf kannst du dich verlassen. Tschötschö."

Ich lege auf. Tobias will gerade gehen, doch ich pfeife ihn zurück wie ein Schiedsrichter einen kleinen Jungen im Trikot.
„Dein Handy, Schatz. Und Kuss."
Tobias nimmt sein Handy und küsst mich hektisch auf den Mund.
„Du kannst ja nichts dafür, Schnecki. Du bist halt schwanger", sagt er noch und lässt mich mit offenem Mund und saurem Aufstoßen zurück.

Zwei Stunden später steht Hilde auf der Matte. Elegant und nach Chanel Nr. 5 duftend wie immer. Sie hat einen Geburtsvorbereitungskurs für uns gebucht.
„Voilà!"
„Wie bitte?! Woher weißt du denn, wann wir Zeit haben?"
„Kindchen, du bist schwanger, du hast Zeit und mein Herr Sohn nur spät abends. Wie ich euch beide kenne, würde es bis nach der Geburt dauern, bis ihr euch für einen Kursus entscheiden könnt. Du, weil du zu der Kategorie Frauen gehörst, die notorisch entscheidungsschwach sind, und er, weil er sich gerne um so Dinge drückt. Tobias wollte schon als Kind nicht mit seiner Cousine Vater, Mutter, Kind spielen."
„Was aber an seiner herrschsüchtigen Cousine lag, die immer wollte, dass er das Baby ist, hat er mir mal erzählt", werfe ich in einer Atemholpause von Hilde ein, auch um meinen Liebsten zu verteidigen und nicht als unsensiblen Deppen dastehen zu lassen.
„Wie auch immer. Ihr braucht einen Schubs. Hier ist er."
Ich sehe mir die Broschüre an. „Geburtsvorbereitung der Extraklasse. Aha."

„Ein ganz normaler Kurs. Wenn du sonst irgendwie Unterstützung brauchst, ich habe mein Charity-Engagement eine Zeit lang niedergelegt, ich will jetzt ganz für meinen Enkel oder meine Enkelin da sein."
Ich starre Hilde an. Sie weiß nicht, dass das da in meinem Bauch nicht wirklich ihr Enkel ist. Was, wenn sie es wüsste?
„Das ist aber lieb von dir", beeile ich mich zu sagen. „Aber im Moment muss ich ja nur brüten."
Sie lacht. „Kann ich mal das Kinderzimmer sehen?"
Ich fahre etwas zusammen, denn ich bin mir sicher, dass das Kinderzimmer im jetzigen Ist-Zustand bei Weitem nicht den Vorstellungen von Hilde entspricht.
„Es ist doch noch längst nicht alles fertig."
„Eben drum. Ich kaufe gerne noch was ein. Na los, zeig schon."
Und schon ist sie auf dem Weg nach oben. Deutlich langsamer folge ich ihr hoch und höre auch schon einen Entsetzensschrei.
„Kindchen, das geht aber nicht! Das Bett kann doch nicht am Fenster stehen. Das ist ein Südzimmer, wollt ihr, dass das Kleine in der Sonne verbrennt?!"
„Natürlich nicht. Wie gesagt, wir sind ja noch längst nicht fertig."
Hilde nickt vielsagend. „Ihr habt ja wirklich gar keine Ahnung."
Sie sieht sich noch mal um, zückt ihren Timer und macht sich eine Notiz. Neugierig spähe ich ihr über die Schulter, sehe aber nichts. Es ist übel, aber wahr.
Ich bin 39 und brauche eine Lesebrille!

***

Tobias kommt gerade aus der Kanzlei gehetzt, würde am liebsten den Fernseher anmachen, n-tv gucken und die Beine hochlegen. „Stattdessen muss ich hecheln gehen", sagt er in einem Ton, als ob er Eier legen müsste
„Typisch Mann, du musst doch nur *mit*hecheln! *Ich* habe die Schmerzen, muss pressen, hecheln *und* bluten." Allein bei dem Gedanken an das viele Blut wird mir ganz blümerant.
„Das hat der liebe Gott schon richtig gemacht", grinst Tobias frech und ich werfe ein Kissen nach ihm.

An den orange gestrichenen Wänden der Hebammenpraxis hängen silbern gerahmte Bilder von zahlreichen Promis. Dana Schweiger gleich viermal, Heike Makatsch, Jasmin Tabatabai...
Wir befinden uns also dank Oma Hilde in allerbester Gesellschaft. Die Hebamme ist nicht nur Hebamme, sondern auch Yoga-Expertin. Kundalini-Yoga.
„Bitte was?" Tobias verzieht das Gesicht, aber er reißt sich zusammen. Er hält das Stillkissen, das ihm die patente, blonde Hebamme in die Hand drückt, als wäre es ein rohes Ei, das ihm gerade zerbrochen ist und zwischen den Fingern zerfließt.
„Der Wehenschmerz kann mit der richtigen Vorbereitung ein sinnlich-positives Erlebnis sein", begrüßt die Hebamme die erlesene Runde. Oma Hilde scheint einen Kurs 40+ gebucht zu haben. Zumindest glaube ich, die Faltenfreieste hier zu sein. Meine Bauchfalten sind dank des dicken Schwangerschaftsbauchs ja auch endlich mal weg.

Der Kurs besteht aus nur fünf Paaren und einer Alleinerziehenden. Die Arme! Wieso um Himmels willen bucht man einen Partnerkurs, wenn man keinen Partner hat? Diesen Umstand hat sie nämlich bei der Vorstellungsrunde schamvoll verkündet.
Drei der fünf Paare erwarten Zwillinge und berichten stolz, dass dies In-vitro-Kinder sind.
Tobias und ich sehen uns einen Moment unwohl an. Dann umschließt er mit seinen Händen meinen Bauch. Und wir sind uns plötzlich wieder sehr sehr nahe. Verträumt sehen wir uns an, und ich bin mir sicher, dass uns diese unfreiwillige Spermaspende das Leben gerettet hat.
Sonja, die Hebamme, lächelt uns an. „Das ist kein Traumtänzer-Kurs, sondern einer, der realistisch auf unterschiedliche Situationen im Entbindungszimmer vorbereitet."
Entsetzt starre ich sie an, sehe Chirurgenmesser vor meinem inneren Auge blitzen, Hektik im Kreissaal, Schmerzensschreie. Aber Tobias` warme Hand auf meinem Bauch ist so beruhigend, dass ich mich entspanne. Und auch Tobias scheint mit dem Kurs seinen inneren Frieden gemacht zu haben. Er ist, während ich ihm den Rücken massiere, auf dem Bauch eingeschlafen! Mit offenem Mund, vibrierenden Nasenhaaren, zum Glück nicht nackt. Die Hebamme grinst mich an, und ich höre peinlich berührt wie mein Freund .... schnarcht!
„Kinderkriegen ist anstrengend", frotzelt Sonja, wird aber von dem Aufschrei der Alleinerziehenden unterbrochen, die sich unter Schmerzen krümmt.
„Das gibt's doch nicht, was ist das denn jetzt, autsch, verdammt, tut das weh!"
Sonja ist sofort bei ihr, befühlt den Bauch.

„Wann ist noch mal dein Termin?"
„In sechs Wochen, aaahhhhhhhh!"
„Schaffst du es rüber, ins Nebenzimmer? Ich will dich mal untersuchen."
Die Alleinerziehende versucht aufzustehen, sackt aber unter Schmerzen wieder zusammen. Sonja bedeutet mir, die ich als Nächste sitze, ihr zu helfen, und gemeinsam haken wir die Alleinerziehende unter und schleifen sie in den Raum, der so gemütlich aussieht, als befinde man sich selbst im Mutterbauch. Die starken Männer der Runde, die nicht in einen komatösen Schlaf gefallen sind, sehen nur fassungslos und panisch zu und halten sich an den Bäuchen ihrer Frauen fest. Ja, seht genau her, das müssen eure Frauen auch bald erleiden.

Während Sonja die Frau untersucht, halte ich ihr Händchen.
„Mein Mann hat mich letzte Woche sitzen lassen", jammert sie. „Er glaubt, das Baby ist von einem anderen."
„Und? Ist es das?", platzt es aus mir heraus. Und ich beiße mir im nächsten Moment auf die Zunge und denke an Daniel.
Sie sieht mich an, lächelt und nickt. „Ja verdammt. Und es waren die aufregendsten Stunden meines Lebens. Ich bereue keine Sekunde."
Ich auch nicht, denke ich spontan und lächle, in der Erinnerung an unser Bad im Wannsee.
Sonja taucht verblüfft zwischen den Beinen der Alleinerziehenden auf. „Es geht wirklich los. Da es ein Frühchen wird, solltest du besser ins Krankenhaus."
Wieder ein gellender Schmerzensschrei. Sonja schickt mich in den Gruppenraum zurück, und ich sehe in

erstarrte Gesichter. Nur Tobias hat die ganze Action verschlafen.

„Ist das Baby schon da?", fragt die eine der In-vitro-Schwangeren blass-naiv und hält sich den Bauch.

„Nein. Das sind nur die Vorwehen", sage ich bemüht cool, doch spätestens nach dem nächsten, wirklich markerschütternden Schrei, sehe auch ich aus wie ein verschrecktes Küken, das keine Mama mehr hat.

***

Hilde steht schon wieder vor der Tür. „Kindchen, du siehst aber schlecht aus." Einer ihrer Lieblingssätze. Ich frage mich jedes Mal, wie man als Frau nur so unsensibel sein kann.

„Danke, du auch", entfährt es mir deshalb, und ich sehe sie schockiert über mich selbst an. Aber zum Glück hat sie mir mal wieder gar nicht richtig zugehört. Sie rauscht herein und betrachtet das unaufgeräumte Wohnzimmer, als wäre es eine stinkende Müllkippe.

„Tut mir leid, Hilde, ich muss auf die Baustelle." Eigentlich hätte ich noch eine halbe Stunde Zeit, aber überhaupt keine Lust auf schwiegermütterlichen Smalltalk.

„Kindchen, in deinem Zustand solltest du jetzt wirklich kürzer treten."

„In welchem Zustand?"

„Eine Schwangere auf einer Baustelle. Da kann doch so viel passieren."

„Du meinst, ein Dachziegel könnte direkt auf meinen Bauch fallen?"

Sie sieht mich sauer an.

„Ich werde mit Tobias darüber reden. Er verdient doch genug."

„Darum geht es doch nicht. Das ist mein Projekt. Ich bin Projektleiterin und will es bis zum Mutterschutz so weit wie möglich …"

„Bis zum Mutterschutz?!", unterbricht sie mich in einer hysterischen Tonlage. „Du weißt schon, dass es dann ein hyperaktives Kind werden kann?"

Ich sehe sie an, und die Tränen steigen mir in die Augen. Das fängt ja gut an.

„Du hast doch auch gearbeitet, als du mit Tobias schwanger warst."
„Sicher, aber du siehst ja, was dabei herausgekommen ist. Der Junge hat Hummeln im Hintern."
„Stimmt. Aber das hat er von dir." Ich lächle nett und schiebe sie dezent mit mir zur Tür. Hilde sieht mich an, muss grinsen und gibt mir einen Knuff. „Du trägst das Herz auf der Zunge, Kindchen. Das mag ich an dir."

Mit einer Schwiegermutter in spe gut klarzukommen, ist ungefähr so schwer, wie zweimal die Woche zum Sport zu gehen, danach *nicht* beim Bäcker einen Streuselkuchen zu kaufen, denn immerhin hat man ja 23 Kalorien verloren.
Bis jetzt war mein Verhältnis zu Hilde ziemlich sportlich. Doch wenn das Kleine erst mal da sein wird, fürchte ich, müssen wir einen neuen Oma-Fitnesstest bestehen.

Magda, bei der ich noch schnell einen Espresso trinke, bevor ich auf die Baubesprechung muss, grinst mich an.
„Dein Leben wird sich um 360 Grad ändern, Nora. Man kann es sich nicht vorstellen, wie krass das mit einem Kind ist, aber es ändert sich einfach - alles. Und da ist das Verhältnis zur Schwiegermutter noch der harmlosere Teil. Tausend Mal schlimmer ist die Schuhgröße! Denk an deinen Schuhschrank, kannste alle wegwerfen."
Ich sehe sie blass an und vor meinem inneren Auge fliegen meine braunen Lieblings-Gabor-Stiefel, meine blauen Gucci-Pumps und alle anderen Schuhe einer nach dem anderen aus dem Fenster und landen auf einer sonnigen Wiese.

„Du bist verrückt, ich schmeiß doch meine Schuhe nicht weg!" Ich glaube ihr kein Wort.
„Pro Kind eine Nummer größer, wenn ich's dir sage."
„Verdammt, ich hab doch jetzt schon 42!" Ich sehe Magda erschüttert an und starre dann auf meine großen Füße. „Modelmaße" hat meine Mutter immer gesagt. Um mich zu trösten, als mich die Nachbarsjungen wieder mit meinen Entenfüßen aufgezogen hatten. Aber in der Tat, die meisten Models haben 42!
Magda grinst. „42?! Oh, also, wenn du noch ein Baby kriegst, hast du dann leider 44 und beim Dritten, sorry, 45!"
„Sehr witzig. Ich werde ganz bestimmt nicht noch ein Kind kriegen. Von Tobias mangels Spermienqualität ja sowieso nicht und von Daniel ... schon gleich dreimal nicht." Ich starre meinen Bauch an und ahne, dass sich mein Leben in Kürze in eine Naturkatastrophe verwandeln wird, die auf einer Richterskala einfach nicht mehr zu messen ist.
Es ist Zeit für die Baubesprechung mit Baltimore. Dabei habe ich immer noch keinen Künstler, der sich für unser schmales Budget erwärmen konnte. Ich hetze los.

„Darling, Sie sind wirklich an Lahmarschigkeit nicht zu überbieten", empfängt er mich lächelnd. „Und da schwangere, arbeitende Frauen immer als gleichwertig behandelt werden wollen, ist der Fötus da drin auch keine Ausrede."
„Werter Herr Baltimore", versuche ich ruhig zu atmen wie ich es in meiner letzten Yoga-Stunde gelernt habe. „Ihre Dreistigkeit ist nicht zu überbieten, und ich möchte Sie hiermit bitten, sich von diesem Bauprojekt

zurückzuziehen. Mit Ihnen möchte keiner in dieser Siedlung wohnen. Und ich betone *keiner*!"
Baltimore sieht mich verdutzt an, und zum ersten Mal fällt ihm kein dummer Spruch mehr ein. Ich lächle zuckersüß, raffe meine Unterlagen zusammen und gehe. Wenn ich eines gelernt habe durch meine Schwangerschaft, dann ist es das: nicht mit nervtötenden Leuten seine Zeit verschwenden. Denn das Baby im Bauch spürt schlechte Stimmung. Und selbst wenn man nicht schwanger ist: Es tut einem einfach nicht gut.

Gerade, als ich stolz über mich in unsere Küche komme, um mir einen Schwangerschaftstee von Kräuter Kühne aufzugießen, klingelt mein Handy.
„Werner hat mich versetzt, das Riesenarschloch", donnert mir Jacky entgegen. Im Hintergrund höre ich wie immer quäkendes Babygeschrei, und ich muss gestehen, ich verstehe ihn ein wenig.
„Also irgendwie ist das ja schon komisch, dass Gregor so viel schreit", versuche ich mich möglichst nicht auf dieses „Männer-sind-alle-Schweine"-Niveau herunter zu begeben (die einzige Ausnahme ist Baltimore), sondern die Ursache psychologisch zu durchleuchten.
„Was willst du denn damit sagen?!", faucht Jacky mich an. „Dass es an mir liegt, dass Greggy ein nervtötender Schreihals ist?! Weil ja immer die Eltern an allem schuld sind und die alleinerziehenden Mütter sind ja sowieso die Totalversager?!"
„Äh, nein, das wollte ich nicht sagen. Aber jetzt mal ganz ehrlich. Irgendwie versteht man ja fast, dass das einem Mann, der nicht der Vater ist, manchmal einfach ... zu viel ist. Egal wie toll die Frau auch sein mag."
Pause, Pause, Pause am anderen Ende der Leitung.

Wie verprellt man seine beste Freundin in drei Sekunden?
„Aber Jacky, der kommt schon wieder", füge ich schnell noch hinzu. „Ich hab das Leuchten in seinen Augen gesehen, wenn er bei dir ist."
Jacky ist noch eine Sekunde still und kichert dann. „Also ich würde das Geplärre anders herum keine Milli-Sekunde mitmachen. Mist, jetzt hab ich einen unverschämt teuren Babysitter über diese Halsabschneider-Agentur gebucht. So kurzfristig absagen wäre fast gleich teuer. Kommst du mit, ich wollte mit Werner tanzen gehen, in Clärchens Ballhaus in Mitte. Bitte, bitte, Nora, so wie früher."

Jacky und mich schweißt eine wilde Vergangenheit zusammen. Wir waren die heißblütigen Königinnen der Nacht. Lange vor Tobias. Damals waren wir fünf bis zehn Kilo leichter und sonnengebräunt vom Herumliegen und Cappuccino trinken im Monbijou-Park.
Tanzen? Warum nicht. Ich fühle mich zwar im Moment eher müde und runzlig wie Queen Mum herself, aber schwindlig ist mir ja eh schon, und dem Baby tut das Geschaukel sicher auch gut.

***

„Hochschwanger würde ich ja nie in so einen lauten Schuppen gehen", zischelt eine Anfang 20-Jährige mit knapp sitzenden Hüftjeans und einwandfreiem Bauch ihrem Freund zu, als ich mich mit Jacky vorfreudig in die Schlange stelle.
„Und das in dem Alter. Die kommt doch eh nich rein", erwidert der und grinst mich in seinem schwarzen Mitte-Rolli abschätzig an.
„Soll ich ihm eine scheuern oder möchtest du das selber tun?", will Jacky gut hörbar wissen.
„Ach, gerade im Moment ist mir nicht nach einer Schlägerei. Die werden schon sehen, wie kompliziert die nächsten 20 Jahre werden können."
Jacky lächelt mich an. „Hauptsache, wir sind immer noch zusammen", sagt sie und lehnt ihren Kopf an meine Schulter. „Nur mit den Männern ist das alles 'n bisken kompliziert." Jacky hat tatsächlich Tränen in den Augen. Dieser Werner scheint es ihr wirklich angetan zu haben.

Der Türsteher erkennt uns tatsächlich wieder. „Hey Mädels! Gott, seid ihr schnuckelige Wonneproppen geworden!" Er lacht schallend los. „Genauso 'ne Wampe wie ich, Nora. Geil ey, aber du hast 'nen Braten in der Röhre! Kommt rein."
Ohne auch nur einen Ton aus unseren zusammengepressten Mündern herauszubringen, gehen wir mit deutlich gemischten Gefühlen hinein.

Die Kronleuchter zaubern ein ganz besonderes Licht und verzaubern unsere Sinne. Die Musik ist laut, scheint Daniels Kind aber gut zu gefallen. Ich spüre es in mir und bin heimlich glücklich. Jacky starrt depressiv vor sich hin.

„He, guck nicht so griesgrämig, sonst verschreckst du die Typen", sage ich zu ihr und lächle sie aufmunternd an.

„Ich will keinen Typen, ich will Werner, das Schwein!", schnieft sie und starrt einen Anfang 50-Jährigen an.

„Glotz nicht so, du hast doch bestimmt auch schon zig Frauen zum Heulen gebracht!"

Der Mann guckt erschrocken und dreht sich unsicher um.

„Im Kerle verscheuchen bin ich eins a." Jacky lässt sich auf einen roten Plüschsessel plumpsen. Ich setze mich dazu, da ich das Gefühl habe, meine Beine füllen sich mit Wasser wie eine alte Regentonne.

„Ach komm. Da, der mit den dunklen Locken, der guckt dich die ganze Zeit an."

Jacky sieht hin. „Du brauchst echt `ne Brille, Nora. Der glotzt eindeutig dich an, wie immer."

„Meinen dicken Bauch starrt der an, na toll. Außerdem bin ich ja eh ver … äh ver … dammt wenig interessiert."

„Vergeben wolltest du sagen. Doppelt vergeben sogar. Du Glückliche. Und ich?" Jacky ist heute wirklich am Ende.

„Achtung, er kommt."

Der Mann trägt ein braunes, langärmliges T-Shirt, braune Hose, braune Schuhe. Bisschen braunlastig, aber sonst wirkt er eigentlich recht sympathisch.

Bitte lieber Gott, lass ihn nicht mich ansprechen, die arme Jacky springt sonst vom Balkon.

„Tag auch, ich bin der Detlef, du sag mal, ich will dir ja nicht zu nahe treten, aber hast du `ne Ahnung was du deinem Kind damit antust?" Der Braunlastige meint eindeutig mich.

„Was? Was meinst du jetzt konkret, Detlef?" Ich antworte im gleichen pädagogisch wertvollen Ton.

„Ja du, weißt du, ich bin ja Musiklehrer und so kleine Kinder, die haben ja das absolute Gehör."

Jacky und ich sehen uns einen Moment an und prusten fast los. Doch dann kommt der aschblonde Freund vom Detlef, und der ist noch ein bisschen brauner angezogen und noch ein bisschen weniger charmant.

„Hi, sag mal, geht's noch? Hochschwanger und in so `ner verrauchten, lauten Disse hier? Was bist du denn für `ne Ego-Mutti?!"

Jetzt reicht's! Ich stehe auf und blaffe ihn an. „Und was hat dir deine Mutti für miese Manieren beigebracht, du unverschämter Riesenbau-Klotz!?" Doch aufgrund der nun wirklich sehr laut einsetzenden Tango-Musik, geht mein Gezeter unter und ich fürchte, er sieht nur meinen sich öffnenden und schließenden Mund und hört so gut wie gar nichts. Ich fühle mich wie ein Goldfisch im Glas und sehe durch meine Glasscheibe hinaus auf die Tanzfläche – und erstarre. Mein gerade geöffneter Mund bleibt sperrangelweit offen stehen.

Denn dort tanzt Daniel, versunken und mit geschlossenen Augen und sinnlich und süß wie eh und je. Daniel hat ganz offensichtlich Musik im Blut und bewegt sich sanft und erotisch zur Musik und macht eine wunderbare Drehung nach der anderen! Als dann auch noch „I'm still loving you" einsetzt, ist es um mich geschehen. Ich starre ihn an und weiß, dass ich noch einiges für ihn empfinde und jetzt sofort fliehen muss, um nicht wieder in seinen Bann gezogen zu werden. Ich sehe auf meinen Bauch. Daniel weiß nicht, dass ich schwanger bin, und er darf mich so auf keinen Fall sehen.

Detlef und sein schleimiger Freund diskutieren hinter mir mit der genervten Jacky, wieviel Babys durch die Bauchdecke hören können - oder auch nicht. Ich höre jedenfalls nichts mehr, ich muss hier weg.

Während Jacky an mir vorbei an die Theke stürzt, um einen Non-Alkohol-Cocktail für mich beim Ober zu bestellen, springe ich ohne jede Erklärung auf und haste in die entgegengesetzte Richtung von Daniel, mal wieder Cinderella-like, davon.

***

Am nächsten Morgen geht Jacky zum Glück an ihr Handy.
„Du bist wirklich die fieseste Freundin, die ich je hatte, und ich will dich nie nie wieder sehen, verstanden?!", knallt sie mir entgegen und drückt mich einfach weg.
Puh. Ich schätze, dass ich sie mit diesem Detlef und seinem nervtötenden Kumpel alleingelassen habe, hat ihr den Rest gegeben. Das verzeiht sie mir nie. Denn Jacky kann sehr nachtragend sein. Sie weiß noch wie heute, dass ich vor zehn Jahren ungefragt genau den gleichen blau-rot-gepunkteten Badeanzug wie sie gekauft habe, weil ich den ihren so hübsch fand. Ich glaube, sie hat ihn nie wieder angezogen, weil ich ihrer Meinung nach die tausendfach bessere Figur darin habe, oder sagen wir besser: hatte.
Was eine Schwangerschaft aus einer Figur machen kann, muss ich Müttern nicht sagen. Zumindest Müttern, die nicht im achten Monat noch fröhlich joggend durch den Park gelaufen sind und es nur geschafft haben, sich zum Rückbildungskurs nach Pilates anzumelden, aber niemals, auch nur ein zweites Mal hinzugehen.

Ich hasse Joggen und stopfe gerade mein viertes Nutella-Croissant in mich hinein. Tobias kredenzt mir meinen zweiten Latte Macchiato entkoffeiniert. Wir frühstücken gemütlich wie jeden Samstag, nur werden die Berge, die ich vertilge, jede Woche voluminöser, leider überproportional zu meinem Bauch.
Tobias sieht mich mit diesem Blick an, der besagt: Oh mein Gott, sie wird doch eine dieser Frauen, die pro

Kind zehn Kilo zulegen und es in ihrem ganzen Leben nie wieder verlieren!
Und ich werfe ihm einen Blick zu à la: Keine Sorge, Schatz, auch wenn ich so unsportlich wie eine Hängematte bin, ich habe nicht vor, den Rest meines Lebens als Molly herumzulaufen. Wir lächeln uns an.
„An was denkst du gerade?" Ich kann es mir einfach nicht verkneifen.
„An das Schalke-Spiel heute Abend, und du?"
„Dass wir nicht genug Strampler haben. Die von deiner Mutter gehen gar nicht."
„Und die Lilanen von deiner Mutter haben alle Blümchen drauf. Was, wenn es ein Junge wird, der nicht auf Hippie-Mode steht?"
Wir grinsen uns an.
„Du weißt, was das heißt?" Ich trinke meinen letzten Schluck Latte und freue mich schon. „Wir haben wirklich noch nicht alles."
„Oh nein."
„Oh doch."
„Ich muss ganz dringend noch mal in die Kanzlei."
„Heute ist Samstag. Und wenn es schon sein muss, kannst du das danach. In der Friedrichstraße wimmelt es nur so vor Läden für Babyklamotten."
„Ich habe da noch nie einen einzigen gesehen." Tobias wirkt ziemlich unbegeistert.
„Aber ich." Shoppen für mein Baby ist ab heute eine meiner größten Leidenschaften.
„Da gibt es doch nur Designerläden. Das können wir uns im Moment beim besten Willen nicht leisten, Nora. Denk an den Kredit."
Ich sehe ihn an und werde langsam richtig sauer.
„Denk an unser Kind. Soll es von Anfang an das modische Feingefühl einer Zwiebel bekommen?!"

Meine Stimme klingt jetzt irgendwie brüchig und Tränen steigen mir in die Augen. Ich denke an Daniel. Hätte er genauso stumpf reagiert?
„Oder freust du dich etwa gar nicht darauf? Auf unser Kind, meine ich?!"
Tobias zögert mit seiner Antwort, eine Sekunde zu lang. Dann nickt er schnell.
„Doch, doch, natürlich", und er versucht es mit einem Scherz. „Aber abgesehen davon, Zwiebellook ist doch immer in, Schnecki."
Ich schniefe meine Tränen zurück und lächle leicht verkrampft.

Tatsächlich ist die Hermès-Kinderkollektion, in die ich Tobias doch geschleppt habe, (nur, um mal zu schauen, was Madonnas Kinder so tragen) unfassbar teuer. Die gut gestylte, brünette Verkäuferin schenkt Tobias ihr umwerfendstes Lächeln. Für mich hat sie nur einen kühlen Blick, vom Scheitel bis zur Sohle, übrig. Und als sie meine Treter sieht, wendet sie sich sogar von mir ab. Seit mein Bauch die Ausmaße zweier Basketbälle angenommen hat, wie es Tobias so schön auszudrücken pflegt, schaffe ich es nicht mehr, mir alleine die Schuhe zu schnüren. Und die einzigen Schuhe, in die man nur hineinschlüpfen muss und die im Gegensatz zu Highheels auch noch bequem sind, sind nun mal meine „Treter". Zugegeben, durch die Arbeit auf der Baustelle und den Betonstaub sind sie etwas patiniert.
Gut, dass es in der Friedrichstraße vor H&Ms nur so wimmelt; und gut, dass einer sogar eine Baby- und Kleinkindabteilung hat, wie ich von Jacky weiß. Von ihr habe ich noch vor unserem Streit jede Menge Babyklamotten bekommen. Gebrauchte Sachen sind

eh am besten. Oft gewaschen und von daher kaum noch Chemie darin. Aber das eine oder andere fehlt eben noch für unser Mäuschen. Tobias hat gerade ein Mützchen in der Hand und endlich leuchten seine Augen.
„Gott, ist das winzig! Da passt ja grade mal ein Tennisball rein."
Dass Männer immer nur in Bällen denken!
„Oder hier, das ist ja niedlich." Logisch, ist ja auch ein Fußball drauf.
Ich sehe ihn an und freue mich. Endlich werden wir eine richtige kleine Familie, so wie wir es uns das ganze letzte Jahr so sehnlich gewünscht haben.
Ich nehme Tobias' Hand und drücke sie fest. Und ich würde sie am liebsten nie wieder loslassen.

Mit vollen Tüten und bester Laune kommen wir aus dem Laden heraus und schlendern im Sonnenschein die Friedrichstraße entlang.
„Oh Mann, habe ich einen Hunger auf Streuselkuchen! Ich könnte jetzt mindestens fünf Streuselkuchen auf einmal verdrücken." Ich lache, doch das Lachen bleibt mir im Halse stecken.
Vespa-Knattern ist zu hören, und schon hält Daniel auf seiner Vespa neben uns. Er ist mindestens genauso geschockt wie ich, starrt auf meinen gewaltigen Bauch, öffnet das Visier und sagt – einfach nichts.
Und ich sage auch ausnahmsweise mal nichts und gerade das ist für Tobias höchst verdächtig.
Daniel sieht mich an, als falle gerade eine Steinwand von seinem Herzen, und er lächelt und sein Blick ist voller Sehnsucht.
Und ich werde rot wie eine Himbeere, und ich höre Geigen im Himmel, doch die Musik wird schräg und

kratzig, und als ich Tobias' Hand auf meinem Arm spüre, weiß ich warum. Tobias hat verstanden, dass dieser Kerl der Vater seines Kindes sein muss! Alarmiert und wieder in der Wirklichkeit angelangt, hake ich mich bei Tobias unter und ziehe ihn, ohne auch nur einen einzigen Ton zu Daniel zu sagen, weg. Nur weg. Wir versinken im Strom der Fußgänger … und ich in mir vor Scham.
Eine Kindergarten-Gruppe versperrt uns den Weg. Rotznäsige Kinder, die uns frech auslachen. Zumindest kommt es mir so vor.
„Liebst du ihn?", will Tobias aufgewühlt wissen und sieht mich verloren an.
„Dich lad ich nicht zum Geburtstag ein", sagt ein kleiner Junge neben mir gerade und lispelt dabei leicht. Und er meint tatsächlich mich. „Ich bin schon halb fünf."
Ich lächle ihn an. „Halb fünf? So groß?"
Und am liebsten würde ich mich noch eine Stunde mit ihm unterhalten, aber er geht weiter und streckt mir die Zunge raus.
Dann sehe ich Tobias in die Augen.
„Nein", versuche ich meine Stimme stark klingen zu lassen. „Ich liebe dich, und ich will mit *dir* eine Familie, das weißt du ganz genau."
„Ich weiß gar nichts mehr." Tobias klingt richtig verzweifelt.
„Kuckuck, Kuckuck, ruft's aus dem Wald", singen die Kinder unter Anleitung einer grau bezopften Kindergärtnerin und ich frage mich, was das Schicksal noch zu bieten hat.
Dass es viele Kuckuckskinder geben soll, habe ich noch nie geglaubt. Aber in diesem einen Moment kommt es mir nicht mehr ganz so unrealistisch vor.

Tobias ist anzusehen, dass ihn das Lied das Gleiche hat denken lassen und ich sehe seine kleine Zornesfalte auf der Stirn tiefer und tiefer werden. Vor die Sonne hat sich eine dunkle Wolke geschoben.
„Wie lange geht das schon?", will er düster wissen, und ich ahne, dass ich mehr kaputt gemacht habe, als ich dachte.
„Da geht nichts, ich meine, es ist nichts, bitte glaub mir, du hast doch gesehen, dass er nichts davon wusste."
Wir stehen jetzt mitten auf einer Verkehrsinsel, die Autos um uns herum hupen. Denn Tobias geht einfach weiter, ohne auf den Verkehr zu achten.
„Und wie bist du dann schwanger geworden?!" Er klingt jetzt wirklich sauer. „Die Geschichte mit der Spritze kannst du deiner Großmutter erzählen!"
„Tobias, bitte, lass uns in Ruhe darüber reden."
„Ich bin die Ruhe selbst", schreit Tobias los, so laut wie ich ihn noch nie habe schreien hören. Und auch die Hupen scheinen lauter zu werden. Denn er geht einfach über die Straße und wird dabei fast von einem Münchner Cabriofahrer erwischt.
„Scheißberliner, `zifix!", brüllt der Münchner. „Ihr glaubts wohl, nur weil die Mauer weg is, könnt ihr euch alles erlauben?! Ihr seid arm und total unsexy!"
Ich sehe ihn fassungslos an, die Tüten mit den Mützchen und Stramplern rutschen mir aus der schweißnassen Hand und ergießen sich auf die Friedrichstraße. Der Münchner gibt quietschend Gas und fährt mit seinen dreckigen Reifen über ein winziges T-Shirt, auf dem steht: Papa ist der Beste.

***

Tobias ist einfach ohne mich in unserem kindertauglichen Kombi nach Hause gefahren. Ich hätte ja sicher noch ein Date, hat er zu mir gesagt und ist losgebraust. Er müsse jetzt joggen gehen.
Ein Date? Er glaubt allen Ernstes, ich treffe mich jetzt mit Daniel?! Dass ich dafür viel zu feige bin, müsste er doch eigentlich wissen. Immerhin kennen wir uns schon seit sieben Jahren!
Ich setze mich in die S-Bahn, und alles hier erinnert mich an Daniel. Unsere erste gemeinsame Fahrt zum Wannsee, unser Picknick, unser Bad im See... Die Bilder flattern an mir vorbei, und ich starre sie an.
In der Himbeersiedlung endlich angekommen, schaffe ich es kaum, den Schlüssel ins Schloss zu kriegen, so nervös und angespannt bin ich. Was, wenn Tobias seine Sachen gepackt hat?! Was, wenn jetzt alles aus ist?! Sein Notebook ist da, sein Lieblingsjackett auch. Ich stürze in den Keller, wo unser riesiges, chaotisch eingeräumtes Schuhregal steht, und suche seine Joggingschuhe. Ein Glück, sie sind tatsächlich weg. Nur sie. Wir haben noch eine winzige Chance. Ich fasse auf meinen Bauch und versuche mein Kind zu beruhigen.
Da klingelt es. Tobias hat seinen Schlüssel vergessen! Ich eile nach oben und öffne die Tür.
Das Blut in meinen Adern scheint nicht mehr zu fließen. Das Baby in mir muss Schluckauf haben. Denn meine Bauchdecke hüpft.
Daniel steht vor mir, mit leidenschaftlichem Blick.
Ich knalle die Tür reflexartig zu und stemme mich mit aller Kraft dagegen.

Dumpf höre ich seine Stimme, die bis tief in mein Innerstes dringt.
„Nora, bitte, mach auf, ich bin so glücklich!"
Glücklich? Nicht sauer, enttäuscht, verletzt oder wütend?!
Da ich, wie so oft, keine Wahl habe, mache ich auf. Geöffnet habe ich sie ja eh schon, die Büchse der Pandora.
Daniel lächelt mich entwaffnend an, steckt sich lächelnd einen Zweig Himbeeren zwischen die Zähne. Ich gebe auf.
„Okay, lass uns reden, aber nicht hier. Tobias darf uns auf keinen Fall sehen. Lass uns in unser Wäldchen gehen, da hinten."
Daniel folgt mir und sprudelt überglücklich los.
„Ich hab es einfach nicht kapiert, warum du Schluss gemacht hast, Nora, ich hab gespürt, dass da irgendetwas Überirdisches ist, ein äußerer Grund. Oder ein innerer." Er grinst, sieht meinen Bauch an und dreht sich einmal im Kreis.
„Ich werde Papa, ich glaub's einfach nicht! Nora, das ist so was von geil!"
Ein älterer Hundebesitzer, der uns mit seinem alten Jagdhund entgegenkommt, sieht uns pikiert an, pfeift seinen Hund zu sich und geht, seinen Hut akkurat zurechtrückend, kopfschüttelnd weiter.
„Geil?", flüstere ich genervt. Muss denn die ganze Siedlung wissen, dass ich zwei Väter für das Baby habe?!
„Es ist WAHNSINN, das schönste Gefühl auf der Welt, der Sinn meines Lebens, ich könnte schreien vor Glück!"
„Bitte nicht!"
„Nein, nein, keine Angst."

Das Wäldchen ist ziemlich dicht bepflanzt und sieht aus wie bei Hänsel und Gretel. Ich stolpere blind hinein, fernab vom Weg. Zweige peitschen mir ins Gesicht, aber ich spüre sie nicht. Ich komme mir vor wie die böse Hexe.
„Du hast mich verzaubert, wir gehören zusammen", höre ich Daniel hinter mir rufen. Aber ich stolpere weiter, über unzählige Äste, und bleibe erst an einer Lichtung stehen.
Daniel nimmt mich in den Arm und ich lasse es schwer atmend geschehen. Ich rieche seinen Duft und halte mich fest.
Da sehe ich Tobias quer durch das Wäldchen joggen, und er sieht uns, Arm in Arm!
Ruckartig stoße ich Daniel von mir und sehe Tobias, der sofort lossprintet, hinterher. Wieso musste er ausgerechnet heute seine Joggingstrecke ändern, verdammt?!
„Es geht nicht! Tobias ist der Vater, … also, ich meine, nicht wirklich, … aber eigentlich." Ich stottere, denn ich weiß nicht, was tun.
„Es geht, Nora, du bist doch nicht glücklich, mach dir doch nicht ständig was vor. Willst du dich dein ganzes Leben lang selbst belügen?!" Daniel sieht mich ernst an, und er hat ja irgendwie recht.
Ich bin tatsächlich nicht glücklich, so, wie es gerade ist. Darum muss ich Ordnung in mein selbstverschuldetes Chaos bringen, und zwar sofort.
„Ganz genau. Und deshalb werde ich mit Tobias zusammenbleiben und mit ihm dieses Kind großziehen. Natürlich darfst du es sehen, aber lieber wäre mir, wenn du uns frei gibst, uns beide."
Daniel starrt mich an, als hätte ich mir vor seinen Augen einen Dolch in den Bauch gerammt.

„Weißt du, was du da von mir verlangst?! Nora, das kannst du nicht tun?! Ich liebe dich, und ich werde um dich kämpfen und um unser Kind!"
Ich gebe mir Mühe, hart zu bleiben. Auch zu mir selbst.
„Bitte, denk darüber nach. Es wäre für uns alle wirklich das Beste."
„Oh nein. Das wäre es nicht. Du liebst mich und wirst mich immer lieben. Genauso wie ich dich."
Ein Specht hämmert auf einer Tanne und wir sehen beide hin. Und ich spüre mein Herz sehr laut pochen.
„Ich muss zu Tobias." Ich drehe mich um und trete dabei fast auf ein Eichhörnchen, das sich sofort auf die Flucht begibt.

***

Tobias' Notebook ist weg. Und meine Hoffnung auf ein Wunder auch. Da höre ich ein Geräusch aus dem Schlafzimmer. Sind das Einbrecher oder ist Tobias noch hier? Ich gehe rasch hoch und sehe, wie er seine Socken langsam und starr in seinen Samsonite-Flycase sortiert. Sein Notebook liegt bereits darin.

„Bitte, es tut mir so leid", höre ich mich sagen, ohne zu wissen, was ich sagen kann, um die Verletzung dieses Mannes zu lindern.

„Kein Problem", stellt er bitter fest, „du hast dich entschieden."

„Das habe ich. Für dich. Ich hab mich doch nur ... von ihm verabschiedet."

„Verabschiedet? Nora, du stehst auf diesen Kerl. Das sieht doch ein Blinder."

Oh Gott. Tatsächlich?! Ja, ich stehe auf ihn. Aber das allein reicht doch nicht.

„Aber das allein reicht doch nicht", höre ich mich sagen und würde den Satz am liebsten löschen.

„Ich meine, nur weil er ganz niedlich aussieht, ist er nicht der Mann meines Lebens. Das bist du."

Tobias sieht mich an, hält eine Socke starr in der Hand.

„Und du siehst tausendmal niedlicher aus ..."

„Wo ist die andere Socke?", will er mit belegter Stimme wissen und schnappt sich, da ich nach Luft schnappe, seine Unterhosen.

„Bitte, Tobias, das alles ist doch nur passiert, weil wir so unbedingt dieses Kind wollten."

„Du", verbessert er mich. „Und weil ich keines zeugen kann, richtig? Ich bin also schuld."

„Nein, das bist du nicht. *Ich* hab alles kaputt gemacht, ich hätte niemals mit Daniel ..." Ich beiße mir auf die Zunge.

„So, Daniel heißt er also." Tobias nimmt jetzt ein kleinkariertes Hemd vom Bügel.

„Ja, Daniel. Und ich habe ihn gerade gebeten, uns sein zu lassen, ich meine allein ... , als kleine Familie, und nicht als Zweitpapa aufzutreten."

„Und das macht er mit?" In Tobias` Stimme liegt ein winziger Funken Hoffnung.

„Naja, nein, sieht nicht so aus", muss ich diese im Keim ersticken. „Aber es ist doch auch okay, wenn er sich kümmern will. Ich meine, dann haben wir ab und zu einen Babysitter, das hatten wir doch so besprochen."

„Besprochen hatten wir etwas ganz anderes, Nora. Kein Sex, keine Gefühle. Das war unser Deal."

„Ich weiß. Ich bin halt auch bloß ein Mensch." Ich setze mich aufs Bett, halte meinen Bauch und starre vor mich hin.

Tobias sieht mich an, ringt mit sich, hat sichtlich Mitleid. Er kommt langsam zu mir, kniet sich nieder, nimmt meine Hände.

„Schnecki, ich weiß, du hast da offenbar einiges alleine durchgemacht. Ich weiß ja, wie sensibel du bist. Aber ich kann so nicht leben."

„Wie, nicht leben?" Ich sehe ihn an und meine Augen füllen sich mit Tränen.

„Mit dem Gefühl, dass du ihn vielleicht doch mehr liebst als mich."

„Tu ich nicht. Ehrlich."

„Glaub ich dir ja. Aber wenn das Baby da ist und ihm ähnlich sieht, vielleicht dann?"

„Und wenn nicht? Willst du Schluss machen, nur weil es *vielleicht* sein kann, dass ich dich in ein paar Jahren weniger liebe? Das kann immer sein, Tobias. Immer. Dann darf man sein Herz ja niemandem öffnen. Nie. Bitte, wir gehören doch zusammen, wir beide."
Tobias scheint beeindruckt von meinem Plädoyer, das einem Staatsanwalt alle Ehre gemacht hätte. Er lässt meine Hand los, steht auf, geht im Raum auf und ab und sieht mich anwaltlich ernst an.
„Ich werde die Faktenlage für mich in Ruhe prüfen und dir dann mitteilen, zu welchem Ergebnis ich gekommen bin."

„Die Faktenlage in Ruhe prüfen?!" Magda, zu der ich geflüchtet bin, kann es nicht fassen und rupft noch stärker an den Blättern ihrer Tomaten, die auf ihrer Terrasse in Töpfen stehen. Ausgeizen nennt man das. Weg mit den kleinen Nebentrieben, damit die großen stärker wachsen können. Survival of the fittest sozusagen. Das Gleiche ist es auch mit den Männern. Der, der dran bleibt, gewinnt, hat meine Mutter immer gesagt. Mein Handy piept, eine SMS von Daniel. Aber ich bin stark und sehe sie mir nicht an. Ich will nicht, dass er gewinnt.
„Tobias ist wirklich ein typischer Anwalt. Bist du sicher, dass du nicht doch diesen jungen Prinz Charming willst?" Magda sieht mich forschend an.
„Ganz sicher", sage ich mit fester Stimme.
„Sehr gut. War nur ein kleiner Test. Also dann. Dann darfst du diesen Jungschen bis zur Geburt nicht mehr sehen!"
„Was? Ich meine, wieso bis zur Geburt?"
„Weil es vorher keinen Grund gibt, und danach hat er ja sozusagen ein Recht darauf, sein Kind zu sehen."

„Ist das so?" Zu dumm, dass ich meinen Anwalt nicht fragen kann. Wäre etwas taktlos.
„Es ist besser so, wirklich." Magda rupft aufgewühlt erneut ein Blatt ab. Erst jetzt merke ich, dass sie ganz offensichtlich auch etwas auf dem Herzen hat.
„Und was ist bei dir gerade kompliziert?"
„Alles. Irgendwie. Irgendwie ist Ines in letzter Zeit so seltsam."
„Seltsam? Wie denn?"
Magda sieht mich traurig an. „Zwei Frauen, das schleift sich genauso ab wie mit 'nem Kerl. Wir kriegen uns oft in die Haare im Moment. Alltag ist eben Alltag."
„Aber Alltag ist doch auch etwas Wunderschönes. Ich wäre froh, ich hätte endlich mal wieder unseren ganz normalen Alltag mit Tobias, so wie früher am Wochenende. Lange schlafen, Croissants im Bett, Kino …"
Magda lächelt mich an. „Den wirst du leider die nächsten 20 Jahre nie wieder haben." Sie deutet auf meinen Bauch und mir wird plötzlich schwindelig.
„Also Nora, du triffst diesen Daniel bis zur Geburt nicht mehr, keine Telefonate, keine SMS. Nur noch eine, die genau das ankündigt. Und nach der Geburt sieht man weiter. Jetzt musst du erstmal deine Ehe retten."
„Wir sind nicht verheiratet."
„Du weißt genau, was ich meine."
Ich nicke unsicher und weiß nicht, wie ich das alles schaffen soll. Ich habe mich als Kind immer auf dem Dachboden versteckt, wenn meine Mutter zu viel von mir auf einmal wollte. Blockflöte üben, Makramee Blumenampeln knüpfen, Wellensittich-Käfig sauber machen. Dort habe ich mir vorgestellt, ich sei ein Schlossgespenst und unsichtbar.

Magda setzt noch einen drauf. „Denk dran, dein Baby spürt, wenn es dir nicht gut geht. Und du willst doch nicht, dass dein Baby leidet, oder?"
„Natürlich nicht!" Ich sehe sie ziemlich schockiert an.
„Jetzt guck nicht so, als wäre ich ein Geist." Magda ist fertig mit den Tomaten, und ich bin es auch. Ich bin eine Rabenmutter, noch bevor mein Kind geboren wurde. Diese Erkenntnis trifft mich wie ein Schlag in die Herzgegend.
Ich krame mein Handy raus und schreibe Daniel eine SMS. „Bitte lass mich bis zur Geburt in Ruhe." Nein, das klingt zu hart. Ich lösche die SMS und fange erneut an. „Lieber Daniel, es ist besser für das Kind, wenn wir uns bis zur Geburt nicht mehr sehen." Klingt etwas seltsam, aber egal. Ich füge noch hinzu. „Bitte keine Anrufe oder SMSe mehr bis dahin. Gruß Nora."
Gruß Nora. Allein damit komme ich mir schäbig vor. Ich drücke schnell auf Senden, bevor ich es mir anders überlege.
Ich bin eine Rabenmutter! Die Einzige, die für diese Erkenntnis Verständnis hat, ist Jacky. Denn sie nennt sich selbst immer Rabenmutter. Ich rufe sie an.
„Jacky, leg bitte nicht auf"; ich klinge wirkich verzweifelt. „Es tut mir so leid, dass ich dich mit den Cocktails bei diesem Detlef stehen lassen hab. Wie oft soll ich das denn noch sagen?"
All meine Versuche, sich bei ihr für mein nächtliches Sitzenlassen in Clärchens Ballhaus zu entschuldigen, wurden bisher abgeblockt.
„Ich bin jetzt schon eine miese Mutter, und die Einzige, die mich versteht, bist du."
„Weil ich auch `ne miese Mutter bin? Danke!" Sie macht eine Pause. „Na gut, willkommen im Club.

Komm vorbei, du dummes Stück", sagt sie ruppig und ich bin ihr unendlich dankbar.

***

Mit einer Tüte Marshmallows unterm Arm stehe ich vor ihrer Tür. Die alte Frau Piske lugt durch den Spion und kommt raus.
„Kindchen, Sie sind ja schwanger?! Wissen Sie überhaupt, was Sie sich da einjebrockt haben?!" Frau Piske hat fünf Jungs alleine großgezogen.
Ich sehe sie traurig an. „Bei mir ist alles noch viel komplizierter."
Frau Piske nickt. „War's der verheiratete Klempner?", will sie neugierig wissen und rückt ihre Perücke zurecht. Ich schüttle den Kopf.
„Ohne Mann, das ist wirklich ein Kreuz", sagt sie und weiß, wovon sie spricht. „Mein Wilhelm ist mit einer russischen Opernsängerin abgezwitschert, nach Sibirien." Das erzählt sie jedem, der es nicht hören will und zwitschert danach immer ein Zwetschgenlikörchen.
„Mit zwei Männern ist es auch nicht viel einfacher", antworte ich traurig, da öffnet mir Jacky die Tür. Frau Piske bleibt mit offenem Mund stehen und starrt mich an, als wäre ich eine Außerirdische, die gleich mit ihr Walzer tanzt.
„Hallo, Frau Piske", grüßt Jacky, nimmt mir die Tüte Marshmallows ab und bietet ihr einen an. „Gut für die Libido." Jacky grinst. Frau Piske nimmt den Marshmallow, sieht ihn an und lächelt verzückt.

Jacky zieht mich amüsiert zu sich rein, schließt die Tür und wirft mir einen bitterbösen Blick zu.
„`tschuldigung, Jacky, aber da war plötzlich Daniel auf der Tanzfläche und er durfte mich doch nicht mit dem Bauch sehen. Ich hau nie wieder ab, versprochen, also

zumindest nicht, wenn du so süß bist und mir gerade einen Cocktail holst!"
„Ja, ja. Also was ist jetzt, wieso bist du jetzt schon 'ne Rabenmutter?", will sie wissen, und wir lassen uns auf ihrem gemütlichen Sofa nieder und spießen jeder einen Marshmallow auf, um ihn über der Duftkerze, die nach Zimt riecht, zu braten.
Zimt! Dieser Duft erinnert mich sofort wieder an Daniel, aber ich reiße mich zusammen und erzähle ihr wirr von meiner Begegnung im Wald mit ihm und Tobias, von Magdas Kommentar, dass das Kind in meinem Bauch unter diesen Umständen jetzt schon leidet.
„Ach du Scheiße!", ist Jackys Kommentar. „Der arme Tobias! Du bist nicht nur ne Rabenmutter, ne fiese Freundin, sondern in allererster Linie eine unmögliche Lebensabschnittspartnerin."
Vielen Dank für das Gespräch.
„Ich bin eigentlich nicht hergekommen, um mich von dir beschimpfen zu lassen." Ich verbrenne mir die Zunge an diesem widerlich-süßen, heißen Ding. „Autsch! Was ist denn überhaupt der Stand mit deinem Werner?", lenke ich ab.
Darauf hat Jacky offenbar gewartet, denn nun ist sie plötzlich wieder wie früher. „Stell dir vor, dieser feige Schuft hat sich bei mir nicht mehr gemeldet! Seit er mich an dem Abend, wo wir zu Clärchens Ballhaus wollten, versetzt hat. Ist das nicht der Oberhammer?!"
Ich höre das Piepsen meines Handys und ignoriere die eingegangene SMS.
„Seltsam. Eigentlich war der immer recht zuverlässig während der Bauphase." Ich wundere mich wirklich. Und Jacky tut mir sehr leid. Sie hat endlich mal was Vernünftiges verdient.

„Aber wegen des Babys musst du dir keine Sorgen machen", sagt sie lächelnd. „Ich glaube, man kann den Job als Mama gar nicht hundertprozentig machen. Auch nicht die Übermamis, die meinen, dass sie perfekt sind. Man fühlt sich immer wie die letzte Nulpe. Und wenn man es selbst nicht so fühlt, dann gibt es genug Nachbarn, Großeltern, Eltern oder Freunde, die es einem schön aufs Butterbrot schmieren, was für eine Versagerin man ist."
„Na wunderbar."
„Und mitleiden wirst du ab jetzt immer mit deinem Wurm. Wenn er in der Kita gehänselt wird, weil er die falschen Turnschläppchen anhat, wenn ihn die Kitatante nicht mag, weil es kein ruhiges Mädchen ist, oder wenn er mal wieder nich zu irgendeinem Geburtstag eingeladen wird, weil er den Kindern immer eins mit der Schippe über die Rübe brät."
Ich muss grinsen. „Woher weißt du denn, dass ich einen Jungen kriege?"
„Kriegst du einen?", will Jacky aufgeregt wissen.
Ich schüttle den Kopf. „Keine Ahnung. Ich will's nicht wissen. Mein Frauenarzt hat beim letzten Mal zwar ein rohrähnliches Teil in meinem Bauch gesehen - kann aber auch sein, dass das nur der grazile Arm eines entzückenden Mädchens war, das schon mal übt, sich in der Schule immer zu melden, hat er gesagt."
Wir lächeln uns an und nehmen uns in den Arm. „Mensch, tut das gut", schniefe ich in ihre Bluse. „Wieso ist es hier eigentlich so still, wo ist Greggy?"
„Bei Rent a Oma. Toll, oder?"
„Rent a Oma?"
„Naja, da meine Mutter keine Nerven für ihren Enkel hat ... Die Oma heißt Erna und ist schwerhörig." Jacky grinst. „Sie hört also Greggys Gebrüll nicht."

„Ah. Aber ist das nicht auch irgendwie… gefährlich? Ich meine, wenn er brüllt und irgendetwas hat und sie es nicht hört?"

„I wo. Sie sieht ja, dass er den Mund aufmacht. Und mir tun die zwei Stunden Ruhe soo gut. Ich habe gerade ein Problemzonen-Bad genommen, meine Fußnägel türkis lackiert und Yoga für definierte Oberarme gemacht. Sehen leider immer noch aus wie Winke-Winke-Arme. Ich weiß echt nicht wie die Klum das macht. Die ist mein Jahrgang!"

„Du machst das schon alles echt super, Jacky. Und die Heidi hat es ja offensichtlich auch nicht besser hingekriegt."

„Stimmt, sonst wär das mit Seal ja nicht auseinander gegangen."

„Aber bei dir bin ich mir sicher, dass sich dein Werner wieder meldet und eine echt gute Ausrede hat."

„Genau. Dass er von einem Laster angefahren wurde und im Krankenhaus liegt und kein Akkuladegerät dabei hatte. Irgend so ein Quark. Aber über das Alter sind wir mit Ende 30 hinaus, dass wir so einen Schmu noch glauben." Jacky öffnet eine Cola Zero und nimmt einen großen Schluck. „Igitt, ist das ekelhaft. Jetzt guck schon auf dein Handy. Was hat Daniel geschrieben?"

Als hätten meine Hände nur darauf gewartet, ziehe ich mein Handy hervor und lese die SMS.

„Nora, es ist unser Kind, wir drei gehören zusammen, und falls du es noch nicht weißt: Ich gebe nie auf. Nie. In Sehnsucht, Daniel."

„Oh mein Gott, diese jungen Männer heutzutage haben die Pilcher-Filme mit der Muttermilch eingesaugt." Jacky schmilzt mit mir dahin. „Ganz schön kitschig. Tobias ist aber eindeutig der bessere

Typ!" Sie hatte schon immer ein Faible für Tobias. Und ich auch.
Ich starre mein Handy an und mir wird eines klar. Daniel ist der Typ Mann, der nie aufgibt, und ich bin der Typ Frau, der nie standhaft sein kann. Zumindest habe ich es nie geschafft, eine Diät länger als einen halben Tag durchzuhalten. Zu verlockend riefen mich Mini-Dickmanns und Kinderschokobons zu sich. Und zu schnell war ich unterzuckert und miserabelster Laune.
Ich starre meinen Bauch an und kriege die totale Panik.
„Meine Tage sind gezählt."

Auch die auf meiner Baustelle. Denn der Mutterschutz fängt morgen an, wie mir Tobias beim Frühstück, während er innerlich die Faktenlage für sich weiter prüft, in undurchsichtigem Ton verkündet. Tatsächlich.
Also ich hätte ja nichts dagegen, noch ein bisschen länger zu arbeiten. Ich fühle mich inzwischen kugelrund wohl. Das saure Aufstoßen hat sich gelegt, an die Elefantenbeine habe ich mich gewöhnt und mir Stützstrümpfe verschreiben lassen. In denen fühle ich mich wie die alte Frau Piske beim Cancan-Tanz. Es gibt sie nämlich auch halterlos, in Schwarz mit Spitze. Was nicht darüber hinwegtäuscht, dass es Stützstrümpfe sind, die das Ausmaß der Krampfadern und Besenreißer mindern sollen! Schwanger sein hat einfach seine Reize.
Wir reden nicht viel beim Frühstück. Nur so was wie „Kannst du mir mal den Honig …" oder „Noch einen Espresso?".
Aber immerhin, wir reden. Mehr als die meisten Paare nach sieben Jahren. Und ich denke, an Daniel, an unser

Baby, wie das werden soll, die Geburt, Blut …" Ich rühre schnell in meinem Espresso und merke erst dann, dass die Tasse leer ist. Tobias sieht mich stirnrunzelnd an, faltet die Zeitung zusammen, steht auf, sagt „tschüss dann" und geht.
Tschüss dann. Das hat er noch nie zu mir gesagt. Zum Glück habe ich keine Zeit mehr, den tieferen Sinn dieser zwei Worte zu analysieren. Die Baustelle ruft, ich muss heute an meine Schwangerschaftsvertretung, einen neuen Kollegen aus dem Büro, übergeben. Und mir ist irgendwie doch wieder schlecht.

***

„Da ist ja einiges schief gelaufen", resümiert der 29-jährige Kollege, der frisch von der Uni kommt und in unserem Architekturbüro zu einem miesen Gehalt lange schuften darf.

Wir stehen gerade neben dem Betonmischer, und am liebsten würde ich ihm ins Gesicht springen, mich an seiner langen Nase festhalten und sagen: Mach es besser, Bürschchen. Auf so einer komplizierten Baustelle kann nun mal jeden Tag einiges schief gehen. Dafür finde ich meinen Fehlerschnitt gar nicht so übel. Ich war schon in der Schule keine Einser-Frau und bin es bis heute nicht. Guck mich doch an. Dafür bin ich jede Wette besser bezahlt als du, weil ich ungefähr 100 Berufsjahre mehr auf dem Buckel habe. Um ehrlich zu sein nur, weil mein Großonkel meinen Chef aus dem Tennisverein kennt.

Sagen tu ich nur: „Findest du?"

Das bin doch wieder mal typisch ich. Er guckt mir mitleidig auf meinen Bauch und sagt lapidar dahin: „Du bist ja auch schwanger, ist ja auch kein Wunder."

Genauso gut hätte er sagen können: „Du bist ja auch eine Frau. Ist ja auch kein Wunder."

Jetzt fahre ich aber doch meine Krallen aus und höre mich sagen: „Wenn du willst, kann ich dir gerne noch das eine oder andere abnehmen. Um ein paar Sachen auszubügeln. So dass es keiner im Büro mitkriegt natürlich. Wegen der Versicherung." Waren das meine Krallen?!

Herr, schmeiß Hirn herunter! Habe ich da gerade angeboten, gratis und hochschwanger für ihn weiter zu schuften, damit *er* die Lorbeeren einheimsen kann?!

Zum Glück ist er ein ehrgeiziger Zeitgenosse und meint, wie so viele Männer, alles selbst am besten zu können. Tobias zum Beispiel denkt sogar, die Spülmaschine besser einräumen zu können. Ich lasse ihn gerne in dem Glauben und stelle mich extra blöd an.

„Nee, nee, lass mal. Sonst bringst du noch mehr durcheinander", sagt der junge Kollege in diesem überheblichen Ton, den nur Männer, die frisch von der Uni kommen, haben können.

Wieder rettet mir meine eine Yogastunde im Leben selbiges, indem ich mich aufs ruhige Atmen konzentriere.

Dann lächle ich ihn bemüht an.

„Aber eines mache ich noch. Das ist mir sehr wichtig. Ich hake noch mal bei der Künstlerin nach, die die Kunstobjekte für den Spielplatz entwerfen soll. Ich habe eine sehr gute ausfindig gemacht, die Interesse hat. Trotz des geringen Budgets."

„Kunstobjekte für den Spielplatz?", sagt er in einem Ton, als habe er gerade Dünnpfiff und es gäbe keine Toilette weit und breit. Er zuckt nur mit den schweißdurchtränkten Achseln und macht sich auf zu meiner Baubesprechung, die immer ich geleitet habe.

Abgeben fällt mir nicht gerade leicht. Ich konnte noch nie auch nur ein winziges Stück einer Schokoladentafel abgeben, obwohl ich kein verzogenes Einzelkind bin. Aber meine Schwester hat mir nun mal nichts gegönnt. Nicht einmal meinen ersten Freund, obwohl dieser etwas moppelig und lahm wie eine Ente war.

Ich betrachte meine halbfertige Himbeersiedlung und mir wird bewusst, wie gerne ich diese Arbeit gemacht habe. Aber jetzt ruft ein anderer Job. Ich streichle über meinen Bauch und plötzlich steht Daniel neben mir.

„Da bist du ja", er klingt ziemlich außer Atem.

Ich weiche einen Schritt zurück, aber der Betonmischer bohrt sich mir in den Rücken und lässt eine Flucht einfach nicht zu.

Daniel zieht eine kleine Stoffente aus seiner Jackentasche. Die Ente sieht aus wie das Kleine der Entenmama im Friedrichshain.

„Hier, für unser Baby. Weißt du denn inzwischen, ob es ein Mädchen oder ein Junge wird?"

„Nein", antworte ich bemüht kühl, meine innere Hitzewallung verzweifelt unterdrückend. „Ich will es nicht wissen. Und ich will, dass du uns einfach nur in Ruhe lässt."

Er sieht mich an, mit einer Leidenschaft und Inbrunst wie Brad Pitt seine Angelina in Mr. und Mrs. Smith und drückt mir das weiche, flauschige Entenküken in die Hand, nur um meine Finger schier endlose Sekunden zu berühren. Ich entziehe sie ihm schnell, aber, mag es hormonell bedingt sein oder nicht, der Flaum des Kükens hat meine Sinne berührt.

„Geh bitte", sage ich harsch, so harsch, wie es mir nur gelingt.

Der junge Kollege mit der langen Nase ist inzwischen am Baucontainer angelangt, dreht sich zu uns um und schaut etwas pikiert.

Peinlichkeit hat keine Grenzen, denke ich nur, und schiebe Daniel, der wieder einen Schritt auf mich zugegangen ist, von mir.

„Lass es, ich möchte das nicht!", sage ich wie zu einem Kind und nun ziemlich laut. Ein paar Bauarbeiter sehen nun auch herüber.

„Nora, bitte, das ist doch Wahnsinn, du kannst doch nicht mein Kind als Beziehungsretter für dich und Tobias sehen?! Das klappt nie!"

„Das klappt wohl!" Ich sehe ihn sauer an. „Ich meine, das ist doch Unsinn, unsere Beziehung ist völlig in Ordnung!"
„Und deshalb verliebst du dich in mich und verbringst mit mir die leidenschaftlichsten Stunden deines Lebens?!"
Ich hasse ihn. Ich hasse ihn für das, was er da sagt. Weil ich natürlich nicht ganz sicher weiß, ob er nicht doch recht hat.
„Geh weg, lass mich in Ruhe, lass mich einfach in Ruhe!", brülle ich nun fast, und schon kommen drei meiner Bauarbeiter angelaufen, mit Schaufeln und Eisenstangen in den Händen.
„Hast du nicht gehört, Frau will haben Ruhe!", herrscht der eine, ein Einmeterneunzig-Schrank mit tollen Muckis, ihn an.
„Verpiss dich", sagt Richi, mein Lieblingselektriker, der mit seiner Faust locker eine Kartoffel zerdrücken könnte, und hebt die Eisenstange hoch. „Aber dalli!"
„Was willst du pickeliges Würstchen denn überhaupt von diesem Klasseweib?!", setzt Manni, der Polier, noch eins drauf.
Ich strahle ihn an. Klasseweib hat noch keiner zu mir gesagt. Wobei es etwas nach Rubensfigur klingt, wie ich gleich darauf überlege. Findet er mich etwa fett? Zum Glück habe ich gerade andere Probleme, als das, dass mich mein Polier in hochschwangerem Zustand fett finden könnte. Denn jetzt heißt es zu verhindern, dass Daniel gleich stolz verkündet, der Vater meines Kindes zu sein. Und das, wo doch alle denken, dass dies natürlich Tobias ist! Mein persönliches Drama in mehreren Akten geht nun wirklich keinen meiner Bauarbeiter etwas an. Daniel sieht meinen Blick und versteht.

„Leute, alles okay. Ich tu ihr schon nichts", sagt Daniel mit leicht erhobenen Händen. „War nur ein Missverständnis."
Manni und Richi erheben noch mal ihre Waffen, und Daniel tritt, nach einem sehnsüchtigen Blick zu mir, für einen Moment den Rückzug an.

***

Nicht arbeiten zu dürfen, ist für viele Frauen eine echte Strafe.
Vermutlich lassen deshalb so viele Männer einfach ihre stinkigen Socken am Abend neben dem Sofa liegen?! Sie wollen nicht, dass wir uns unnütz fühlen.
Denn das Gefühl, zu nichts nütze zu sein, außer als Brutmaschine, ist ziemlich gewöhnungsbedürftig. Zumindest für die meisten von uns.
Nachdem ich mir noch nicht mal türkisfarbenen Nagellack auf die Fußnägel lackieren kann, aus Angst, die fiese Chemie würde in mein Inneres eindringen und das Kind schädigen, sitze ich wie ein Klops auf dem Sofa und stopfe gesunde, ziemlich scharfe Radieschen in mich hinein. Und dann beruhige ich mich mit dem Gedanken, dass ich bei dem Bauchumfang, den das Ganze inzwischen angenommen hat, auch gar nicht mehr an meine Fußnägel kommen würde. Endlich verstehe ich, warum Schwangere immer unter eingewachsenen Fußnägeln leiden. Eine professionelle Pediküre scheint unabwendbar, wenn man nicht seinen Liebsten darum bitten möchte. „Du, Schatz, kannst du mir mal bitte mein Hühnerauge abfeilen?" Tobias würde das bestimmt tun, aber vor Daniel wäre mir das hochnotpeinlich. Wieder ein Punkt für Tobias!
Ich fühle mich wie eine auf dem Rücken liegende Schildkröte. Nicht fähig, irgendetwas zu tun. Die Staubschicht auf den Regalen wächst proportional zu meinem Bauchumfang.
Da steht eines Tages plötzlich Tobias` Mutter Hilde auf der Matte. Wie immer perfekt gestylt.

„Kindchen, hier sieht es ja aus wie bei Hempels! Du hast doch Zeit. Wieso arrangierst du denn nicht alles hübsch und adrett?"
Weil ich den ganzen Tag darüber nachdenke, ob dein Sohn der richtige Mann für den Rest meines Lebens ist, würde ich am liebsten sagen und fühle mich faul wie eine schimmelige Tomate.
„Weil ich mich schonen soll", sage ich besser, „hat der Arzt gesagt."
Kleine Notlügen sind bei Schwiegermüttern in spe erlaubt.
„Schonen?! Um Gottes Willen, Liebchen, dann leg dich ganz schnell hin. Wenn der Arzt das sagt, dann ist damit nicht zu spaßen! Du bewegst dich keinen Meter mehr vom Sofa fort, ich sage meinen Friseurtermin bei Udo ab und bleibe den ganzen Tag hier, bis Tobias kommt!"
Manche Notlügen sollte man sich wirklich etwas genauer überlegen. Die gute Hilde den ganzen Tag, das überlebe ich nicht.
„Nein, nein, er hat nicht ‚liegen' gesagt. Alles gut, Hilde, dem Baby geht's gut. Er hat ‚Ruhe' gesagt, ich brauche ganz viel Ruhe." Ich mache eine bedauernde Geste zur Tür.
Hilde versteht. „Natürlich, Ruhe. Ich bin schon weg. Und telefonier nicht so viel. Vor allem nicht mit deiner Katastrophenfreundin, dieser Jacky. Das regt alles viel zu sehr auf."
Und weg ist sie. Und es herrscht wieder Ruhe. Und die verwirrenden Gedanken sind wieder da, die um mein Problem kreisen, während ich brüte. Zwei Männer und mein Baby.

Fünf Minuten später klingelt es wieder. Hat Hilde ihre Hermès-Tasche vergessen oder ist das etwa Daniel? Während ich überlege, ob ich einfach liegen bleiben soll wie ein Käfer, da mir beide Alternativen keine zu sein scheinen, pocht es an die Tür und ich höre Magdas Stimme. Ein Glück. Ich ächze mich vom Sofa hoch, öffne ihr und falle ihr in die Arme. Sofern eine Umarmung mit diesem riesigen Höckerbauch überhaupt noch möglich ist.
„Was ist denn?", flüstert sie mir ins Ohr, während ich ihr in die Haare schniefe.
„Daniel. Er war auf der Baustelle, und er kommt ganz bestimmt bald wieder!"
Sie sieht mich an und streichelt beruhigend meinen Bauch.
„Und was hat er gesagt?"
„Was wohl? Dass er nie aufgibt, nie!"
„Aber Nora, das war doch klar. In dir wachsen seine Gene! Er ist ein Mann!"
Magda, führt mich in meine Wohnung und sieht sich verdutzt um.
Sie hebt eine Socke vom Boden auf, legt sie dezent zur Seite.
„Dir geht's nicht so gut, Honig, stimmt's?"
„Ich ... nein. Ich fühle mich furchtbar. Wie gelähmt, kennst du das?"
Sie nickt. „Oh ja. Und Tobias? Hilft er dir gar nicht im Haushalt?"
„Nein. Er arbeitet gerade so viel. Ach, du denkst jetzt sicher, dass ich depressiv bin, oder so was."
„Unsinn." Sie schiebt ein paar Kleidungsstücke weg, um sich aufs Sofa setzen zu können.

„Gibt es denn auch eine *prae*natale Depression?", frage ich ängstlich und setze mich neben sie auf eine leere Folsäurepackung.
„Nein. Glaube ich nicht. Also ich kenne nur die postnatale. Ich tippe mal ... aufs Hausfrauensyndrom." Magda nimmt lächelnd ein altes Wasserglas und gießt damit meine Yucca-Palme, die kurz vorm Exitus ist.
„Du bist gerade in einem ziemlichen Loch. Weil du deine Baustelle nicht mehr hast, weil du eine komplizierte Männergeschichte zu viel hast und weil das Kinderzimmer dummerweise schon perfekt eingerichtet ist." Sie lächelt.
„Perfekt ist bei mir leider gar nichts. Ach doch, meine neueste Krone. Findet zumindest mein Zahnarzt."
Wir grinsen uns an, und endlich atme ich wieder etwas freier.
„Kenn ich. Das Gelähmtsein, das hatte ich oft. Nach meiner Abiprüfung, nach dem Magister, und nach der Trennung von meinem Mann ... Aber ich bin jedes Mal herausgekrochen aus diesem Krater. Und habe mich jedes Mal ein bisschen stärker gefühlt. Es geht, Honig, wenn man nur will."
Wir reden eine ganze Stunde, und danach fühle ich mich deutlich wohler in meiner stark gespannten Haut.

Diese positive Veränderung merkt Tobias am Abend auch und bezieht sie sofort auf sich.
„Du hast ihn getroffen, stimmt's?", fragt er in einem unheilvollen Ton, als hätte ich den Fernseher kurz vor der WM mit Wasser begossen (wie ich es vor zwei Jahren aus Versehen gemacht habe, als ich eine Lilie darauf gießen wollte). Ich schüttle den Kopf.

„Nein. Ja ..., aber nicht freiwillig. Er war einfach da, auf der Baustelle."
„Er wird immer da sein, Nora, immer."
Tobias steht auf, schnappt seine Joggingschuhe, geht joggen. Es ist spät und dunkel und draußen bläst ein kalter, eisiger Wind.
Vermutlich ist Tobias nur noch aus Mitleid-mit-werdenden-Müttern mit mir zusammen und wird, sobald das Kind da ist, für immer davonlaufen. Ganz weit weg. Egal wie kalt es ist. Wie es mein Vater gemacht hat, bis nach Mexiko. Da ist es wenigstens schön warm.

***

Ich steche mit meiner Gabel eine kleine Tomate ab. Jacky sitzt mir bei unserem Mittwochslunch gegenüber und sieht mich mitleidig an.
„Und ich frage mich die ganze Zeit, wie dieses riesige Kind jemals da unten herauskommen soll!?" Ich fasse auf meinen Bauch und bin blass.
„Das ist ein echter Alptraum, ich weiß. Ich hatte ja echt Glück und einen Not-Kaiserschnitt."
Schlagartig ist mir klar, dass das die rettende Lösung ist, und ich überlege fieberhaft, ob meine auserkorene Klinik, das Westend, auch wirklich darauf spezialisiert ist.
„Aber das ist wirklich keine super Lösung", verpasst mir Jacky gleich einen Dämpfer.
„Wieso denn nicht? Reißverschluss auf, Kind raus, Reißverschluss wieder zu und das Ganze völlig ohne Schmerzen, da unter Narkose!?"
„Ein Kaiserschnitt ist erstens nicht gut fürs Kind, wegen der Lungenatmung oder so, frag mich nicht, und zweitens ein neverending Horror für dich. Statt ein paar Stunden hast du mindestens eine ganze Woche die fiesesten Schmerzen und musst sogar in die Bettpfanne pieseln. So war's bei mir zumindest."
Ich sehe Jacky schockiert an und zupfe an meinen Stützstrümpfen.
„Also gut. Dann brauche ich aber auf jeden Fall eine PDA." Ganz egal, was in diesem säuselnden Hebammenbuch steht, das alle Frauen dazu bringen will, im Zeitalter von Waschmaschinen auf eine PDA zu verzichten. Schließlich wäscht man heutzutage ja auch nicht mehr von Hand im eisigen Fluss, sondern benutzt eine wunderbare, technische Errungenschaft,

die Waschmaschine. Moderne gebärende Frauen müssen keine Schmerzen mehr erleiden. Einmal im Monat Regelschmerzen und ab und zu auch noch Eisprungschmerzen, das reicht ja wohl völlig!
Wir verschlingen noch schnell unseren Rucola mit Putenbrust, und ich fühle mich irgendwie elend, strecke die Flügel und will ganz schnell nach Hause.

Dort angekommen erwartet mich, neben meinem chaotischen Haushalt und meinem mir auf Schritt und Tritt folgenden schlechten Gewissen, weil ich die fertige Spülmaschine immer noch nicht ausgeräumt habe, ein Brief von Daniel! Oder sagen wir besser, ein Zettel, den er unter der Haustür durchgeschoben hat. Mit einer sehr schönen, geschwungenen Handschrift darauf. Im Schönschreiben wird unser Kind also mal keine Probleme bekommen. Im Rechnen allerdings schon, wenn es nach mir kommt. Meine Grundschullehrerin ist wirklich an mir verzweifelt. Dass ich jemals Architektur studieren würde, hätte ich selbst im Leben nicht gedacht. Ich glaube, es war eher eine Rebellions-Entscheidung, da meine Mutter wollte, dass ich African-Tänzerin werde oder Töpferkurse gebe.

„Schau bitte im Garten nach. In Liebe Daniel", steht da auf diesem Zettel und ich gehe mit wankenden Knien, als hätte ich gerade fünf Gläser Eierlikör von meiner Oma auf Ex getrunken, zum Küchenfenster und sehe in unseren Garten.
Der Frühling bemüht sich redlich, die Knospen sprießen zu lassen, doch bisher sind es nur die Blätter der Johannisbeerbüsche, die tapfer Form annehmen.

Ich starre mutig hinaus, als erwartete ich eine Explosion. Oder wenigstens ein Mini-Weltwunder. Und da sehe ich eines: Eine Amsel baut ihr Nest. Und ich fasse intuitiv auf meinen Bauch, als ich die Überraschung von Daniel erblicke. Mein Magen zieht sich zusammen und wird so klein wie ein Jojo.

Auf unserem Rollrasen, der noch nicht richtig angewachsen ist, steht … ein wunderschöner, Kinderwagen aus den 50ern. Eines dieser Prunkstücke, mit denen Mütter, die einen richtig guten Geschmack haben, im Prenzlauer Berg herumschieben. Drumherum ist eine gelbe Schleife gebunden und darin sehe ich, wenn ich meine Augen etwas zusammenkneife, ein ebenso niedliches Enten-Stoffbaby wie das, das Daniel mir bereits geschenkt hat.

Mein Herz steht still und ich spüre die Explosion in meinem Körper.

Dann drehe ich meinen Kopf und sehe die Nachbarin aus Haus 18, die für die Gerüchteküche in unserer Siedlung zuständig ist, neugierig in unseren Garten glotzen.

Schnell wie eine Schildkröte mit eingebautem Motor rase ich los in den Garten und schiebe das Ding aus ihrer Sichtweite. Ich schiebe es zu Magda auf die Terrasse und klingle Sturm.

„Ich darf keinem Fremden aufmachen!", ruft mir Ruby durch die Tür entgegen.

„Sind deine Mamas nicht da?", rufe ich zurück. „Hier ist Nora."

„Ach so, nee, soll ich was ausrichten?" Ruby scheint mich in die Kategorie „noch fremd genug, um nicht die Tür zu öffnen" zu stecken, und ich sehe das ein.

„Nein, schon okay, nur viele Grüße. Und keine Sorge, die Wehen haben noch nicht eingesetzt."
Ich entferne die Schleife und schiebe den hübschen Kinderwagen eilig zur S-Bahn. Eine ältere Frau beugt sich an der Haltestelle darüber und will sich das entzückende Baby anschauen. Als sie das Entenbaby sieht, macht sie einen Satz zurück. Ihrer Miene ist zu entnehmen: Hier scheint irgendetwas gewaltig schiefzulaufen. Das sehe ich genauso.

Ich zerre den Kinderwagen die Treppen zu Jacky hinauf, merke erst jetzt. wie schwer das antiquierte Teil ist und verfluche Daniel und den fehlenden Aufzug.
Angelockt von dem Lärm kommt die alte Frau Piske aus ihrer Wohnung.
„Hallo, Frau Piske, brauchen Sie einen Kinderwagen? Vielleicht als Körbchen für Ihren Dackel?"
Frau Piske schüttelt nur grimmig den Kopf und knallt die Tür wieder zu.
Die eine Tür ist zu, die andere geht auf. So ist das im Leben. Jacky sieht mich und das Trumm entgeistert an.
„Bist du jetzt völlig durchgeknallt?! Das kommt mir nicht in die Bude. Das ist doch bestimmt von Daniel! Tobias kauft gerade den Boogaboo. Mit Extra-Ausstattung."
Ich starre sie fassungslos an. Die Auswahl eines Kinderwagens ist für einen Mann wie die Entscheidung, einen Porsche oder einen Fiat Punto zu kaufen. Nur in dem Fall ist der Porsche endlich mal erschwinglich. Die alles entscheidende Frage ist also nicht: Liegt mein Kind darin weich und orthopädisch richtig, sondern: Ist der Wagen geländegängig und kurventauglich, und werden mich meine Anwaltskollegen darum beneiden?!

„Woher weißt du das?"
„Weil ich gerade mit ihm telefoniert habe. Er hat mich nach meiner fachfraulichen Mutti-Meinung gefragt und ich habe ihn darin bestärkt. Diese hippen Boogaboo-Teile sind zwar scheißteuer, aber Tobias will nur das Beste für euer Kind und was Trendiges für dich."
Beschämt sehe ich sie an. Und sehne mich nach Tobias.
Während er sich entzückende Gedanken um mich und das Baby macht, überlege ich, wie ich das Geschenk meiner Affäre beseitigen kann! Bin ich eigentlich noch zu retten?!
Jacky hat folgende Vorschläge: den Kinderwagen von Daniel a) auf der nächsten Müllkippe zu entsorgen, ihn b) bei eBay zu versteigern und von dem Geld eine Ganzkörpermassage von einem durchtrainierten Masseur machen zu lassen, oder c) ihn bei ihr im Keller zu deponieren und dort mit Spinnweben überwuchern und verrotten zu lassen, falls Jacky doch noch ihren Traummann findet und ein weiteres Baby mit ihm bekommen will. Wir zerren ihn also gemeinsam die Treppe runter, begleitet von lautem Gebell, das aus Frau Piskes Wohnung kommt.
Jacky flucht, was das Zeug hält. „Du hast Tobias überhaupt nicht verdient. Immer kriegen die andern die tollen Männer ab!"
„Du kriegst auch noch einen prima Mann", predige ich das, was ich seit zehn Jahren predige.
„Du hast aber zwei, und ich versteh einfach nicht, wie du Tobias so verarschen kannst!"
„Ich auch nicht. Ich meine, du weißt doch ganz genau, dass das überhaupt nicht meine Art ist, aber …"

„Nichts aber, da gibt's nichts zu beschönigen, Nora. Du hast es getan, du bist von dem Jungschen schwanger und hörst nicht auf, Tobias zu hintergehen. Allein mit dem Teil da!" Sie zeigt auf den Kinderwagen, den wir jetzt endlich in den Keller gewuchtet haben, die Ente liegt schief.
Ich sehe das Teil an, und meine Stimme wird leise und mein schlechtes Gewissen laut. „Ich kann doch nichts dafür, dass er mir das geschenkt hat?!"
„Du hättest es ja direkt in den nächsten Baucontainer kippen können. Aber nein, es ist dir ja doch irgendwie superheilig!"
Sie gibt dem Teil einen Schubs in ihr Kellerabteil, macht die alte knarzende Tür mit Schwung zu und schließt lautstark ab.
„Danke", sage ich leise und fühle mich begossen wie ein Pudel. Das Gebell aus dem Treppenhaus ist bis hier unten zu hören. Ich halte mir die Ohren zu und will nur noch weg. Wenn einen die beste Freundin nicht mehr versteht, ist es Zeit, sehr sehr lange und intensiv über sein Leben nachzudenken.

Und das können Frauen am besten - mit anderen Frauen.
Magda ist jetzt zum Glück wieder da und hört mir, einen Schwangerschafts-Tee kochend, zu, und auch Ines findet es „echt schwach" von Jacky.
„Mein Gott, es ist jetzt wie es ist. Sieh dir die Kugel doch mal an. Als gute Freundin muss sie zu dir halten!", sagt Magda und bringt mir eine Tasse Tee.
„Tut sie ja auch, irgendwie", verteidige ich unsere Freundschaft, die schon so viele irrwitzige Männergeschichten überstanden hat. „Aber sie ist nun

mal Tobias-Fan und himmelt ihn an. Er ist ja auch großartig."
Trübsinnig starre ich in die Tasse und dann auf meinen riesigen Bauch.
„Machst du auch schön Heublumensitzbäder, Nora?", reißt mich Ines aus meinen Gedanken.
„Äh, was?! Nein. Ich will ja gar nicht, dass das Kind da jemals rauskommt", lächle ich schwach und frustriert.
„Naja, verstehe schon, aber wat mut, dat mut. Und der Muttermund sollte sich weiten, sonst tut es bei der Geburt ja noch mehr weh." Ines bekommt von Magda einen strengen Blick zugeworfen.
„Hör doch auf, Nora hat schon genug Panik, das geht auch ohne Heublumen", lächelt sie mich an und streckt mir eine Karotte hin. „Hier, damit es tolle Adleraugen kriegt. So wie du."
Wenn sie wüsste! „Ich bin fast 40 und schwanger und brauche eine Lesebrille!", entfährt es mir, und mir wird klar, dass das wirklich das geringste meiner Probleme ist.
„Du immer mit deinen Karotten", faucht Ines Magda an, „das ist ja wirklich peinlich." Sie nimmt ihre Tasche und geht.
Magda setzt sich frustriert mit ihrem Tee zu mir. „So geht das schon seit Wochen. Wegen der kleinsten Lappalie macht sie mich an und fährt aus der Haut. Manchmal glaube ich, sie hat eine andere."
„Oder PMS", lächle ich Magda an. „Sorry, aber eine andere kann ich mir nicht vorstellen. Bei euch ist doch alles in Ordnung, ich meine, sieht zumindest nach außen so aus."
„Komm, lass uns shoppen gehen. Das beruhigt." Magda steht nervös auf.

„Super Idee, meine Schwangerschaftsklamotten sind alle total ausgeleiert und verwaschen. Lohnt sich zwar eigentlich nicht mehr wirklich, meine Tage sind ja gezählt, aber egal."
„Eben, egal. Auch als Hochschwangere musst du immer heiß und begehrenswert sein und Schuhe gehen immer. Aber denk dran, eine Nummer größer." Magda hat zum Glück ihre gute Laune wieder.
„Aber wir gehen nicht zur Friedrichstraße, weil ... die Läden dort, die hab ich alle schon durch!"
Ich will weder Tobias noch Daniel in die Arme laufen, stehe schnell auf und hake mich bei meiner neuen zweitbesten Freundin unter. Schuhläden wir kommen! Schuhe gehen immer!

***

Der Nachmittag wird lustig und leicht.
Ich sehe sogar lachend darüber hinweg, dass ich in jedem Oberteil wie ein Walross aussehe, das heute besonders viel Fisch gefressen hat. Kein Wunder, dass sich Tobias für „no Sex" entschieden hat. Aber ich schätze, das liegt auch eher an der Sache mit Daniel, die er vermutlich nie überwinden wird.
Ich stehe in der Umkleidekabine einer kleinen exquisiten Boutique in Mitte, in die mich Magda geschleppt hat und schiebe meine prallen Brüste in einen sexy schwarzen BH in Größe Doppel-D. Mein Körbchenumfang ist so kurz vor der Geburt zwar enorm gestiegen, aber Doppel-D ist dann doch etwas optimistisch. Beziehungsweise pessimistisch. Ich hoffe ja nicht, dass sich der Umfang meiner Brüste noch mal verdreifacht, wenn dann die viele Milch einschießt, von der Magda immer erzählt.
Plötzlich spüre ich sie, die Milch, oder bilde ich mir das nur ein?! Denn sie schießt nicht in die Brüste, sondern rinnt mir die Beine hinab. Entsetzt starre ich meine nassen Schlüpfer und das Wasser, das meine Beine herunter läuft, an, (soweit ich angesichts meines Bauchumfanges meine Oberschenkel noch sehen kann) und kriege einen hysterischen Schreianfall.
„MAGDAAAA!? WAS IST DAS?!"
Magda reißt den Vorhang der Umkleide beiseite und starrt die Pfütze zu meinen Füßen auf dem lila Teppich an. Hinter ihr erscheint der Kopf der coolen, Anfang 20-jährigen Mitte-Verkäuferin, die plötzlich gar nicht mehr lässig wirkt.
Magda lächelt verzückt. „Die Fruchtblase, Mensch, Nora, die Fruchtblase ist geplatzt! Es geht lohos!"

„Die Fruchtblase?! Das ist ja ekelhaft, jetzt ist der ganze Siff auf unserm niegelnagelneuen Designer-Teppich!?", ruft die Mitte-Verkäuferin aus und schwört sich vermutlich gerade, nie in ihrem ganzen coolen Leben so etwas Unästhetisches wie Muttter zu werden. Ich dagegen schmeiße mich (sofern das mit dem Bauchumfang geht) in Windeseile auf den Boden, lege mich flach hin und atme laut. Was um Gottes Willen hat uns Conny, unsere Hebamme im Geburtsvorbereitungskurs, noch mal erzählt, was zu tun ist, wenn im Supermarkt die Fruchtblase platzt? Ich fürchte, ich habe bereits eine Demenz, bevor ich anfange zu stillen. „Wenn die Fruchtblase platzt, dann müsst ihr euch vor der Käsetheke auf den Boden legen." Das war's!
Während Magda bereits die Nummer des Notarztes tippt, regt sich die Mitte-Verkäuferin auf. „Sie können sich doch hier nich einfach langlegen, was soll denn unsere Kundschaft denken, oh nee, und das stinkt, das Zeug!"
Ich rieche es auch. Es riecht etwas seltsam, was da aus meinem tiefsten Inneren nach außen gelangt ist, aber stinken tut es nicht. „Das stinkt überhaupt nicht!", herrsche ich die Verkäuferin an. „Und jetzt Ruhe, ich muss atmen."
„Der Notarzt ist in ein paar winzigen Minuten hier." Magda hat sich zu mir gekniet und streichelt freudig lächelnd meine Hand. Einatmen, ausatmen, einatmen, ausatmen.
„Hast du schon Wehen?"
Ich horche in mich rein und spüre ein Ziepen.
„Ja, oh Gott, es ziept!"
Doch dann merke ich, dass das nur der Kleiderbügel war, der unter meinem Rücken liegt. Einatmen,

ausatmen, einatmen, ausatmen. Oder auch schon hecheln?!

Mit Blaulicht werde ich in die Klinik eingeliefert. Ganz so dramatisch habe ich mir diese Geburt dann doch nicht vorgestellt.

Dass es nicht meine Wunschklinik ist, sondern vermutlich die für schnöde Kassenpatienten, fällt mir erst auf, als ich von den Sanitätern fast auf eine große, halbverdorrte Palme am Empfang geschoben werde, die mir irgendwie spanisch vorkommt.

Eine dicke Schwester mit fettigen Haaren drückt mir gelassen die Aufnahmepapiere und einen Stift in die Hand.

„Bitte alles ausfüllen. Chipkarte ham Se dabei?"

„Meine Fruchtblase ist gerade geplatzt", erwidere ich hysterisch, „das Kind liegt im Trockenen, tun Sie doch was!"

Doch die Dicke lächelt nur schnöde. „Es geht erst los, wenn Se das ausgefüllt ham."

Ich sehe Magda Hilfe suchend an, doch die ist gerade ein paar Schritte weiter dabei, Tobias zu erreichen und quatscht ihm auf die Mailbox.

„Tobias, wenn du das hörst, dann schwing dich sofort in deinen Audi und komm in die Klinik …äh wo sind wir eigentlich?", wendet sie sich an die Dicke.

Die Dicke drückt ihr eine Visitenkarte des Krankenhauses in die Hand und geht weiter zur nächsten Patientin, einer hechelnden Türkin, die zu diesem besonderen Ereignis ihre ganze Familie mitgebracht hat.

„Wieso haben Sie uns nicht in meine Wunschklinik gebracht?", ich sehe den Sani wütend an, als hätte er

gerade gesagt, Mensch Sie haben ja 'nen dicken Hintern.
„Na, weil ditte aufm Weg nach Hause is. Wir haben gleich Feierabend und heute spielt Hertha gegen Rostock."
Ich fasse es nicht, starre auf das Anmeldeformular und überlege, wie ich heiße. Die Sanis verabschieden sich und eilen davon.
Nora Blume. Nora Blume, du bleibst jetzt ganz ruhig, füllst diesen Mist hier aus und konzentrierst dich auf dein Kind. Es ist wichtig, dass es eine schöne, entspannte Geburt hat, weil sonst wird es vielleicht ein Schreikind, hat Conny, unsere Hebamme, gesagt.
Während ich überlege, ob ich mein Geburtsjahr fälschen und mich etwas jünger machen soll, faucht Magda auf Tobias` Mailbox. „Jetzt nimm endlich ab, Tobias, du weißt doch ganz genau, dass es jede Sekunde so weit sein kann oder hast du gedacht, Nora hat diesen Bauch, weil sie zu viele Donuts gegessen hat?!"
„Heute spielt Hertha gegen Rostock", presse ich unter der ersten Wehe hervor. Die nächsten zwei Stunden hört und sieht der nichts anderes als die Glotze.
Magda verdreht die Augen und fühlt sich in ihrem Männerbild wieder mal bestätigt.
Ich habe mich entschieden, zu meinem Alter zu stehen und das Formular fertig ausgefüllt. Ich winke der Dicken damit hektisch zu, während mich schon wieder eine Wehe überrollt. Gemächlich kommt die Dicke, nimmt es mir ab und überfliegt es.
„So 'ne späte Spätgebärende hab ich ja noch nie gehabt!", entfährt es ihr und sie grinst eine hochschwangere Türkin mit Kopftuch an, die

bestimmt erst Anfang 20 ist und schon drei Kinder im Schlepptau hat.

„Soll ich Daniel anrufen?", fragt mich Magda unsicher und nimmt meine Hand.

„Auf keinen Fall", presse ich mit einer erneuten Wehe hervor und zerquetsche dabei Magdas Finger.

„Verdammt, tut das weh, das halt ich nicht durch!"

„Vorwehenzimmer is leider nich frei", sagt die Dicke mit einem Blick auf den Belegplan, und ich würde sie am liebsten erwürgen.

„Vorwehenzimmer?! Heißt das, das sind nur die *Vor*wehen, und das Ganze wird noch schlimmer?!"

Die Dicke und die Türkin kichern. „Aber hallo", sagt die Dicke. „Stellen Se sich mal auf das Allerschlimmste ein. So wird's dann meistens ooch."

Magda blafft die Dicke an. „Sagen Sie mal, was soll denn das, meine Freundin hat schon genug Angst! Und überhaupt, wo kann sie denn dann ihre Vorwehen verarbeiten, wenn kein Vorwehen-Zimmer frei ist?"

Die Dicke zuckt nur die Schultern. „Na hier, uffm Flur."

Magda und ich sehen den mit wartenden Männern und spielenden Kindern gut gefüllten Flur an und dann uns.

„Das darf alles nicht wahr sein, bitte sag, dass das nicht wahr ist", flüstere ich ihr zu und werde von einer erneuten Wehe mit fortgerissen.

Ich bringe meine Mutter um, denke ich, während der Schmerz meinen Körper ganz tief in mir durchdringt. Erst gestern hat sie noch am Telefon gesagt: Ach Kindchen, so schlimm ist das nicht, das hat noch jede Frau überlebt. Sogar deine weinerliche Cousine.

Nach gefühlten 100 Stunden und 1000 unmenschlichen Wehen findet eine junge rothaarige Hebamme endlich Zeit, mich zu untersuchen, und

schiebt mich dafür auf meiner Liege in ein enges Untersuchungszimmer, wo ich ans CTG angeschlossen werde. Die Hebamme ist jung, sehr jung und wirkt unsicher. Während sie ihre Hand in mir hat, läuft sie knallrot an, tastet verblüfft und sieht mich an.
„Das hab ich ja noch nie erlebt. Der Muttermund ist schon ganz weit offen, aber der Gebärmutterhals noch nicht verkürzt."
„Was heißt das?!", will ich keuchend wissen und ahne, dass die Geburt mindestens so dramatisch werden könnte wie mein ganzes Leben.
„Das heißt… Ich hole mal besser einen Arzt."
„Machen Sie das, aber schnell", Magda klingt jetzt richtig sauer.
Die Hebamme eilt raus und ward nicht wieder gesehen. Magda hält meine Hand, und ich bin ihr so unendlich dankbar, dass sie bei mir ist. Auf Freundinnen ist einfach Verlass.
„Ich probier's noch mal bei Tobias. Oder doch Daniel?" Magda sieht mich mitleidig an.
„Nein!", entgegne ich jammrig und werde erneut von einer Wehe erfasst und in hohem Bogen fortgeschleudert. Wohin auch immer.
Von wegen Wehen kommen in sanften Wellen, wie Conny in unserem Kurs behauptet hat, das hier ist ein alles verwüstender Tsunami, und ich befinde mich einsam und allein auf einer spitzen Eisscholle!
Ein Arzt, der vermutlich letzte Woche seinen Doktor gemacht hat und mindestens so unsicher wie die junge Hebamme wirkt, kommt herein und strahlt mich übertrieben an.
„Ich habe gehört, wir haben hier einen ganz besonderen Fall?"

„Ich war schon immer was Besonderes. Aber ich bin kein Versuchskaninchen, ich will sofort einen richtigen Arzt", blaffe ich ihn erstaunlich selbstbewusst an.

„Ich bin ein richtiger Arzt", sagt er nur lächelnd, desinfiziert seine Hand und steckt sie mir sanft in die Scheide. Deutlich sanfter als die Hebamme gerade. Und ich bin mir sicher: Bei diesem Exemplar Mann handelt es sich eindeutig um einen verruchten Casanova.

Während er in meiner Gebärmutter wühlt, macht Casanova ein erstauntes Gesicht.

„Tatsächlich. Sehr interessant."

Dann zieht er seine Hand wieder heraus, wäscht sie kurz ab und geht. „Ich werde das mit unserem Oberarzt besprechen", sagt er noch und ist weg.

Magda will ihm empört hinterher, doch ich halte sie am Pulli fest und lasse sie nicht los. „Du bleibst hier! Oh Mann tut das scheiße, scheiße weh!"

„Pscht, gaanz ruhig, du musst dir vorstellen, du stehst auf einem Surfboard. Versuche immer auf der Welle zu reiten, sonst gehst du unter", höre ich Magda durch die Brandung wispern. Auf einem Surfboard soll ich reiten? Ausgerechnet ich, die ich schon immer viel zu tollpatschig und schwächlich dazu war?! Während ich kraftlos in der Gischt liege, erinnere ich mich an unseren Urlaub in Andalusien vor sechs Jahren. Tobias und ich waren das zweite Mal zusammen im Urlaub und hatten uns in Tarifa zu einem Surfkurs angemeldet. Tobias konnte sofort surfen wie ein junger Gott, aber ich hing wie ein nasser, vollgesaugter Waschlappen im Wasser und habe es kaum geschafft, das Board zu erklimmen. Und wenn, dann kniete ich darauf, klammerte mich daran fest und machte eine hundeelende Figur. Der Surflehrer, ein gut gebauter,

blondgelockter Klischee-Verschnitt, hatte aus tiefstem Herzen gelacht und gesagt, ich würde aussehen wie ein nasser Kater auf vier Pfoten.
Wieder schaffe ich es nicht, mich elegant auf das Surfbrett zu schwingen und gehe bei der nächsten Wehe komplett unter.
Gerade als ich mir sicher bin, genau jetzt zu ertrinken, und meine langweilige Kindheit bereits an mir vorbeiziehen sehe, spüre ich Tobias` kräftige Hand und höre seine beruhigende Stimme.
„Nora, Schnecki, was machst du nur für Sachen?!"
„Was ich für Sachen mache?! Ich gebäre einen Dinosaurier!", schreie ich ihn an und werde zur Strafe erneut unter Wasser gezogen.
„Dinosaurier legen Eier", ist Tobias` einziger Kommentar.
„Wo bleibt der Arzt? Das ist ja wirklich nicht zu fassen!" Magda befreit sich aus meinem Klammergriff, patscht stattdessen Tobias` Hand in die meine und lässt uns für einen Moment alleine.
„Tobias, mach was, ich halt das nicht aus", wimmere ich, als die nächste Welle unerbittlich anrollen spüre.
„Was soll ich denn machen?!", fragt er mich unsicher und ist plötzlich sehr blass.
„Wehe, du kippst jetzt um!"
„Nein, mach ich schon nicht!"
„Ich will eine PDA!", quetsche ich aus mir heraus und bäume mich auf, als ich erneut drohe, im Meer zu versinken.
„Das sind Presswehen, verdammt, ich kann nicht anders, ich muss pressen."
Tobias wird noch blasser und ruft laut nach einem Arzt.

„Hilfe, wir brauchen einen Arzt", schallt es aus ihm heraus und es klingt, als brauche er Hilfe.
Die Dicke mit den fettigen Haaren streckt ihren Kopf herein, sieht, dass ich presse und wirft eine Gummimatte auf den dreckigen Krankenhausboden.
„Hier Kindchen, falls der Urmel kommt, immer schön pressen. Ich guck jetze ma, ob endlich 'n Kreissaal frei is, wa?"
Und weg ist sie. Tobias und ich starren die Gummimatte an und ich presse, was das Zeug hält.
Magda hat einen Arzt im Schlepptau, einen etwas älteren mit Ziegenbart, der die Lage sofort erkennt. Was ja auch nicht gerade schwer ist bei meinem Gestöhne.
„Frau Blume? Guten Tag, mein Name ist Dr. Meyer-Geulich, schaffen Sie es, zwischen zwei Presswehen in einen Kreissaal zu gehen?"
„Zu Fuß?!", sieht ihn Tobias fassungslos an, und der Arzt nickt.
„Geht am schnellsten. Sonst dauert das wieder, bis die Pfleger da sind. Pflegenotstand, ist Ihnen ja wohl ein Begriff?"
Tobias nickt sauer. „Wir möchten sofort den Chefarzt sprechen. Meine Frau hat eine Chefarzt-Zusatzversicherung!"
Natürlich, daran hab ich in der Aufregung gar nicht gedacht! Ich könnte ihn knutschen meinen Mann.
„Tut mir leid, der Chefarzt ist auf einer Tagung. Und der Oberarzt auch. In Garmisch."
„Skifahren oder was?" Tobias sieht ihn wutschnaubend an. Dann hakt er mich liebevoll unter, und gemeinsam mit Magda auf der anderen Seite schleifen sie mich über den Flur, vorbei an

BobbyCarfahrenden Jungen, endlich in einen gerade frei gewordenen, noch blutverschmierten Kreissaal.

Von wegen abgedunkelte Fenster und klassische Musik, wie in all den unrealistischen Schwangerschaftsbüchern empfohlen. Mein Kind wird ohne Mozart und bei grellstem Tageslicht zur Welt kommen und die Falten seiner Mutter von der ersten Sekunde seines Lebens an gnadenlos sehen. In dem Moment ist mir klar, dass unser Mutter-Kind-Verhältnis nie ein unbeschwertes sein kann, und ab da ist mir alles egal.

Ich presse und hechle und presse und hechle und erwürge Tobias dabei um ein Haar. Denn ich habe meinen Arm fest um seinen Hals gelegt, während ich versuche, das Kind wie eine Afrikanerin auf dem Feld in der Hocke zu gebären.

Aber ich bin eine künstliche Großstadtpflanze, und das Kind kommt nicht so einfach aus mir heraus. Vermutlich ahnt es, wie schwierig sein Leben wird, mit zwei Daddys und dieser übergewichtigen Mutter.

„Sie hat keine Kondition mehr, so unsportlich wie sie ist", höre ich Dr. Meyer-Schießdichtot zu der gerade eingewechselten Hebamme sagen, und sein Ziegenbart wackelt.

„Legen Sie sich bitte da hin", sagt er und deutet auf eine schmale, kalte Liege. „Und jetzt, stellen Sie sich vor, Sie wollen gleich ein paar Schuhe shoppen gehen und müssen das hier noch ganz schnell hinter sich bringen."

Wenn ich nicht gerade in dieser erniedrigenden Position wäre, würde ich ihm ins Gesicht springen. Und wenn Tobias von mir nicht immer noch im Würgegriff festgehalten werden würde, würde er seinem Gesichtsaudruck nach am liebsten das Gleiche tun. Magda, die beide Hände frei hat, geht stinksauer auf diesen idiotischen Meyer-Ziegenbart zu, und wie es aussieht, will sie ihm in Vertretung für mich an die Gurgel.

Doch genau in dem Moment werden die Herztöne des Babys schwächer. Hektik im Kreissaal, das Messer wird gezückt.

Und mit einem Schnipp werde ich unten aufgeschnitten wie ein altes Hähnchen und heraus aus mir kommt ... mein eigenes, lange ersehntes Kind!

Die Erde hört für einen Moment auf, sich zu drehen, ich vergesse, meine Lunge mit Sauerstoff zu füllen. Es ist ein Mädchen! Meine Lisa! Wie sehr hatte ich mir dich gewünscht. Ein Mädchen, das brav lächelnd dasitzt und mit seinen Püppchen spielt. Doch da durchdringt mich ein markerschütternder Schrei! Wie laut so ein kleines Wesen schreien kann!

Schnell legt mir die Hebamme Lisa auf die nackte Brust, und ich spüre ihre warme, weiche Haut, und sie wird ganz ruhig.

Tobias sieht Lisa interessiert an, als handle es sich um das neueste, teure Modell seiner Fischer-Eisenbahn.

„So, bitteschön, Sie dürfen die Nabelschnur durchtrennen", sagt die Hebamme und hält ihm die Schere hin. Er nimmt sie, zögert, zittert, reißt sich zusammen und schneidet. Mit dem Ausdruck eines Kriegers, der seine Beute erlegt.

Ich sehe Lisas kleines, zerknautschtes Köpfchen an und warte auf die alles überströmende Liebe, die jegliche Schmerzen vergessen lässt, wie sie es in kitschigen Filmen immer zeigen. Aber sie kommt nicht und das irritiert mich und macht mir Angst. Stattdessen habe ich ein ganz anderes Gefühl: HUNGER!

„Ich könnte jetzt ein ganzes Schwein verdrücken", ist der erste Satz, den ich zu meiner noch blutverschmierten, kleinen Tochter sage.
Magda und Tobias lachen gelöst, und die Anspannung der letzten Stunden fällt von allen ab.
Da klingelt mein Handy, und sofort ahne ich, dass es Daniel ist. Tobias, der mir mein Handy reicht, als wäre es heiß und fettig, sieht mich düster an und tatsächlich steht da „Daniel calling". Als hätte er es gespürt! Schnell drücke ich ihn sowie jegliche Gedanken an ihn weg.
Dr. Meyer-Großkotz, der die Szene verwundert beobachtet hat, muss zum Glück schon zum nächsten Fall, wünscht mir knapp alles Gute, und weg ist er.
Und ich liege da, mit gespreizten Beinen, bin unten aufgeschnitten, denke an Daniel und komme mir vor wie ein halbes Hähnchen, das zu früh aus dem Grill gekommen ist.
Die Hebamme nimmt mir Lisa ab, um sie zu untersuchen, und Tobias hält tapfer meine Hand. Magda lächelt mich Mut machend an, und ich frage mich, wie lange die mich ernstlich da unten aufgeschnitten so liegen lassen wollen. Fliegen nicht im Krankenhaus irgendwelche Monsterkeime herum, die sich so in meiner Gebärmutter breit machen können?!
„Ich gehe für dich ein halbes Schwein erlegen", sagt Magda lächelnd und verlässt den Kreissaal.
Tobias drückt meine Hand, und ich sehe Tränen in seinen Augen. Weint er, weil er so überwältigt ist von der Geburt oder weil er eben nicht der Vater dieses kleinen Wunders ist?
„Wann nähen Sie mich denn endlich zu?", frage ich die Hebamme, die Lisa gerade mit dem Kopf nach unten baumeln lässt.

„Ach, das macht der Oberarzt, da Sie ja eine Zusatzversicherung haben."
„Ich denke, der ist nicht da?", höre ich Tobias mit argwöhnischer Tonlage sagen.
„Ach, ja stimmt, mmh, dann vielleicht der Assi. Ich erkundige mich mal."
„Das wäre prima, immerhin kann sonst jeder in meine Eingeweide schauen." Ich bin jetzt wirklich beunruhigt und sehe schon folgende Schlagzeile vor mir: „Späte Spätgebärende nach fiesem Krankenhauskeim in ihrer Scheide verstorben."
„Ach, wir legen Lisa am besten gleich mal an, das Stillen muss ja schließlich klappen. Alles in Ordnung übrigens. Herzlichen Glückwunsch zu Ihrer Kleinen."
Die Hebamme, eine schlanke, Brünette mit einer unverschämten Wespentaille, wie ich erst jetzt registriere, sieht Tobias kokett an. „Ach, sie ist Ihnen wie aus dem Gesicht geschnitten."
Tobias und ich starren beide vor uns hin und ahnen, was unser ganzes Leben lang auf uns zukommen wird.
„Ach, danke", bricht es aus Tobias heraus, aber da er mich ansieht, klingt es wie: Danke, dass du mir das angetan hast, SCHATZ!
Lisa wird mir wieder auf die Brust gelegt, und die Wespentaille versucht krampfhaft, Lisa zum nuckeln zu bringen. Aber sie will nicht. Das fängt ja gut an. Ich fühle mich sofort abgelehnt, und Tränen kullern herunter.
„Schnecki, was hast du denn?", sieht mich Tobias besorgt an und streichelt Lisa. Nicht mich.
„Ach, das ist normal, der Baby-Blues", konstatiert die Wespentaille und sieht auf die Uhr. „Was glauben Sie, was da jetzt hormontechnisch abgeht in Ihrer Frau."

Oh ja. Ich spüre die Hormone regelrecht Tango tanzen. Kleine, quirlige Monster, die in mir umherirren und nicht wissen, wohin.
Die Hebamme nimmt mir Lisa ab. „Ach, das wird jetzt wohl nichts. Die Kleine ist wahrscheinlich zu müde. Wir probieren das später noch mal. Sie wissen ja, Muttermilch ist das Allerbeste für ihr Kind."
Ich nicke und fühle mich ausgelaugt.
Lisa wird in ein Bettchen neben mich gelegt, und nahezu gleichzeitig fallen uns beiden die Augen zu.
Wach werde ich erst wieder von dem Geruch eines Schweinebratens in Maggi-Soße und dem Stich in meine Scheide.
„AUAAA!"
Dieser impertinente Assistenzarzt wollte doch tatsächlich versuchen, mich zu nähen während ich schlafe?!
„`tschuldigung", sagt der Mitte 20-Jährige, der ein Piercing auf der Zunge hat und lächelt mich frech an. „Ich hatte gehofft, dass Sie es gar nicht mitkriegen, so erschöpft wie Sie sein müssen."
„Versuch misslungen", fauche ich ihn an und werfe Tobias, der Lisa auf dem Arm hat, einen bösen Blick zu.
„Er hat behauptet, dass das durchaus sein kann", versucht sich Tobias zu entschuldigen.
Magda hält mir den Schweinebraten unter die Nase. „Du bist unterzuckert, du solltest sofort etwas essen."
„Ich näh aber erst den Damm", unterbricht der Assi, „ich muss nämlich gleich noch zwei nähen. Im Moment ist Stoßzeit." Er grinst.
„Tobias, ich will danach sofort nach Hause", schluchze ich los, während ich mit der Nadel malträtiert werde. Im Gegensatz zu dem riesigen Schnitt mit der

Hähnchenschere, spüre ich die winzige Nadel Stich für Stich.

„Ich will eine Betäubung", jammere ich los, doch der Assi schüttelt nur cool den Kopf.

„Die bringt fast nichts. Das geht ganz fix, und dann ist alles vorbei." Während er auf meine Scheide starrt und sich da unten verkünstelt, füttert mich Magda mit Schweinebraten.

„Tobias, ich will wirklich sofort nach Hause!"

Tobias nimmt meine Hand und nickt. „Bist du dir sicher? Ambulant nach Hause? Wir haben doch gar keine Erfahrung mit so einem kleinen Wurm."

„Hier halte ich es keine Sekunde länger aus." Ich schniefe.

Da meldet sich der Assi zu Wort und sieht dabei Tobias grinsend an. „Soll ich es lieber etwas enger nähen als vorher?"

Magda und ich sehen uns fassungslos an, und Tobias würde am liebsten vor Scham aus dem Fenster springen. Er zuckt nur hilflos die Schultern, und der Assi näht, und mein Handy vibriert.

***

Der Audi fährt rasant vor unserem Reihenhaus in der Himbeersiedlung vor und hält direkt vor der Tür. Tobias sieht mich an und überlegt.
„Du kannst mit Lisa im Maxi-Cosi ja schon mal reingehen, ich will noch schnell zur Tankstelle, ich brauch jetzt ein Bier. Die Krombacher-Kiste ist alle, hab ich leider erst gestern gemerkt."
Ich sehe ihn an und zweifle an meinem Verstand.
„Hallo, ich bin ein unten aufgeschnittenes, blutendes Huhn, das vor einer halben Stunde ein Monsterei herausgepresst hat?!"
Tobias, der offensichtlich völlig durch den Wind ist, tut sein Fauxpas natürlich sofort leid. „Oh Gott, ja, sorry, Nora, ich bin ja auch wirklich ein Riesenidiot."
„Schon gut. Aber ein lieber." Ich bin ihm so dankbar, dass er in dieser meiner schwersten Stunde meines Lebens bei mir war.
Tobias hilft mir schnell aus dem Auto, stützt mich und nimmt mit der anderen Hand den Kindersitz, in dem Lisa friedlich schläft. Wir sehen sie an, das Mondlicht scheint und Sterne glitzern am Himmel. Tobias gibt mir einen liebevollen Kuss - und ich bin sehr sehr glücklich.

Die Nacht wird der reinste Alptraum. Lisa schreit und schreit, und wir, die wir keine Ahnung von Babys haben, weil wir 39 Jahre keine hatten und uns 37 Jahre nicht dafür interessiert haben, kriegen sie nicht zur Ruhe. Ich schlafe völlig erschöpft neben dem schreienden Kind ein und bin mir sicher, dass mich Tobias am nächsten Tag verlassen wird. Wieso sollte sich ein Mann das antun, noch dazu, wenn es nicht mal sein eigener Schreihals ist.

Am nächsten Morgen kommt endlich meine Hebamme Katja, die mich schon vor der Geburt betreut hat. Katja ist eine 30-jährige Alleinerziehende, die von Männern die Nase mindestens so voll hat wie Jacky. Ihrer hat sie geschlagen, und sie hat das vier Jahre mitgemacht! Eine Tatsache, die ich nie verstehen werde, und eigentlich hätte ich deshalb lieber eine andere Hebamme, aber ich will Katja nicht auch noch weh tun.

Das Stillen klappt immer noch nicht, und Katja hat viel zu tun, mich zu beruhigen. „Das wird schon. Das hat noch bei allen Frauen geklappt." Sehr beruhigend.

Alarmiert rufe ich Magda an, und sie kommt sofort vorbei.

„Wann soll ich Daniel von der Geburt berichten?", bricht es aus mir leise heraus, während sich Katja vor der Schlafzimmertür mit Tobias über die perfekten Windeln unterhält. Pampers Baby Dry, oder doch besser Moltex Öko ...?

„Auf keinen Fall jetzt. Du musst erstmal zu dir kommen. Der errechnete Geburtstermin ist doch eh erst in einer Woche", zischt mir Magda zu.

„Ich kann es ihm doch nicht eine Woche *nicht* sagen?!" Ich sehe sie hilflos an, wie ein Hundewelpe seine Mama.

„Was sagt Jacky denn dazu?"

Jacky! Oh mein Gott, ja. Ich habe meiner besten Freundin noch gar nicht gesagt, dass ich Mutter bin. Mutter! Ich bin Mutter! „Sie weiß noch nichts. Aber sie ist ja eh komplett Anti-Daniel."

„Dann ruf doch erst mal sie an und Daniel in einer Woche." Magda sieht mich ernst an. „Du bist jetzt im

Wochenbett und musst dich erholen und ganz auf dein Kind und das Stillen konzentrieren. Eine Freundin von mir hat sich viel zu früh zu viel zugemutet und war dann noch mal im Krankenhaus."
Erneut bei diesem Chauvi Meyer-Geulen oder dem zungengepiercten Assi mit seinen anzüglichen Bemerkungen, das halte ich nicht aus. Darum nicke ich und lasse Magda entscheiden. Daniel soll von der Geburt seiner Tochter vorerst noch nichts wissen. Ich bekomme eine Schonfrist und fühle mich wie ein Blatt im Herbst, das auf die Erde segelt. In der Gewissheit, dass es sehr bald sehr hart landen wird.

Doch wie soll man sich schonen, wenn sich aufgeregte Omas die Klinke in die Hand geben, aber nicht im Haushalt helfen, sondern warten, bis der Kaffee serviert wird? Zumindest Tobias` Mutter Hilde, die eine feine Lady ist, würde nie auf die Idee kommen, mal einen Berg Wäsche für mich zu waschen. Und ihr Sohn, der es leider gewohnt ist, dass ich das mache (es hat sich in den Jahren so eingeschlichen, auch wenn ich das als halbwegs emanzipierte Frau nie wollte), genauso wenig. Wenn Tobias sieht, dass der Wäschepuff überquillt, hängt er seine alten Unterhosen eben über die Heizung.
Und meine Mutter, die selbst ziemlich chaotisch ist und ganz sicher nicht die perfekte Hausfrau, überhäuft mich nur mit Büchern wie „Eine Ehe hält kein ganzes Leben", oder „Nach den Kindern ging alles bergab".
Jacky hat mir zur Geburt zwar am Telefon gratuliert, aber sie war noch nicht da. Gregor sei total verschnupft, und sie will Lisa nicht mit diesem fiesen RS-Virus, einem Schnupfenvirus, anstecken, der für Neugeborene lebensgefährlich ist. Eine Freundin von

ihr war deshalb eine Woche auf Intensiv mit ihrem Baby.

Das alles, der ungewohnte, krasse Schlafmangel, Daniels ständige SMSe, die ich einfach nicht mehr beantworte, und vor allem die Tatsache, dass das Stillen immer noch nicht klappt, bringen mich an den Rand des Nervenzusammenbruchs.

Hilde ist der festen Überzeugung, dass ich nur nicht stillen *will*, um meine Brüste nicht zu ruinieren.

„Das stimmt nicht, Hilde, natürlich würde ich meinem Kind am liebsten das Allerbeste geben."

„Sogar Adoptivmütter können stillen", kontert sie, und ich weiß, das Gleiche steht in diesem Stillbuch, das ich am liebsten in der Spree versenken würde.

„Eine Frau, die ihrem Kind keine Muttermilch geben kann oder will, ist keine richtige Mutter." Hilde sagt das ungeniert, während sie mit gespreiztem Finger in ihrem Espresso rührt. Dabei beobachtet sie Lisa verzückt, als wäre sie ein neugeborenes Eisbärbaby im Zoo, anstatt sie auch nur ein Mal auf den Arm zu nehmen.

Stillterror vom Feinsten. Meine Tränen fließen, nur die Milch nicht, und ich komme mir vor wie eine Milchkuh, die mit der Milchpumpe gemolken wird. Jede Stunde müssen meine Brüste an die Pumpe, und stets sind es nur ein paar lächerliche, mich verhöhnende Tropfen. Woran das liegt, vermag mir keiner zu sagen. Vielleicht an einem fehlenden Hormon, vielleicht an der Tatsache, dass ich zu alt bin, und es gewagt habe, mit einem so viel jüngeren Mann zu schlafen?! Meine Gedanken drehen sich im Kreis. Ich sehe die leuchtende, grüne Lampe über mir an und erinnere mich dunkel, wie grün sie war, die Hoffnung.

Wieder ein Anruf von Daniel und wieder geht meine Mailbox ran.
Ich höre sie ab. „Nora, wie geht es dir, ich freue mich schon so auf unser Baby! Bitte ruf mich zurück und auf jeden Fall, wenn du die allererste Wehe spürst. Wie gern würde ich dich und deinen wunderschönen Bauch jetzt in meinen Armen halten."
Lisa schreit und ich würde es am liebsten auch tun. Tobias kommt, nimmt sie liebevoll heraus und gibt ihr die Flasche. Ich sehe die beiden an und verkrieche mich unter der Decke.
„Weißt du eigentlich, dass ich auch ein Flaschenkind war?", höre ich Tobias` Stimme dumpf in meiner Höhle.
Ich schlage die Decke zurück und sehe ihn fassungslos an. „DU warst ein Flaschenkind?! Wieso hackt dann deine Mutter ständig auf mir herum, dass ich nicht stillen kann?!"
„Was?! Das tut sie?!" Tobias, der offensichtlich immer gerade dann nicht im Raum war, kann es nicht fassen. „Das ist wieder so typisch Mutter. Immer die Ärztemeinung, die gerade angesagt ist, vertritt sie selbst, als wäre es die ihre. Damals in den 60ern war das Flaschegeben üblich, da hat man maximal sechs Wochen gestillt. Wenn überhaupt."
Und plötzlich geht es mir schon wesentlich besser. Tobias setzt sich mit Lisa im Arm zu mir und gibt mir einen Kuss. „Wir drei, wir schaffen das schon."
Und ich hoffe so sehr, dass er recht hat.

Der eigentliche Geburtstermin naht, und Daniels Freude und meine Panik sind nicht mehr zu zügeln. Da ich auf seine wildromantischen SMSe gar nicht, beziehungsweise nur sehr spärlich antworte, steht er

plötzlich vor der Tür. Ich sehe sein ebenmäßiges Gesicht vom Kinderzimmerfenster aus, aber er sieht meines nicht, zum Glück. Denn zwischen Milchpumpe und Folgemilch-Anrühren habe ich mir eine Anti-Stress-Maske von Alterra aufs Gesicht geklatscht. Atemlos lehne ich mich rücklings an die Bärchen-Tapete und fühle mich wie ein weißer Zombie im Jogging-Anzug. Denn ich weiß: Die schlaflosen Schreinächte haben die Falten um meinen Mund zu tiefen Kratern werden lassen.
Wieder klingelt er Sturm und mein Herz rast.
Hoffentlich kommt Tobias, der nur kurz Milchpulver holen wollte, jetzt nicht nach Hause, denke ich und zähle bis hundert: ... 58, 59, 60.
Daniel geht und Tobias kommt. Ob sie sich vorne am Weg noch begegnet sind, lässt sich Tobias nicht anmerken.
Er gibt mir allerdings keinen Kuss.
„He, krieg ich keinen Kuss", versuche ich normal zu klingen und will ihn umarmen, doch Tobias wehrt ab.
„Ich küsse keinen bröckelnden Quark", sagt er nüchtern und schleudert seine Schuhe in den Flur.
Natürlich, meine Gesichtsmaske, die hatte ich ja ganz vergessen. Ich sehe in den Spiegel, sie bröckelt tatsächlich. Und unsere Beziehung? Gibt es da auch schon Risse, die kaum noch zu kitten sind? Tobias gibt sich wirklich Mühe, aber er gibt sich weniger mit meiner Süßen ab, als ich mir das in meinen schwangeren Träumen von unserer kleinen Happy family so vorgestellt habe. Oder bilde ich mir das alles nur ein? Vielleicht wäre er die erste Zeit bei unserem eigenen Baby ja genauso lange im Büro geblieben?
Tobias, der heute auf mein Drängen einen Home-Office-Tag genommen hat, sitzt vor seinem Notebook

und checkt seine Mails. Ich betrachte ihn, wie er konzentriert auf den Bildschirm starrt und seine hohe Stirn angespannt runzelt. Dann sehe ich mir Lisa an, die endlich mal zwei Stunden am Stück schläft und bete, dass sie später mir und nicht Daniel ähnlich sehen wird. Denn wie könnte Tobias sie wirklich lieben, wenn sie ihrem Erzeuger wie aus dem Gesicht geschnitten ist?!
Ich wasche meine Gesichtsmaske ab, creme mich ein und setze mich fettglänzend zu Tobias an unseren großen Esstisch, an dem mindestens eine Familie mit vier Kindern Platz hat.
„Tobias, ich muss mit dir reden."
Genervt sieht er mich an. „Nora, was ist das denn jetzt für Zeug, du glänzt wie eine eingeölte Pfanne. Und abgesehen davon, du siehst doch, dass ich arbeite."
„Schon, aber es ist wichtig. Und das mit der alten Pfanne nimmst du zurück."
Er seufzt. „Ölig, nicht alt. Also, was gibt es?"
„Wir müssen ..., ich muss ..., also *wir* müssen Daniel endlich sagen, dass Lisa schon auf der Welt ist."
Tobias starrt mich an, als hätte ich gesagt: „Schatz, weißt du eigentlich, dass ich mit dir noch nie einen Orgasmus gehabt habe?".
„Das ist dein Ding. Ich halte mich da raus", sagt er leise, und ich habe das schreckliche Gefühl, dass er sich am liebsten aus allem hier raushalten würde.
Er steht auf und Lisa schreit. „Ich muss mich jetzt wirklich konzentrieren, ich geh ins Büro. Einer von uns beiden muss ja das Geld für das Haus verdienen." Und weg ist er.

***

Ich schiebe Lisa in ihrem Boogaboo mit ungefähr 30 anderen Müttern durch den Volkspark Friedrichshain. Eine kleine Gruppe hat sich in topmoderne Jogging-Outfits geschmissen und trabt, die Kinderwagen in einem Affentempo vor sich herschiebend, durch den Park. Ich, die ich schon in der Schule diejenige war, die wie ein nasser Sack gegen den Bock geprallt bin, sehe diesen Müttern etwas neidisch hinterher und rede mir ein: Für den von der Geburt ausgeleierten Beckenboden kann dieses Gehopse auf keinen Fall gut sein. Und ich erinnere mich an Hildes Warnung: Denk dran, Kindchen, jetzt nach der Geburt fleißig den Beckenboden trainieren, sonst läufst du bald selbst in Windeln herum.

Gerade als ich mir die joggenden Mütter in Windeln vorstelle und sich ein Grinsen auf meinem Gesicht breit macht, pustet mir Daniel von hinten ins Haar, und ich gefriere.

Fassungslos sieht er den Kinderwagen an, der etwas abseits in der Sonne steht, starrt mir auf meinen nicht mehr prallen, aber leider immer noch ziemlich dicken und wabbeligen Bauch (wie macht die Klum das nur, ich brauche sofort ihren Personal Trainer) und seine Miene wird sehr sehr traurig.

„Ich … ich wollte es dir nicht per SMS sagen, es tut mir so leid …", stottere ich hilflos herum und presse meine angespannte Faust in meinen weichen Bauch. „Sie heißt Lisa …"

Daniel geht erschüttert einen Schritt auf uns zu.

„Wieso hast du mich nicht zur Geburt gerufen?! Ich hab es mir so sehr gewünscht."

„Ich weiß. Aber ich … ich konnte nicht.", plappere ich hektisch los. „Es war total stressig, weißt du, so eine Geburt ist kein Honigschlecken. Sie haben mich da unten aufgeschnitten wie ein …" Was rede ich da?! Honigschlecken, unten aufgeschnitten … Schockiert sehe ich ihn an und er mich.
„Sie ist wunderschön. Genau wie du." Daniel sieht seine Tochter ergriffen an, streckt seine Hand aus und berührt zart ihr Händchen, das Lisa sofort ergreift.
Das Kind kommt eindeutig nach mir. Ich habe früher auch alles genommen, was ich nur kriegen konnte, hat mir meine Mutter erst gestern erzählt. „Du hast mir meine gute Figur genommen, meine Nerven, meinen Mann. Ich habe dich gewarnt. Frauen, die etwas glamouröser sind als andere, sollten keine Kinder bekommen."
„Ja Mama", habe ich geantwortet. „Ich bin aber nicht glamourös. Ich bin total durchschnittlich. Guck dir nur meine Haarfarbe an. Straßenköterblond."
Daniel sieht Lisa an, als habe er einen Regenbogen gesehen. Seine Augen leuchten, sein Mund lächelt. Und mir wird klar, dass es genau dieser Blick war, der mir bei Tobias bisher gefehlt hat.
„Erzähl mir von der Geburt, ich will alles wissen, bitte." Daniel nimmt Lisa heraus, als halte er einen winzigen Engel in Händen.
„Das Köpfchen, du musst es halten", schnell eile ich ihm zu Hilfe und unsere Hände berühren sich. Wir sehen uns an, und es ist wieder da, dieses furchtbar schöne Gefühl.
Ich setze mich schnell auf eine Bank und Daniel mit Lisa ebenso. Während ich ihm in drastischen Farben von Meyer-Geulen und Konsorten und der blutigen Geburt erzähle, beobachte ich sein Gesicht, dass nun

Wange an Wange mit dem von Lisa ist. Und wie durch ein Wunder schläft sie die ganze Zeit weiter, als wäre sie endlich angekommen.
Daniel scheint vor Mitleid mit mir und Glückseligkeit als frisch gebackener Vater überzufließen. Und ich fühle mich plötzlich, als würde ich die nächste Sekunde ohnmächtig und wie ein Reissack umkippen.
„Ich muss gehen, Lisa kriegt gleich Hunger." Ich nehme sie ihm ab, und wieder berühren sich unsere Hände.
„Dann still' sie doch hier", er sieht mich an, als wäre das das Natürlichste der Welt. Aber nicht für mich, die ich meinem Kind keine Milch geben kann.
„Ich kann nicht", bringe ich nur heraus. Lisa fängt sofort an zu schreien, ich lege sie sanft in den Wagen und schiebe davon. Daniel eilt mir hinterher.
„Bitte, Nora, wie soll das denn jetzt weitergehen? Wie?!"
„Ich weiß es doch auch nicht. Lass mir Zeit, ich kann einfach nicht mehr!"
Und er lässt mich und sieht mir mit hängenden Armen hinterher.

***

Es ist drei Uhr in der Nacht, Tobias steht nackt neben der Wiege und sieht mich genervt an. „Was hat sie denn jetzt schon wieder?"
Lisa schreit und schreit, und das, obwohl ich ihr gerade die Flasche gegeben habe.
„Ich weiß es doch auch nicht, ich bin so müde!"
„Was glaubst du, was ich bin? Ich kann mich bei der Arbeit überhaupt nicht mehr konzentrieren. Gestern

habe ich einem Mandanten zur Scheidung geraten, obwohl er wegen einer Bausache da war."
„Oh Gott. Vielleicht hat sie Blähungen?"
„Oder es sind die Zähnchen?"
„Doch nicht so früh." Ich nehme Lisa raus und laufe mit ihr im Zimmer auf und ab.
„Woher willst du das wissen, du kennst dich doch auch nicht aus." Tobias sieht mich richtig entnervt an.
"Danke. Willst du damit sagen, dass ich eine schlechte Mutter bin?!"
„So ein Schwachsinn, das ist wieder typisch Frau." Tobias wirft sich einen Bademantel über, er friert.
„Vielleicht tut ihr ja irgendetwas anderes weh?" Ich sehe das brüllende Wesen besorgt an.
„Ach, Babys schreien halt, das hat die Kinderärztin doch auch gesagt."
„Aber doch nicht so viel!" Zumindest habe ich mir das nie so vorgestellt. Obwohl Jacky immer meinte, dass sich kein Mensch vorstellen kann, wie das ist, mit einem ständig brüllenden Kind.
„Ich schlafe ab jetzt jedenfalls unter der Woche im Keller." Tobias schnappt sich Kopfkissen und Decke und geht.
„Super, du gehst einfach - und ich?!", rufe ich ihm bissig hinterher. „Ich halte das auch nicht mehr aus, ich kann einfach nicht mehr!"
Doch Tobias ist schon weg. Lisa schreit und schreit, und ich lege sie neben mich in das große, leere Bett, summe ihr etwas vor, was sie aber gar nicht hören kann, so laut ist ihre Stimme.

Am nächsten Morgen wache ich auf - durch Geschrei. Jetzt hat sie vermutlich Hunger, und ich beeile mich, das brüllende Kind in der Linken, das Fläschchen mit

rechts in der Küche zu bereiten. Doch da ich leider zwei linke Hände habe, rutscht mir das Milchpulver zu Boden und verteilt sich auf den Fliesen.
Und meine Tränen fließen auch. So habe ich mir das Mutterglück in meinen kühnsten Träumen nicht vorgestellt.
Die einsame Espressotasse in der Spüle scheint mich zu verhöhnen. Tobias ist schon zur Arbeit und ich sitze hier. Im Morgenmantel, ungeduscht und völlig ungeschminkt. Und Daniel versucht, mich am Handy anzurufen.
Gleichzeitig klingelt es an der Tür und Lisa schreit. Mit dem Kind in der Hand hetze ich zur Tür, mache sie auf, lasse meine verdutzte Mutter herein, drücke ihr das schreiende Bündel in die Hand und rase zurück in die Küche. Dort kratze ich das Milchpulver vom Boden, den Tobias zum Glück gestern Abend noch gewischt hat, werfe den Wasserkocher an und mische das lauwarme Wasser mit der Folgemilch zusammen.
„Wieso schreit sie denn so?", will meine Mutter, jetzt schon genervt, wissen. „Und wie sieht's denn hier aus? Du hast ja mal wieder gar nichts im Griff, Nora!"
„Danke, Mama, genau du hast mir jetzt noch gefehlt."
Ich nehme ihr Lisa aus dem Arm, setze mich auf einen Küchenstuhl und gebe der Kleinen die Flasche. Begierig trinkt sie und schaut mich mit ihren babyblauen Augen groß an. Sofort geht es mir wieder gut, und mein Herz hüpft.
„Du läufst herum wie die letzte Schlampe! Willst du, dass dich Tobias gleich nach drei Wochen sitzen lässt?!"
„Mama!", herrsche ich sie an, wie ich es bisher nur einmal gemacht habe, als sie mich als Teenie vor der versammelten Verwandtschaft mit 18 Jahren als alte

Jungfer, die keinen mehr abkriegt, bloßgestellt hat.
„Nora hat immer noch keinen Freund, also nach mir kommt sie nicht", hat sie damals gesagt. Und damit meinen Onkel zu der polternden Aussage gebracht: „Die Nora, die nimmt eben nicht jeden, da muss schon ein Prinz kommen, hoch zu Ross."
Und jetzt sitze ich da und habe das Problem, von dem ich damals nur träumen konnte: zwei Prinzen und sogar noch eine Prinzessin.
Was Schlafmangel und Dauergebrüll aus einer Fastvierzigerin, die aufgrund ihres Alters eh nur noch eine begrenzte Zahl an Nerven hat, machen können, ist nicht zu unterschätzen.
„Ich habe ungefähr zwei Stunden geschlafen, Lisa hat die ganze Nacht geweint, ich habe noch nichts gegessen, geschweige denn einen Kaffee getrunken …"
„Na und?", unterbricht mich meine Mutter lächelnd. „Genauso geht es so ziemlich jeder Frau, die ein Neugeborenes hat, was denkst du denn? Nur, wenn du das jemandem erzählst, kann das wirklich keiner nachvollziehen. Und sogar die, die Kinder haben, die haben das irgendwie wieder vergessen. Das ist ja das Gute. Es geht vorbei."
„Jetzt komm mir nicht wieder mit diesem Das-ist-nur-eine Phase–Geschwätz."
„Ist aber nur eine Phase. Dauert nicht mehr lange, dann kommt die Phase, wo sie kaugummikauend keinen Bock auf gar nichts haben, ihr Zimmer nicht aufräumen und die Mutter zum Kotzen finden." Sie grinst. „Liebes, geh duschen, zieh dich hübsch an, versuch einfach, immer eine wunderbare Frau zu sein. Männer mögen keine aufgedunsenen, keifenden Muttis. Oder willst du etwa das Gegenteil behaupten?"

Ich sehe sie an und weiß, dass sie recht hat. Wie vielen meiner Freundinnen ist es genau so ergangen. Diese anstrengende Baby-Anfangszeit kann die beste Beziehung ruinieren. Und jetzt endlich weiß ich, warum. Ich liebe dieses kleine Wesen über alles, aber ich bin auch nur ein Mensch. Ein 39-jähriger Mensch mit leider ziemlich angefressenen Nervensträngen.
„Also, du passt auf Lisa auf, ich geh duschen." Ich stehe auf, lege Lisa in ihren Laufstall und stelle schon mal die Espressomaschine von Saeco an.
„Ich?! Na, du machst es dir wieder leicht. Aber hurry up, ich habe eigentlich nur ein Viertelstündchen Zeit. Mein Meditations-Kurs geht bald los. Und danach habe ich ein Date. Aus einer dieser Eso-Partnerbörsen, www.Gleichklang.de. Seine Schwingungen stimmen mit meinen zu 100 Prozent überein, ist das nicht mystisch?!"
„Der Wahnsinn, Mum."

Am Abend empfange ich Tobias mit einem romantischen Candle-Light-Dinner wie aus der Werbung.
Zweimal Pizza Diabolo von Dr. Oetker, immerhin etwas Warmes. Und Tobias ist wirklich überrascht.
„Was ist denn nun schon wieder los?", begrüßt er mich alarmiert und mittelbegeistert.
„Nichts", ich lächle ihn an und hoffe, dass Lisa nicht aufwacht.
„Und was hast du überhaupt an?"
Ich sehe an mir herunter und sehe, dass mein gelbes Sommerkleid von Esprit zwar meine neue Körbchengröße betont (der Ausschnitt geht fast bis zum Bauchnabel), aber am Bauch extrem spannt.

„Shit, das sieht ja aus wie eine Gelbwurst. Das hab ich ja gar nicht gesehen."
Tobias nimmt mich liebevoll in den Arm und schüttelt lächelnd den Kopf. „Sieht super aus, und dass dein Bauch so kurz nach der Geburt nicht wieder wie früher ist, ist doch völlig normal. Du siehst wirklich klasse aus. Ich bin froh, dass du nicht eine von diesen Frauen bist, die wochenlang nach der Geburt noch im Nicki-Hausanzug rumschluffen und sich nicht schminken, damit der Mann am Abend auch ja sieht, was für ein Stressjob das Mutter- und Hausfrauendasein ist."
Ich sehe ihn baff an. Erstens hat er schon lange nicht mehr so viel am Stück zu mir gesagt und zweitens hätte ich nicht gedacht, dass Tobias doch auch nur ein Mann ist. Genau wie ihn meine Mutter beschrieben hat. Danke, Mama, denke ich und setze mich galant auf den Stuhl, schwinge ein Bein lasziv über das andere und bin froh, sogar einen Lippenstift aufgetragen zu haben. Männer sind ja so einfach zufriedenzustellen, wieso sollten wir klugen Frauen das dann nicht ganz einfach tun?
Der Abend wird wunderbar, die Pizza ist ein Genuss, und sogar Lisa, die ziemlich bald aufwacht, scheint von dem Pizzaduft ein wenig betört zu sein. Denn immerhin schreit sie nicht und lächelt uns an. Was sind wir doch für eine hübsche Werbefamilie.
Die Nacht wird ein Albtraum. Gerade als wir alle im Bett liegen, die Stimmung endlich mal wieder prickelnd erotisch wird und Tobias an meinem Ohrläppchen knabbert, schreit Lisa los. Sie ist glühend heiß und hat Fieber. Einerseits bin ich froh, weil ein Teil von mir sich immer noch hundeelend fühlt wegen Daniel, doch der andere Teil sehnt sich sehr nach Tobias, nach seinem Geruch, seinen Berührungen und seiner Kraft.

Lisa hat 40,2 Fieber, ich starre erst das Fieberthermometer, dann Tobias panisch an.
„Wir müssen ins Krankenhaus."
„Mitten in der Nacht?"
„Willst du warten bis sie stirbt?!"
„Nora, jetzt übertreib doch nicht immer so. Kleine Kinder haben oft sehr hohes Fieber."
„Ach ja, und woher willst du das so genau wissen? Wie viele Kinder hast du denn schon?"
Er sieht mich sauer und verletzt an. Fettnapf. Er kann keine Kinder bekommen, und ich reite darauf herum.
„Tut mir leid, ist mir nur so herausgerutscht. Aber was, wenn sie einen Fieberkrampf bekommt?"
„Einen Fieberkrampf? Was soll das denn sein?"
„Hatte der Kilian von Suse im Supermarkt, vor der Fleischtheke. Das Kind krampft, wie bei einem epileptischen Anfall, muss der Horror sein, sagt Suse."
„Also gut, lass uns ins Krankenhaus fahren." Tobias seufzt, steht auf, zieht seinen Schlüpfer und seine Hose an, und ich packe das Nötigste zusammen.
„Nora, wir fahren nicht vier Wochen nach Mallorca, den Föhn kannst du wirklich hierlassen."
„Und was, wenn sie Lisa dabehalten, also mich auch? Ich muss morgen unbedingt die Haare waschen."
„Deine Probleme will ich mal haben." Tobias legt Lisa vorsichtig in den Maxi-Cosi, und los geht's.

Im Krankenhaus speisen sie uns schnöde mit Fieberzäpfchen ab und schicken uns wieder nach Hause. Der Arzt, ein kräftiger Russe mit starkem Akzent, regt sich bei der etwas auseinandergegangenen Krankenschwester noch über hysterische Spätgebärende auf - ich habe es genau gehört - und sieht mir dann auf den Hintern. Erst bin ich sauer, doch dann irgendwie froh. Als ich im achten Monat schwanger und aufgedunsen war, hat mir keiner mehr hinterhergepfiffen, nicht einmal Manni von meiner Baustelle.

Am nächsten Morgen ist das Fieber weg und Lisa wieder quietschvergnügt. Ein Glück.

***

Daniel darf Lisa ein- bis zweimal in der Woche sehen. Das ist unser Deal. Natürlich hat er darauf gedrängt, natürlich kann ich es ihm nicht verwehren.
Die Übergabe findet wortkarg im Volkspark statt.
„Nora, ich habe euch so vermisst."
„Hi. Du, ich muss gleich noch ein paar Erledigungen machen, Windeln, Schnuller und so, und dann zum Frauenarzt. Ich hole Lisa hier um 15 Uhr ab, in Ordnung?"
„In Ordnung." Er sieht mich an und leidet.
„Hier ist ihre Windeltasche, mit Wechselwäsche, Fläschchen, heißem Wasser, kennst du ja alles. Wenn sie weint, dann ruf mich auf jeden Fall an, ja, vielleicht vermisst sie mich."
„Ich dich auch."
Ich ziehe mich rasch zurück.
Und Daniel versteht. Er genießt die Zeit mit seinem Kind und lässt mich sein. Es tut mir jedes Mal in der Seele weh, ihm meine Kleine zu geben, so lange getrennt zu sein von ihr. Doch ich weiß, es ist nur fair.

Die Tage und Wochen vergehen.
Ich sitze mal wieder auf dem Sofa und singe ihr vor: „Hier kommt der Sonnenkäferpapa, da kommt die Sonnenkäfermama …", und denke, während ich singe, an Daniel, ihren Sonnenkäferpapa, und wie das werden soll mit uns allen. Schnell verdränge ich den Gedanken, und eine innere Leere nimmt Besitz von mir. Wie sehr fehlt mir meine Baustelle, meine Arbeit, die auch oft stressig war, mich aber doch sehr erfüllt hat.

Ich wackle Lisa mit einem kleinen Kasper etwas vor. Aber abendfüllend ist das irgendwie nicht. Meine Maus nimmt mir den Kasper aus der Hand und wirft ihn weg.
Ich starre auf den Kasper, der jetzt unter dem Couchtisch liegt und lasse ihn liegen.
Dann bestelle ich per Mouseklick eine neue Bluse im Designer-Outlet, vermisse Jacky, die bis jetzt nur zwei Mal da war, um Lisa und mich zu besuchen, und rufe sie an.
„Wie hältst du das aus?", meine Stimme klingt irgendwie hohl.
„Was?"
„Na den ganzen Tag … nichts tun."
Jacky lacht. „Also lass das ja nicht Tobias hören, sonst kommt der noch auf die Idee, du vernachlässigst sein Kind."
„Ist nicht sein Kind." Ich kann es mir einfach nicht verkneifen.
„Ich weiß, du dumme Nuss. Du weißt genau, was ich meine. Männer glauben doch wirklich, mit Kind zu Hause, das ist total easy, fast wie Urlaub."
„Ist es aber nicht. Sie hält mich ganz schön auf Trab. Aber das meine ich nicht. Ich bin so froh, dass es sie gibt, aber …"
„… du brauchst was für den Kopf, stimmt's?" Jacky kennt mich einfach zu gut.
„Stimmt. Das hätte ich nie gedacht!"
„Geht vielen Frauen so. Die wenigsten gestehen es sich selbst ein. Was glaubst du, wie ich manchmal durchdrehe. Den ganzen Tag nur Duziduzi, und sonst nur das Müttergequatsche aufm Spielplatz. Du hast wenigstens noch 'nen Mann, mit dem du abends normal reden kannst."

„Kann ich nicht."
„Wie, kann ich nicht?"
„Tobias ist in letzter Zeit so … keine Ahnung … wie ein Fisch."
„Stumm und glotzt nur?"
„Ja, irgendwie. Und Daniel ruft die ganze Zeit an und redet so viel. Und erzählt Lisa Geschichten …"
„Pffhhh", Jackys Stimme wird eindeutig kühler. „Wie oft triffst du denn den?"
„Na, ein-, zweimal die Woche, wie ausgemacht. Ist ihm eh schon viel zu wenig. Und mir zu viel."
„Pffh. Was sagt Magda denn dazu?"
„Wieso Magda?"
„Na, die ist doch jetzt deine neue Nr. eins. Immer wenn ich da war, war sie auch da."
„So ein Bullshit, das war Zufall. Sie wohnt halt hier in der Siedlung. Und ist total nett und versteht mich. Und man kann ja wohl mehrere Freundinnen gleichzeitig haben."
„Aber nur eine Beste. Und sie war dabei, bei Lisas Geburt."
Stille am anderen Ende der Leitung, und auch ich halte den Atem an. Dann ein Klick und Jacky hat aufgelegt. Lisa weint, und ich weine mit.

Als Tobias am Abend nach Hause kommt, gibt er mir einen Kuss auf die Stirn, Lisa aber nicht.
„Ich hab Tomaten, Mozzarella und ein Baguette gekauft", sage ich bemüht fröhlich.
„Ach schön, aber ich habe leider schon gegessen. Wir haben doch eine neue Kollegin, hab ich das schon erzählt? Die hat ein paar Hors d'oeuvre spendiert, zum Einstand."

„Ah." Eine neue Kollegin, denke ich, und stelle sie mir gertenschlank und bildhübsch vor.
„Wie sieht sie denn aus?"
Tobias verdreht innerlich die Augen. „Dicker als du und keine schönen Beine."
„Was heißt denn dicker als ich? Heißt das, du findest mich dick?"
Tobias schaltet N24 an und wirkt sichtlich genervt.
„Nora, du drehst ja eh alles so, wie du es willst. Ich habe heut Nacht kaum geschlafen bei dem Gebrüll, und ich hatte einen wirklich anstrengenden Tag."
Zack, legt er seine Beine auf den Couchtisch und starrt stumm in die Glotze.
Horsd'oeuvre essen und hässliche Beine anschauen, das nennt er anstrengend?! Das heißt also faktisch, er hat ihr auf die Beine geschaut und ihren Körper abgescannt? Welche Körbchengröße, und ist sie wohl gut im Bett? Ich weiß, dass ich spinne, aber ich drehe am Rad.
„Willst du gar nicht wissen, wie es heute mit Lisa war?"
„Doch, klar. Wie war es?"
„Sie hat den Kasper in die Hand genommen und weggeworfen."
„Ach ja?"
„Und ein bisschen Flitzekacke hat sie. Ich mache mir Sorgen."
Wieder dieser Blick. „Nora, das ist doch nicht schlimm."
„Das nicht. Aber dass du dich überhaupt nicht mehr wirklich für mich oder Lisa interessierst!" Ich sehe ihn verletzt an, er schaltet den Fernseher ab und steht auf.
„Nora, ich kann auch nicht mehr."
„Was kannst du nicht mehr?", ich sehe ihn ängstlich an.

„Ach alles. So tun, als ob es mein Kind wäre. Sie ist es einfach nicht. Akzeptieren, dass *er* sie ständig sieht, dass er dich sieht. Es geht einfach nicht. Ich kann Lisa nicht als mein Kind annehmen, so gern ich es will."
Er schnappt sich seine Joggingschuhe und geht.

Und meine kleine, schöngeredete Welt bricht wie ein schlecht gestapeltes Kartenhaus in sich zusammen.
Lisa ist mein ganzer Halt. Ich liebe sie so, und egal was passiert, wir zwei werden für immer zusammen sein. Und egal, wie kompliziert das mit den Männern wird, ich habe sie und bereue nichts.
Ein heulendes Elend bin ich trotzdem.

***

Mit der schlafenden Lisa im Arm, stehe ich weinend vor Magdas Tür. Zum Glück ist sie da, aber besonders begeistert über meinen spontanen Besuch scheint sie nicht zu sein.
„Nora, du schon wieder. Und schon wieder Tränen. Tut mir leid, hier ist auch gerade dicke Luft. Ines zickt rum, ich glaube fast, sie kommt so langsam in die Wechseljahre."
„Oh je. Ich will auch gar nicht stören. Bin schon wieder weg." Ich drehe mich um und wische mir schnell eine Träne ab.
„Warte, was wolltest du denn?" Magdas Stimme klingt so, als wäre sie mit den Gedanken bereits ganz woanders.
„Ach, kümmere du dich erst mal um Ines. Wir können ja die Tage quatschen. Und bitte vertragt euch wieder, ja?"
„Nicht so leicht mit einer komplett hormonverdrehten Frau. Endlich versteh ich die Männer." Magda lächelt, und ich lächle bemüht zurück.
Und ich verstehe Tobias auch sehr gut. Das ist ja das Merkwürdige. Ich bin zutiefst verletzt und enttäuscht und würde ihm am liebsten wild auf die Brust trommeln. Ich beschließe, ihm Zeit zu geben.
Rasch gehe ich mit Lisa nach Hause und packe für uns ein paar Sachen in einen Koffer. Windeln, Lätzchen, Weleda-Popo-Creme, Strampler, Fläschchen, Beba-Milchpulver ... Himmel, da bleibt ja für meine Schuhe gar kein Platz mehr. Und zum ersten Mal in meinem Leben habe ich nicht das Gefühl, für jede erdenkliche Gelegenheit ein paar Schuhe zu benötigen. Meine weißen Asics-Tiger-Turnschuhe mit den grünen

Streifen reichen völlig, der restliche Platz in meinem Leben wird mit Milchpulver und Windeln gefüllt.

Lisa im Boogaboo und den Rollkoffer in der anderen Hand, mache ich mich auf zur S-Bahn und bete, dass sich Jacky unser erbarmen wird.

Ich fühle mich einsam wie eine Palme auf einer kleinen Insel, kaufe in einer Apotheke noch eine Packung Oropax für Jacky und schiebe den Kinderwagen verzweifelt auf Jackys Haus zu, über das holprige Kopfsteinpflaster.

Die alte Frau Piske kommt gerade mit ihrem Dackel zur Haustür heraus, sieht mich mit dem Kinderwagen und Koffer bestätigt an, rückt ihre Perücke zurecht und kneift die Augen.

„Ach nee, zu Hause rausjeflogen? Zwee Männers waren wohl doch eener zuviel, wa?"

„In der Tat", sage ich traurig, und sie tätschelt mir die Wange.

„Det wird schon. Wir Weibsbilder, wir sind ja stark. Wer hat die janzen Trümmer nachm Krieg wegjeschafft? Also."

Ich lächle sie durch einen Perlenvorhang an und weiß, dass sie recht hat. Gestärkt gehe ich ins Treppenhaus, lasse den Boogaboo unten stehen, setze Lisa in den Ergo Carrier und zerre den schweren Koffer eisern hinauf. Bitte, lieber Gott, lass Jacky da sein. Sonst bin ich verloren.

Lisa gluckst, ihr scheint die Reise in unser unsicheres Leben richtig Spaß zu machen.

Ich klingle, und Jacky macht sofort auf: im schwarz-orange Spitzen-Negligé und mit einem verführerischen Lächeln auf den Lippen. Ihr Lächeln gefriert, und wir starren uns beide fassungslos an.

„Wie siehst du denn aus?", entfährt es mir kichernd.

„Und was machst du jetzt hier?!", entgegnet sie sauer. „Werner kommt in zwei Minuten, Gregor ist noch eine Stunde in der Kita und ich hab jetzt keine Zeit für …", sie spreizt ihre Finger: „Ach, ich weiß einfach nicht, ob ich den Jüngeren oder doch den ollen Tobias nehmen soll!" Sie verdreht ihre Augen.

Mein Kichern hat sich in ein hysterisches Räuspern verwandelt. „Schön zu wissen, wie du über mich denkst."

„Das weißt du ganz genau. Also, was ist los? Hast du Tobias verlassen und willst jetzt etwa hier pennen?" Sie sieht mich an, als würde ich von ihr verlangen, in ihrem Negligé einmal durchs Müttercafé in Mitte zu spazieren.

„Nein, will ich nicht."

„Willst du doch. Komm schon rein." Sie lächelt mich an und öffnet weit die Tür.

Eine beste Freundin zu haben, ist das Beste, was es gibt auf der Welt. Auch, oder gerade, wenn sie einem knallhart sagt, was sie von einem hält.

Eine Minute später, ich habe Lisa in Gregors Babywippe von Baby Björn gelegt, die wunderbar beruhigt, und bin gerade mitten am Erzählen, da klingelt es erneut. Jacky, die aufgrund meines Redeschwalls noch nicht dazu gekommen ist, ihr Negligé auszuziehen, und ihr Outfit offenbar auch völlig vergessen hat, öffnet Werner so. Der arme Mann starrt erst sie in schwarzer Spitze und dann mich, die ich im Hintergrund auf dem Sofa sitze und bemüht lächle, fast schon panisch an.

„Ihr wollt … einen Dreier?!", entfährt es ihm überfordert, und wir prusten los.

„Oh ja, komm rein", lacht Jacky, zieht ihn gespielt verführerisch zu sich und gibt ihm einen dicken Kuss.

„Natürlich nicht. Nora ist nur vor Tobias geflohen. Aber warum genau, das erzählt sie gerade, jetzt komm schon."

Jacky wirft sich eine Norweger-Strickjacke mit Zopfmuster über und zieht Werner ins Wohnzimmer.

„Hi", quetscht er heraus, mit einem irritierten Seitenblick auf Jackys abstruses Outfit.

„Hi. Tut mir leid, dass ich euer Date störe, aber ...", ich breche verzweifelt ab.

„Was ist denn?", will Werner einfühlsam wissen und setzt sich zu mir.

Ich sehe Jacky an und freue mich für sie, dass sie so einen sensiblen, netten Kerl abgekriegt hat.

„Wieso bist du überhaupt hier", lenke ich von meinem eigenen Drama neugierig ab. „Du hattest dich bei Jacky doch wochenlang nicht mehr gemeldet?"

Jacky und Werner lächeln sich an, nehmen sich bei der Hand und wirken sehr sehr glücklich.

„Tja, das war genau so, wie wir Mädels es uns immer einreden, wenn ein Typ plötzlich keine SMSe mehr schreibt", beginnt Jacky strahlend. „Werner lag nach einem Unfall im Krankenhaus, ist das nicht genial?!"

Ich sehe sie an und zweifle an ihrem Verstand.

„Also, ich meine natürlich nicht, dass er einen Autounfall hatte, aber so schwer war der gar nicht. Paar Rippenbrüche eben. Aber was ich meine, er konnte sich deshalb nicht melden, weil sein Akku alle war!"

„Nein!", entfährt es mir begeistert. „Das ist ja wunderbar! Also eben nicht, dass du im Krankenhaus warst, Werner, aber dass du doch nicht so einer bist."

„Was für so einer?", will Werner wissen, aber Jacky und ich lächeln uns nur verschwörerisch an.

„Und", fährt Jacky glücklich fort, „Werner ist *total* süß zu Gregor, und wenn man es nicht wüsste, würde man meinen, er ist sein richtiger Daddy."

„Echt?" Ich sehe die beiden an und Tränen kullern mir über die Wangen.

„Nora, shit, hab ich was Falsches gesagt? Ja, hab ich, logisch, ach komm, meine Süße." Sie nimmt mich in den Arm und drückt mich ganz feste.

„Wieso kann Tobias das nicht?", schniefe ich in ihre Strickjacke, und Werner steht leise auf.

„Ich hol dann mal Gregor aus der Kita ab und dreh noch 'ne Runde mit ihm im Park, okay?"

„Du bist ein Schatz", lächelt ihn Jacky verliebt an, und ich schniefe erneut.

Werner schickt ihr noch schnell ein Luftbussi und geht.

„Was mach ich denn jetzt, wo soll ich denn hin, hier stör ich euch doch nur?!" Ich bin sichtlich verzweifelt. Aber Jacky lässt das nicht zu.

„Weißt du was, Schnegge, ich könnte doch 'ne Zeit lang mit Gregor zu Werner ziehn. Wir haben sowieso schon übers Zusammenziehen nachgedacht. Also zumindest ich, und dann kannst du solange mit Lisa hier in meiner Bude wohnen."

„Wirklich? Ich meine, das würdest du für uns tun?!" Ich sehe sie an und fühle mich endlich wieder geborgen.

„Klaro. Und ich hoffe mal, dass du das auch für mich tust, wenn ich in ein, zwei Jahren bei Werner rausfliege, weil ich immer meine BHs über den Türklinken hängen lasse."

„Ach, jetzt hör aber auf. *Du* bist die alte Pessimistin von uns beiden! Das mit Werner geht gut. Ihr passt zusammen."

„Meinst du?"

„Klar. Der lässt hundertpro auch seine alten Socken überall rumfliegen." Ich grinse. „Der hat Verständnis für Chaos-Frauen."
Jacky lächelt verliebt, sieht mich dann aber wieder mit diesem Blick an, der besagt: Aber bei Männern weiß man nie.
„Das macht das Leben doch erst spannend. Das man nie weiß, was alles kommt."
„Ach super, jetzt reicht's aber wieder mit schlauen Sprüchen, Nora. Pack du deinen Koffer aus, ich pack meinen ein."
Ich stapele die Windeln im Bad und erzähle von Daniel. „Er ist wirklich niedlich mit Lisa. Er liebt sie sehr."
„Klar, ist ja auch sein Kind. Außerdem weiß er ganz genau, dass er dich damit weichkochen kann." Jacky sieht das Ganze gleich wieder pragmatisch.
„Ja. Weiß er. Er ist einer der Männer, die ganz genau wissen, was Frauen hören wollen. Und das Schlimme ist, ich falle auch noch drauf rein. Und das in meinem Alter! Also, ich meine, inzwischen schmelze ich nicht mehr blind dahin, aber zu Beginn, als wir uns kennen gelernt haben …"
Jacky sieht mich an und ich schüttle den Kopf.
„Nein, wirklich nicht. Ich bin über ihn weg."
„So, so. Bist du denn immer dabei, wenn er Lisa sieht?"
„Bist du verrückt? Ich geh in der Zeit shoppen, zur Ganzkörper-Massage, Maniküre Pediküre … Nein. Ich will so wenig wie möglich mit ihm zusammen sein. Sicher ist sicher. Zwei Väter zu haben ist übrigens gar nicht so schlecht, man hat öfter mal ein paar Stunden für sich." Ich rede es mir ein und glaube es selbst.

Doch dann schüttelt Jacky nur mitleidig den Kopf.
„Süße, wenn ich das richtig kapiert habe, hast du keine zwei Väter mehr. Tobias ist raus aus dem Spiel."
Ich nicke und starre Lisa schmerzerfüllt an. Denn mir wird bitter bewusst, dass ich Tobias verloren habe, für immer.

***

Die kleine Wohnung von Jacky wird die nächsten Wochen unsere schützende Höhle. Die vielen Spielsachen von Baby Gregor begeistern Lisa - und sie mich. Ihr Lächeln lässt tatsächlich viel vergessen, und ich weiß spätestens jetzt, wieso Frauen nach einer derart blutig-wüsten Geburt doch noch hin und wieder ein zweites Kind bekommen wollen. Weil sie einfach unendlich süß und herzig sind, diese kleinen Monster. Auch wenn sie, wie Lisa in diesem Moment, eine volle Flasche Olivenöl vom Tisch schubsen! Die Flasche zersplittert in winzige Teile, das Öl ergießt sich über Jackys Küchenfußboden und Lisa patscht rein, winkt mit ihrer Rassel und lacht! Halleluja.

Die Höhle schützt nicht vor Daniel. Er dringt nach und nach in sie ein, nimmt mir mein Baby weg und bringt mich um den Verstand. Jedes Mal, wenn er Lisa abholt, bringt er mir neuerdings eine Aufmerksamkeit mit. Sei es eine eigens für mich gebackene Himbeertarte, eine wunderschöne Blume oder ein besonderer Stein. Jedes Mal erzählt er mir dazu eine inspirierende Geschichte und duftet gut.
„Lass uns zusammenziehen, Nora", sagt er mit diesem Blick, als ich Lisa gerade das Mützchen aufsetze.
„Auf keinen Fall", antworte ich sofort.
„Ihr bekommt ein eigenes Zimmer, in meiner Wohnung; sieh es als WG."
Ich sehe ihn an und schüttle stumm den Kopf.
„Bitte, ich will jede Sekunde mit dir und mit Lisa verbringen. Das geht alles so rasend schnell, ich verpasse so viel."

„Komm mir jetzt nicht mit: du hast ein Recht darauf."
Meine Stimme wird harsch, ich verspüre Angst.
„Nein, Nora, ich bin nicht Tobias, dein Anwalt."
Wir sehen uns an, und ich höre ein Flugzeug über mir.
„Ich muss Windeln kaufen", flüstere ich, drücke ihm die Windeltasche und den Schnuller in die Hand, gebe Lisa noch einen zärtlichen Kuss und gehe rasch los.

Am Himmel haben sich dunkle Wolken gebildet und es fängt an zu regnen. In der Eile habe ich keinen Regenschirm eingesteckt und werde pitschnass. Mein T-Shirt klebt auf meinem BH und ich sehe aus, als hätte ich beim Miss Wet T-Shirt contest den 25. Platz gewonnen. Meine Haarsträhnen kleben mir platt im Gesicht und meine Wimperntusche von Alverde, die bio, aber nicht wasserfest ist, rinnt mir in Sturzbächen die Wangen herunter.
Just in dem Moment kommt mir Tobias mit seiner attraktiven, brünetten Anwaltskollegin, der „Dicken" mit den „Stampferbeinen", lachend entgegen. Sie hat natürlich eine um Welten bessere Figur als ich und makellose Beine. Keine Besenreiser, keine sportlichen Radlerwaden, wie Tobias meine Knubbelwaden immer liebevoll genannt hat.
„Nora, du hier?" Tobias lächelt mich verkrampft an, und ich weiß nicht, ob er nur nett sein will oder ob er sich innerlich totlacht über mein Aussehen. „Darf ich vorstellen, das ist meine Kollegin, Patrizia von Bernstein."
Patrizia von Bernstein?! Das klingt ja mindestens wie eine Kronprinzessin aus irgendeinem Märchen, schießt es mir durch den Kopf?!
„Und das ist ..." Tobias hält inne, da er offensichtlich nicht weiß, wie er mich betitulieren soll.

„Nora. Nora Blume", helfe ich ihm schnell, eher um Schlimmeres zu verhindern.
Patrizia von und zu streckt mir mit einem charmanten Lächeln ihre grazile Hand hin, sieht dabei aber nicht mich, sondern Tobias an, wie ich gerade missmutig feststelle. Der lächelt charmant zurück, und ich koche vor Wut. Tobias wendet sich wieder an mich.
„Tut mir leid, Schneck ... ich meine, Nora, wir sind etwas in Eile, wir haben einen Termin mit einem wichtigen Mandanten in der Kanzlei."
„Klar, ich auch. Ich meine, ich bin auch in Eile. Ich muss noch ... Windeln kaufen", füge ich extra hinzu. Denn er hat keine Sekunde gefragt, wie es Lisa geht, und das hat mich wirklich verletzt.
„Wie geht es denn eigentlich ..."
„Also dann", unterbreche ich ihn grimmig, „du weißt ja, wie eilig das oft ist." Und weg bin ich. Ich spüre seinen Blick in meinem Rücken und einen tiefen Stich.

Daniel ist mit Lisa im Volkspark spazieren, und ich habe Sehnsucht nach meiner Kleinen. Ich ziehe mir schnell in Jackys Wohnung die nassen Sachen aus und gehe zu ihr. Von weitem sehe ich Daniel, wie er Lisa wie Karlsson vom Dach fliegen lässt und lustige Geräusche dazu macht. Lisa hat Spaß und wedelt mit ihren Händchen, und als sie dann mich erblickt, quietscht sie los. Daniel sieht mich und strahlt.
„Du hast uns vermisst", sagt er glücklich und küsst sein Kind. „Guck mal die Enten, Lisa, da ist der Enten-Papa, das da ist das Enten-Baby, und da ... die Enten-Mama." Lisa gluckst.
„Ich wollte doch nur ...", aber ich breche ab. Was wollte ich denn? Wieso um Himmels Willen bin ich

hierher gekommen, und das vor der verabredeten Abholzeit?!
„Du bist da, weil du weißt, dass *wir* deine Familie sind", vervollständigt Daniel meinen Gedanken. „Lass uns morgen einen Ausflug machen. Mit Lisa, ein bisschen Boot fahren, das gefällt ihr bestimmt."
Ich sehe ihn zögerlich an und weiß genau, was er will.
„Ich hole euch um zehn Uhr ab. Mit Proviant. Lisa liebt Wasser und du doch auch."
„Ja, sie liebt Wasser", höre ich mich sagen und lächle Lisa an, die sich an ihren Papi kuschelt. Hauptsache, ihr geht es gut.

Am nächsten Morgen fährt Daniel fröhlich hupend in seinem VW-Bus vor, einen Picknickkorb voller Köstlichkeiten dabei.
Ich fühle mich in seiner Nähe wohl und Lisa auch. Lang war sie nicht so ausgeglichen, lang hat sie nicht so selten geweint. Das Radio dudelt „Always on my Mind", von Elvis Presley, gefolgt von Rosenstolz, "Liebe ist Alles".

Wir paddeln auf einem Ruderboot auf dem Wannsee herum, essen Feigen-Johannisbeer-Quiche, und die Sonne scheint.
Ganz zufällig rudert Daniel genau an der Stelle vorbei, an der wir das erste Mal so leidenschaftlich miteinander geschlafen haben. Die so perfekt weggedrückten Gefühle sprießen wieder hervor, wie ein lila Krokus im Frühling, und ich frage mich, wo überhaupt mein Problem ist. Ich habe das hübscheste, tollste Kind der Welt, sein Vater liebt mich über alles, ist dazu noch jung und gut aussehend und will unbedingt mit mir, trotz Knubbelwaden, Bauch- und sonstigen Falten,

zusammenziehen. Und ich fürchte, ich liebe ihn auch. Wo also, bitteschön, ist mein Problem? Und plötzlich ist es, was auch immer es war, wie durch eine angenehme Brise weggeweht.

„Du hast also wirklich ein Zimmer für uns frei?", frage ich das, was ich nie gedacht hätte, jemals einen Mann zu fragen.

Daniel nickt und strahlt, und ich mache Nägel mit Köpfen. Denn ich weiß, dass es zwischen Jacky und Werner nicht wirklich optimal läuft. Werner hatte sich doch ziemlich überfahren gefühlt, da nur Jacky über das Zusammenziehen nachgedacht hatte und nicht er. Jetzt fühlt er sich wohl etwas „eingeengt", wie mir Jacky bei unserem letzten Mittwochslunch verraten hat. Sie will weiter bei ihm wohnen, da sie der Meinung ist, wenn das nicht klappt, dann hat es auch keinen Sinn. Ich bin aber eher der Meinung, wenn es Männern zu schnell zu eng wird, tritt ihr Fluchtinstinkt zutage. Das ist normal, und soweit muss man es ja nicht kommen lassen.

„Also gut", höre ich mich sagen. „Dann ziehe ich aber ganz zu dir. Mit all meinen Schuhen." Ich sehe Daniel ganz genau an.

„Perfekt", sagt er strahlend und glücklich und küsst meine Hand. „Und wann?"

Ich lächle. „Wie wär's mit morgen?" Soviel zum Thema: Männer darf man auf keinen Fall überrumpeln.

Lisa ist im schaukelnden Boot eingeschlafen, und wir stoßen gerade an Land. Daniel gibt ihr einen sanften Kuss auf das Näschen, macht das Boot mit einem Seil an einem Ast fest, nimmt mich lächelnd bei der Hand und führt mich ans Ufer. Dort tanzt er freudig mit mir umher, und ich lasse mich führen. Ein paar Fußgänger sehen herüber, lächeln sich an, und ein älteres, weißhaariges Paar, gibt sich nach bestimmt 20 Jahren wieder mal einen innigen Kuss.

Ich mache Nägel mit Köpfen. Ich lasse Lisa bei Daniel, fahre in unser Häuschen, um meine restlichen Sachen zu holen. Tobias ist nicht da, aber ich habe ihm eine SMS geschickt, er wird vermutlich bald kommen.
Erschüttert sehe ich mich in unserem Traum vom Haus um. Wie schnell sich Träume ändern können. Mache ich auch wirklich das Richtige?! Oder macht Daniel etwas mit mir? Haben mir seine jugendlich-leichten Komplimente mal wieder den allzu romantischen Kopf verdreht?
Zitternd packe ich Kiste um Kiste, noch chaotischer als sonst. T-Shirts, Nagellack, Lisas Kuschelkissen, noch ein paar Strampler, meine rot-weiß gepunkteten Ballerinas. Tobias müsste jede Minute da sein, und ich habe riesige Angst, ihn zu sehen. Aber ich weiß, ich muss mich ihm stellen. Da höre ich seinen Schlüssel im Schloss.
Ich stehe auf, sehe mich im Spiegel an, sehe eine innerlich strahlende Frau und glückliche Mutter und bin beruhigt. Ich atme hörbar ein und aus und gehe, mit einem offenen Umzugskarton in der Hand, zu ihm, die Treppe hinunter.
Tobias sieht mich traurig an, und meine rot-weiß gepunkteten Ballerinas, die ich getragen habe, als ich ihm gesagt hatte, dass ich schwanger bin, rutschen aus dem Karton.
„Du willst also wirklich zu ihm ziehen?" Tobias starrt auf die Schuhe, als habe er es insgeheim schon lange gewusst.
„Ja ... es ist ... er liebt Lisa, weißt du. Und ... du kannst es ja leider nicht ... so gut."

Tobias nickt, geht wie ein geprügelter Hund mit hängenden Schultern zum Sofa und lässt sich langsam darauf nieder.
„Es tut mir leid, ich wollte das nicht ... so sagen, Tobias, ... wirklich."
„Schon gut. Ich weiß, was du durchmachst, Schnecki." Er sieht mich traurig an.
Und plötzlich fühlt sich mein Magen an, als wäre er zugenäht.
Dann blickt er ernst auf. „Wir müssen das alles noch regeln, demnächst. Wegen des Krediets und so. Ich würde es lieber erst mal nicht verkaufen, das Haus. Wegen der Wertsteigerung."
„Ich auch nicht." Meine Stimme wird brüchig.
„Kann ich denn dann, der Einfachheit halber, erstmal hier wohnen bleiben? Oder wollt ihr hier einziehen, als Familie?" Tobias versucht, seine Stimme ruhig klingen zu lassen, aber sie zittert.
„Was, nein, natürlich kannst du hier bleiben. Ich fände das sogar sehr schön."
Er nickt, nimmt ein Plüsch-Schaf von Lisa in die Hand, klammert sich daran fest. „Weißt du, ich liebe sie schon, natürlich, sie ist ja so süß, aber eben nicht ... genug vielleicht."
„Ich weiß, Schatz, ich meine, ich weiß." Wir sehen uns an und sind beide unendlich traurig. Dann steht er schnell auf, legt das Schaf ordentlich aufs Sofa, nimmt seine Joggingschuhe in die Hand und geht.
Ich fröstle, packe rasch die restlichen Sachen zusammen, telefoniere mit ausgebuchten Umzugsfirmen und finde endlich eine, die schon morgen kann.
„Is ja janz schön spontan. Sind Se uff der Flucht?", sagt die Dame am anderen Ende der Leitung.

„Vielleicht."
Sie kichert. „Vor `nem Typen oder vor sich selbst?"
„Gute Frage", antworte ich und werde unsicher. „Aber was geht Sie das überhaupt an?!"
„Nischte, sorry. Is ihr Leben. Was glauben Sie, was wir schon alles erlebt ham. Einzug, Auszug, Wegzug." Sie lacht.
Morgen ziehe ich mit Lisa zu Daniel, und ich habe Angst, dass das vielleicht nicht die glorreichste Idee meines Lebens sein wird.

Die Möbelpacker, eine Horde sympathischer Ex-Knastis, packen fleißig mit an.
„Ach det ham wer oft, so'n Umzug aus'm Reihenhäuschen. Welche Ehe hält denn heutzutage noch länger als vier Jahre? Nach `n paar Jahren hat man seine Olle doch satt. Und den Ollen würde man am liebsten uff`n Mond schießen." Er lacht.
Ich sehe den Kerl an, der aussieht, als habe er mindestens seine Schwiegermutter ermordet und frage mich, ob er recht hat.
Nein, ich habe Tobias nicht satt. Ich kann ihn immer noch gut riechen, mag sogar den Geruch seiner Füße, nachdem er sie aus den dampfenden Joggingschuhen geschält hat, verzeihe ihm, wenn er seine Espressotasse in die Spüle stellt, statt in die Spülmaschine oder, wenn er nach dem Duschen das nasse Handtuch einfach auf den Boden fallen lässt, als wäre er in einem Hotel und das Zimmermädchen, also sprich ich, räumt es dann ja eh irgendwann weg.
Ja, mich hat das alles oft aufgeregt, aber nein, das war wirklich kein Grund, alles einfach hinzuwerfen. Das, was unsere schöne Beziehung getötet hat, das war meine Panik, 40 zu werden und irgendetwas im Leben

zu verpassen. Und ich hatte ja recht. Zumindest für mich persönlich. Ein Leben ohne Kind kann und will ich mir einfach nicht mehr vorstellen. Sicher hätte ich dann weniger Augenringe und bessere Nerven, würde weniger hysterisch rumkeifen und wäre ausgeglichener. Aber Lisa würde mir einfach unendlich fehlen.

„Soll die olle Yucca-Palme och mit?", ruft ein Ex-Knacki gerade. Ich stehe vor dem Laster und überlege. Plötzlich tritt Magda zu mir, mit einer Schale roter Tomaten in der Hand und einem unendlich traurigen Gesicht.

„Du ziehst also wirklich weg von uns? Weg aus deiner Himbeersiedlung?"

„Ich … ja, ich fürchte ja."

„Hab ich mir fast schon gedacht." Sie lächelt mich an, aber ihr Lächeln ist nicht wie sonst.

„Alles klar bei dir?" Ich sehe sie forschend an.

Und sie schüttelt den Kopf. „Ich hab einen Tumor, in der rechten Brust", flüstert sie leise. „Und sie wissen noch nicht, ob gut- oder bösartig. Sie wollen operieren, und mir die Brust abnehmen!"

Schockiert und fassungslos starre ich sie an.

„Was?!", hauche ich, „das ist ja schrecklich!"

Magda nickt und überspielt mit einem Scherz. „Wie sieht denn das aus, nur eine Brust. Und das bei meinem Vorbau, hab ich gesagt!"

„Komm, lass uns einen Kaffee trinken und reden." Ich hake sie unter, doch sie macht sich los.

„Schon gut, die Kerle warten auf dich. Wir können uns ja nach der OP mal treffen, in der Stadt. Die OP ist nämlich schon übermorgen."

„Übermorgen?!"

„Also wat is nu? Yucca-Palme sieht scheiße aus, die kommt auf'n Müll", entscheidet der Ex-Knasti. Der Möbelwagen ist voll.

Magda nickt mir, die ich immer noch unter Schock stehe, aufmunternd zu, und ich biete ihr an, bei der OP dabei zu sein, wie sie bei mir, bei Lisas Geburt.

„Das ist total lieb, Nora, aber das will ich nicht. Ines ist da und hält mein Händchen, und sie ist ja zum Glück kein Mann, für den Brüste das Allerwichtigste sind an einer Frau. Also viel Glück, Nora, mit Daniel, ich wünsche dir wirklich, dass er der Richtige ist, für dich und Lisa."

Sie drückt mir noch die Tomaten in die Hand, umarmt mich und geht rüber auf ihre Veranda.

Wie in Trance starre ich den voll bepackten Wagen an und wundere mich, wie viel unwichtiges Zeug ich in meinem ganzen Leben gesammelt habe. Dann quetsche ich mich zu den Jungs in die Fahrerkabine, denn ein eigenes Auto habe ich ja jetzt nicht mehr – und denke die ganze Zeit an die arme Magda.

Als wir mit dem Möbelwagen vor dem Bistro von Daniel ankommen, habe ich sofort ein ungutes Gefühl. Denn Florence, seine Angestellte, eine Anfang 20-jährige, hübsche, braungelockte Französin, kommt mir mit der schreienden Lisa auf dem Arm entgegen. Ich bin sofort bei meiner Süßen, nehme sie in den Arm und wiege sie sanft.

„Pscht, Mama ist ja wieder da. Wo ist denn Daniel?"

Florence zuckt genervt die Schultern und plappert los, in ihrem französischen Akzent. „Zum Großmarkt, und er hat vergessen sein Handy. Isch hatte noch nischt mal Flasche für Bébé."

„Was?!" Ich sehe sie wütend an.

„Isch habe ihr so Wasser gegeben. Aus einer Boule."
Florence zuckt gleichgültig die Schultern, sie hat ganz offensichtlich kein gesteigertes Interesse an Kleinkindern, was ich in ihrem Alter auch nicht hatte und sehr gut verstehen kann.
„Isch muss in Bistro."
„Verstehe. Aber, ach Florence, können Sie mir bitte den Schlüssel für die Wohnung oben geben?"
Florence schüttelt bedauernd den Kopf. „Haben wir nischt im Bistro."
„Na prima, und wann wollte Daniel wieder hier sein?" Ich spüre die Blicke der Ex-Knastis in meinem Rücken.
„Eigentlich schon vor einer halben Stunde. Aber so ist er halt."
Florence lächelt den Jungs zu, die ihr nachschauen und geht ins Bistro.
Ich stehe da und der Satz „So ist er halt" hallt in meinem Kopf wider. Was habe ich getan? Ich kenne diesen Menschen überhaupt nicht.
„Wat`n nu, wohin mit dem Pröddel, junge Frau?"
Junge Frau werden normalerweise ältere, runzlige Damen genannt, um ihnen etwas zu schmeicheln. Ich bin sofort auf 180.
„Nennt mich nie wieder junge Frau und ladet einfach alles aus, lasst es hier stehen und haut ab!", schreie ich ihn an, und Lisa schreit mit. Ich fange plötzlich an zu schwitzen, als wäre ich mitten in den Wechseljahren. Und statt bunter Schmetterlinge habe ich eine Stinkwut im Bauch.
Der Kerl guckt mich mitleidig an. „Hey, hey, hey, janz schöne Scheiße, wa. Wir könnten auch alles wieder in det Reihenhäuschen kutschiern. Sind wer jewohnt."
Für den Bruchteil einer Sekunde bin ich versucht zu nicken. Doch genau in dem Moment biegt Daniels

VW-Bus um die Ecke. Daniel springt raus, rennt auf mich zu, fällt vor mir auf die Knie und entschuldigt sich tausendmal mit ziemlich glaubwürdigen Erklärungen. Und er schafft es, mit seiner charmanten, lockeren Art, nicht nur meinen flammenden Zorn zu besänftigen, sondern auch die Ex-Knastis dazu zu bringen, ihn zu mögen.

Und nachdem alle Kisten ausgepackt sind, sitzen wir in der untergehenden, glutroten Abendsonne, essen französischen Käse und trinken zusammen einen köstlichen Bordeaux.

***

Es wird schwer, meine ganzen Klamotten, Schuhe, Kosmetika und vor allem Lisas ganze Babyausstattung, die ich mit Tobias sorgsam und liebevoll zusammengetragen hatte, in Daniels kleine Wohnung zu quetschen. Es scheint, als passten wir einfach nicht in sein Leben. Und ich frage mich ernstlich, ob mir dies jetzt irgendwie zu denken geben muss.
Kisten werden in den Keller verbannt, da es sonst unerträglich eng werden würde. Und am Abend bin ich so groggy, dass ich mich gerne von Daniel verführen lasse.
Wir haben zum ersten Mal seit unserer „Affäre" vor Lisas Geburt wieder Sex. Aber da ich inzwischen eine chronisch übermüdete Mutter bin, die gerade einen heftigen Umzug hinter sich hat, bin ich platt wie eine Flunder und lasse mich einfach verwöhnen. Danach habe ich sofort ein schlechtes Gefühl. Ich frage mich, ob er meine Dammschnitt-Naht gesehen hat, oder ob er meinen Bauch zu weich findet. Aber das alles scheint ihm ganz egal zu sein.
Daniel trägt mich und Lisa die nächste Zeit auf Händen, und wir haben manchmal auch wieder etwas leidenschaftlicheren Sex.
Trotz allem ist es nie wieder wie zuvor. Denn da Lisa immer noch ein eher unruhiges, aktives Kind ist, und noch weit davon entfernt durchzuschlafen (ich liebe diese Frage von Müttern: Und, schläft deine auch schon durch, also meine schon?), bleiben unsere Nächte deutlich weniger erotisch und lasziv, als sie es vor meiner Schwangerschaft waren. Und das erschüttert mich dann doch.

Ich versuche immer wieder, Magda zu erreichen, um zu fragen, wie es ihr nach der OP geht, aber sie will nicht mit mir reden.
„Und wenn ich einfach vorbeikomme?"
„Keine gute Idee", findet Ines. „Sie will absolut keinen sehen. Das hat nichts mit dir zu tun. Ruf einfach nächste Woche wieder an, vielleicht geht es ihr dann ja etwas besser."
Der Tumor war zum Glück gutartig, aber die Entfernung der Brust scheint Magda doch sehr zuzusetzen. Magda tut mir so unendlich leid.

Daniel, dem der plötzliche und gravierende Schlafentzug ziemlich zusetzt, vergisst leider zusehends, wo sich meine erogenen Zogen befinden und wie romantisch er einst war.
Statt roter Rosen liegen nun vollgekackte, müffelnde Windeltüten bei uns im Flur, statt köstliche Quiches für mich zu backen, rührt er müde Instant-Baby-Brei an.
Sicher, ich bin eine kluge, abgeklärte Frau. Aber dass der Verfall einer jungen, leidenschaftlichen Beziehung so schnell voranschreiten kann, wenn ein jugendlicher Liebhaber „plötzlich Papa" wird, hätte ich mir in meinen kühnsten Träumen nicht vorgestellt.
Das Leben ist einfach das Leben. Und auf der anderen Seite ist das Gras eben auch nicht viel grüner. Und Sex wird sowieso oft überschätzt.
Ich genieße die Zeit mit Lisa, wenn sie nicht schreit, und freue mich, wenn sie lacht. Ich habe ein Kind, und es ist gesund und ja, danke, Universum, du hast es nur gut gemeint. Lisa ist ziemlich munter.

Ich rufe Magda alle paar Tage an, aber wieder will sie nicht mit mir reden.

„Ich komm jetzt doch einfach vorbei", sage ich zu Ines. „Du brauchst Magda ja nicht zu sagen, dass du das gewusst hast."

„Nein, wirklich. Das würde sie dir übel nehmen. Aber ganz liebe Grüße soll ich dir sagen. Du sollst dir keine Sorgen machen. Und bei dir alles gut? Noch happy Honeymoon?"

„Ähm, ja, sofern das mit Kleinkind überhaupt möglich ist", versuche ich meine Stimme gelassen klingen zu lassen.

Ines lacht, und sie will mir Bescheid geben, wenn Magda wieder etwas besser drauf ist. „Ach, und, Nora, hast du noch Kontakt zu Tobias? Der schleicht hier immer durch die Himbeersiedlung, als hätte man ihm einen Buckel hingezaubert."

Ich schlucke schwer. „Ab und zu eine Mail. Aber nur wegen der Ratenzahlung und so."

„Verstehe. Er ist eben Anwalt durch und durch. Deshalb hast du dich ja vermutlich auch von ihm getrennt."

Ich horche auf. „Nein. Keine Ahnung, warum …"

„Das war jetzt ein Scherz, oder?"

„Klar, ein Scherz. Ach ja, und er hat gemailt, er arbeitet gerade seine Kollegin ein."

„So etwas schreibt der?! Typisch Männer. Dann ist ja wohl alles klar. Einarbeiten. Bei was wohl? Vögeln auf dem Kopierer?"

Ines muss los und sie verspricht mir, Magda wieder ganz liebe Grüße auszurichten und dass ich sie ganz bald sehen möchte.

Ich lege auf, denke an die schlanken Beine von Patrizia von und zu, die den Kopierer herunterbaumeln und

fühle mich dick und einsam. Lisa sitzt auf Daniels afrikanischer Decke, wirft eine Rassel durchs Zimmer und brabbelt.
Mein Schatz, mein riesengroßer Schatz. „Mama hat dich ganz dolle lieb."
Daniel kommt auf einen Sprung aus dem Bistro und bringt eine köstliche Zitronen-Tarte.
„Ich habe euch vermisst, meine zwei Schönen."
„Wir dich auch. Wieso arbeitest du immer so lange?"
„Weil ich ein Bistro zu führen habe? Ich kann doch nicht um 16 Uhr Feierabend machen." Seine Stimme klingt leicht gereizt.
„Aber du hast doch Florence."
„Ja, das ist genau das Problem. Florence ist faul. Sorry, aber, wenn ich nicht da bin, bewegt sie sich wie eine Schildkröte."
Ich sehe ihn an und merke, dass ich irgendwie unausgeglichen bin.
„Außerdem habe ich jetzt eine kleine Familie. Ich muss euch doch auch was bieten können."
„Du hörst dich an wie mein Urgroßvater. Daniel, ich bekomme Erziehungsgeld, das reicht erstmal allemal."
„Gerade so, ja. Aber dann? Nora, ich will nicht, dass du deine Ansprüche zurückschrauben musst. Ich will nicht, dass du irgendwann bedauerst, dass du mit mir zusammen bist."
Wütend stehe ich auf. „Sag mal, was denkst du eigentlich von mir?! Dass ich eine verwöhnte Anwaltsgattin bin, die ihre Luxus-Faltencreme braucht, sonst ist sie weg?!"
Wir sehen uns an, und Lisa weint. Ich nehme sie sofort auf den Arm. „Alles gut, Süße, Mama und Papa streiten sich nicht, wir diskutieren nur." Genau das hat meine

Mutter früher immer zu mir gesagt, bevor mein Vater uns verlassen hat.
„Nora, ich liebe euch, aber ..."
„Aber was?!"
„Ach, irgendwie gibst du mir immer das Gefühl, alles falsch zu machen."
„Was?" Ich sehe ihn erschrocken an. Denn ich kenne ihn, diesen Satz. Tobias hat ihn oft gesagt. Nie könne er mir etwas recht machen, nie. Ich würde ihn ständig unter Druck setzen. Weder räume er die Spülmaschine richtig ein noch kaufe er den richtigen Käse. Stimmt ja auch. Ich liebe Tilsiter, aber er hat immer Gouda gekauft!
„Soll das etwa heißen, dass ich anstrengend bin?" Ich sehe ihn sauer an. Welche Frau ist denn, bitteschön, nicht anstrengend?!
„Nein. Du nicht. Sonst wärst du ja für mich nicht die Richtige." Er kommt zu mir, nimmt mich in den Arm, küsst meinen Hals und hält mich fest. „Ich liebe dich, und wir drei, wir gehören zusammen."
Und ich denke nur: Vielleicht bin ich ja wirklich nicht deine Richtige?

Die Tage und Wochen vergehen, und Daniel hat in seinem Bistro viel zu tun. Florence ist ständig krank, oder tut so als ob, und Daniel muss oft noch mehr arbeiten als sonst. Abends, wenn ich Lisa ins Bett bringe, surft er viel im Internet oder macht Computerspiele. Eine Sache, die ich von Männern in meinem Alter nicht kenne, und die ich auch nicht gerade anziehend finde. Und sowieso ist vieles so ganz anders als mit Tobias.

Endlich will mich Magda sehen. Ich bin so froh und irgendwie auch enttäuscht. Sieht sie in mir doch keine so gute Freundin wie ich in ihr, oder wieso hat sie sich derart distanziert, als es ihr schlecht ging?
„Unsinn, Nora." Magda sieht mich lächelnd an und bringt mir einen Tee. „Ich bin einfach so. Wenn ich down bin, will ich keinen hören und sehen. Um Ines komm ich ja nicht drumrum. Aber meine anderen Freundinnen, no way. Die leiden dann immer alle wie Hölle, aber sie kennen das inzwischen schon."
„Aha. Wirklich ungewöhnlich für eine Frau."
„Tja, Ich mag das eben nicht. Meine Probleme ständig durchdiskutieren. Ich hab das Gefühl, dann werden sie größer und größer, und irgendwann redet man sich ein, man müsse jetzt auch mal dringend zu einem Therapeuten."
„Oh. Vielleicht hast du ja recht."
„Oh, nein, bitte nicht falsch verstehen. Was die Probleme meiner Freundinnen angeht, bin ich ganz Ohr und beleuchte gerne alles von tausend Seiten. Ich will alles wissen, jedes Detail! Wie ist es mit so einem jungen Kerl?" Sie grinst. „Und vor allem, was macht Lisa? Läuft sie schon?"
Ich schüttle den Kopf und bin so froh, dass ich die alte Magda zurückhabe, so wie sie ist.
„Lisa krabbelt schon länger herum, zieht sich am Sofa hoch und steht stolz lachend, wie eine kleine Prinzessin, da."
„Aber wehe, du nennst sie Prinzessin. Ich kenne eine Mutter vom Spielplatz, die ihre Kleine immer ‚Prinzessin' nennt und sich dann wundert, dass sie sich als solche benimmt."
„Auweia." Wir lachen.

„Dass man um die Rosa-Phase bei Mädchen nicht drumrum kommt, auch wenn, oder gerade, wenn man sie selbst extrem scheußlich findet, ist klar." Magda schüttelt sich. „Ines und ich hassen Rosa, aber Ruby und Wanda fanden Rosa sieben Jahre lang total chic." Wir nehmen uns bei der Verabschiedung in den Arm, und ich freue mich, so unterschiedliche Freundinnen zu haben.

Ich fahre mit der S-Bahn nach Hause, betrachte die vorbeihuschenden gelben Rapsfelder und denke über Magda und über meine Süße nach. Lisa ist jetzt fast schon ein Jahr alt. Sie kann aber tatsächlich immer noch nicht laufen. Fast alle anderen in ihrem Alter hingegen schon. Ich mache mir plötzlich riesige Sorgen. Diese diskutiere ich sofort mit Daniel durch, der mich aber nicht wirklich ernst nimmt, und am nächsten Tag bei unserem Mittwochs-Lunch mit Jacky.
„Total normal und total gaga. Übermutter-Syndrom. Natürlich wird Lisa irgendwann laufen können. Sie hat ja schließlich keine Klumpfüße."
Bei Jacky und Werner kriselt es ziemlich. Aber Jacky ist nicht bereit, wieder in ihre kleine Wohnung zu ziehen, die sie sicherheitshalber immer noch nicht gekündigt hat. „Entweder wir stehen das durch oder es ist aus die Maus. So einfach ist das."
„Ich langweile mich zu Tode", sage ich und starre aus dem Fenster.
Jacky sieht mich sauer an und steht auf. „Schön, mich langweilt es auch zu hören, dass Lisa schon wieder einen wunden Po hat und immer noch nicht laufen kann."
Ich sehe sie an und merke, was ich da gesagt habe. „Oh Gott, nein, das habe ich doch nicht gemeint. Natürlich

interessiert es mich, wieso es mit Werner so schwierig ist."
„Es ist nicht ‚so schwierig', es ist alles super. Ober, bitte zahlen!" Jacky kramt ihren Geldbeutel hektisch aus der Jackentasche und macht ein sprödes Gesicht.
„Jacky, ich war gerade einfach nur abwesend. Ich habe heut Nacht maximal zwei Stunden geschlafen und bin total Banane!"
„Erzähl mir mehr von deinem wilden Sexleben mit deinem jugendlichen Lover." Jacky wedelt grimmig mit einem Zehn-Euro-Schein herum, aber der Ober reagiert einfach nicht.
„Von wegen wildes Sexleben. Wildes Zähnekriegen. Ich wusste gar nicht, dass in Kindermünder soo viele Zähne passen. Jacky, ich wollte doch nur sagen, dass ich wieder arbeiten muss. Ich halte das zu Hause einfach nicht aus."
Jacky kommt wieder etwas runter und lächelt mich an.
„War doch klar. Power-Frauen an den Herd, das geht einfach nicht. Da hilft auch kein Betreuungsgeld. Tja und, wieso arbeitest du dann nicht? Dein Arbeitsplatz in dem Architekturbüro ist dir doch sicher?"
„Weil ich nur einen Kitaplatz in einer ostigen, riesigen Kita bekommen habe und mir Lisa jetzt schon leid tut."
„Wenn du eine liebe, herzensgute Erzieherin erwischst, ist das piepegal."
„Meinst du nicht, diese Einrichtung prägt den Geschmack von Lisa für immer?"
Jacky grinst. „Du spinnst wirklich, Nora. Hätte ja nie gedacht, dass DU mal so ein Muttertier wirst."
„Ich auch nicht. Und ob ich in mein altes Büro zurückkann, ist auch nicht sicher. Als Architektin und Projektleiterin meine ich."

„Tja. Die müssen dich aber doch nehmen?"
„Aber nicht für genau die gleiche Position wie vorher. Ich will nur maximal 25 Stunden, sonst sehe ich Lisa ja gar nicht mehr."
„Verstehe. Und das in *dem* Männerladen! Das riecht nach Kaffee kochen, null Verantwortung, dummen Sprüchen und miesem Gehalt."
Ich nicke. „Klingt verlockend." Und ich beschließe, mich nicht zur Kaffeetante umfunktionieren zu lassen. Nicht mit mir! En garde!

***

„Sie wollen nur 25 Stunden arbeiten?! Das ist ja wohl ein Scherz, Frau Blume. Sie befinden sich in einem Architekturbüro. Wenn Sie nur Teilzeit wollen, dann gehen Sie zu C&A an die Kasse." Mein Chef war schon immer unausstehlich, aber dass er auch noch ein Chauvi ist, hätte ich nicht gedacht.

„Vermutlich herrscht dort ein angenehmeres Betriebsklima", kontere ich bemüht schlagfertig, doch er grinst nur.

„Dann sind wir Sie also los, Blümchen?"

„Sind Sie nicht. Dieser Arbeitsplatz steht mir nach meiner Elternzeit zu, und ich werde hier wieder arbeiten. Als Frau Blume!"

„Okay, okay", lächelt er. „Mein Kompagnon kann nicht sagen, ich hätte es nicht versucht. Also gut. Was geben wir Ihnen denn?"

„Ein neues Projekt. Die Himbeersiedlung hab ich schließlich auch gut hinbekommen." Gut hinbekommen? Im Tiefstapeln waren Frauen im Job schon immer gut und ich ganz besonders.

Er lacht. „Sagen wir mal so. Ihr Kollege konnte die gravierendsten Fehler ausmerzen. Träumen Sie weiter. Nach dem, was Sie sich da geleistet haben und als Teilzeitkraft, kann ich Ihnen beim besten Willen keine Projektleitung übertragen. Außer, Sie machen doch ganztags."

„Auf keinen Fall", fahre ich meine mütterlichen Krallen aus. „Mir ist mein Kind wichtiger. Aber wir leben übrigens nicht mehr in den 50ern. Heutzutage gibt es genug hoch dotierte Stellen in Teilzeit."

„Womit wir auch schon beim Thema wären", grinst er. „Die Zeiten sind schlecht, die Weltwirtschaftslage

sowieso. Wir können Ihnen leider nicht mehr so viel zahlen wie vor der Elternzeit."
Ich funkle ihn an. Im Herausheben meiner Qualitäten und Herausschlagen von mehr Gehalt war ich schon immer miserabel; a, weil ich von meinen beruflichen Qualitäten selbst nicht so wahnsinnig überzeugt bin, wie soll es dann ein anderer sein, und b, weil mir mein Job solchen Spaß macht, dass ich auch umsonst arbeiten würde. Hauptsache, ich darf arbeiten. Insgesamt keine wirklich prickelnden Voraussetzungen für dieses Gespräch.
„Sie können also nicht mehr so viel zahlen. Und wieso nicht?", fange ich erst mal ganz diplomatisch an.
„Das sagte ich doch. Schlechte Zeiten und so." Ihm ist anzumerken, dass er keine Zeit und vor allem keine Lust mehr hat, sich mit mir auseinanderzusetzen. Vermutlich darum knallt er seinen Kugelschreiber auf den Tisch und sieht mich an.
„Also gut. Sie sind eine von den Frauen, die nie lockerlassen. Ihr armer Mann. Sie bekommen die 25 Stunden. Von 15 bis 20 Uhr. Und jetzt lassen Sie mich gefälligst arbeiten."
Ich sehe ihn an und schüttle stur den Kopf.
„Das ist genau die Zeit, in der alle Mütter ihre Kinder aus der Kita holen und zu Bett bringen. Das wissen Sie ganz genau. Und richtig: Ich lasse nie locker. Und mein Mann schätzt das ganz besonders an mir." Diese kinderlosen Workaholics wissen doch genau, dass ich das nie annehmen kann. „Das ist doch nur ein mieser Trick, mich rauszuekeln", füge ich also noch bemüht selbstsicher hinzu.
Mein Chef sieht mich baff an. Dann grinst er. „Erwischt. Naa gut, will ich mal kein Unmensch sein. 9 bis 14 Uhr. Besser?"

„Besser." Ich stehe auf, nicke ihm noch kühl und souverän zu, gehe raus und schließe die Tür hinter mir. Und vollführe einen kleinen Freudentanz. Dumm nur, dass mein Chef just in dem Moment hinter mir die Tür aufmacht und meinen peinlichen Stepptanz sieht.
Ich sehe ihn an und stammle: „Äh, mir ist gerade eine Fliege in den Ausschnitt geflogen."

Daniel lacht sich kaputt, als ich ihm davon erzähle, aber er ist auch sehr stolz auf mich, und wir kuscheln uns gemütlich aufs Sofa. Er riecht so wunderbar, und ich habe das Gefühl, dass jetzt alles gut werden könnte.
Wenn da nicht zum einen Tobias` nüchterne E-Mails wären, die mir ständig im Kopf herumschwirren, und zum anderen die schwierige, belastende Kita-Eingewöhnungszeit.

Lisa war schon immer besonders sensibel und wird es vermutlich auch immer bleiben. Sie will partout nicht von der Mama weg und schreit und schreit und schreit. Mir zerreißt es fast das Herz, und nicht nur ihr, sondern auch mir kullern die Tränen in Sturzbächen herunter. Ist es vielleicht doch zu früh, sie mit einem Jahr fremdbetreuen zu lassen? Andere Kinder weinen aber nicht so viel.
Daniel findet, da muss sie durch, aber er ist bei dem morgendlichen Drama auch nicht dabei. Jacky versteht mich allzu gut. „Frauen, die arbeiten wollen, müssen sich mit diesem fiesen, schlechten Gewissen, das einem die Kids und die Umwelt machen, einfach abfinden. Meine Mutter hat mich damals als Rabenmutter betituliert, als ich Gregor mit einem Jahr in die Kita gebracht hab." Dass Jacky als Alleinerziehende Geld verdienen musste, war für ihre Mutter kein Argument.

Sie hätte sich ja einen anständigen Mann suchen können, der sie heiratet, und nicht so einen griechischen Windhund, hatte sie gesagt. Eine Betreuung als Oma hat sie aber auch nicht angeboten. Bis zum heutigen Tag sagt sie nur, Gregor sei ihr zu anstrengend und zu schlecht erzogen, er sei einfach nicht auf Spur. Dass er einfach ein typischer Rabauken-Junge ist und Jacky am Limit, sieht sie nicht.
„Wieso tut sie es nicht wenigstens für mich?", fragt Jacky traurig. „Bin ich ihr gar nichts wert? Geht es nicht auch um mich?"
Und sie ist über ihre „Rent-a-Oma", die ein echter Glücksfall ist, sehr glücklich. Familie kann man sich leider nicht aussuchen.
Kann man das wirklich nicht? Ich habe es aber getan! Doch habe ich dabei die richtige Wahl getroffen?!
Die rosa Wolke mit Daniel hat sich viel zu schnell schneeweiß gefärbt. Aber ist das nicht völlig normal?

Nachdem Lisa endlich einigermaßen eingewöhnt ist, also nur noch 20 Minuten aus Leibeskräften brüllt, ihr deshalb der Rotz über das knallrote Gesichtchen läuft, sie ihre Ärmchen verzweifelt nach mir streckt, mir von der blonden, fülligen Sabine mit Gewalt aus den Armen gerissen werden muss, und ich meine Tränen nicht mehr zurückhalten kann - so dass meine Wimperntusche herunter läuft - kann ich anfangen, zu arbeiten.
Ich komme deshalb an meinem ersten Arbeitstag gleich zu spät. Der Kaktus auf meinem Schreibtisch ist vertrocknet.
„Ach, da kommt sie ja endlich, die frischgebackene Architekten-Mutti. Und, hast du nur bunte Bauklötze im Kopf oder auch schon wieder Baupläne?" Es sollte

ein Scherz eines älteren Kollegen sein, aber ich lache nicht.
Mein Lieblingskollege, Benni, kommt an meinen Schreibtisch und sieht mich an. „Auweia, sind das Monster-Augenringe da unter deinen Augen?"
Ich nehme schnell den Handspiegel aus der Schublade und sehe meine schwarz verschmierten Augen an. „Blöde Wimperntusche", nuschle ich vor mich hin und wische sie ab.
„Hier war was los, seit du weg warst, sag ich dir. Der Alte dreht total am Rad. Der Dubai-Auftrag ist geplatzt."
„Ach." So richtig leid tut es mir nicht.
„Schön, dass du wieder da bist, Nora, echt. Nur eigentlich hatte ich gehofft, dass du lieber zu Hause bei deinem Baby bleiben willst, also nicht weil ich dich nicht mag, weißte ja, aber sonst übernehmen die mich nicht und du weißt ja, ach nee weißt du nicht: Stell dir vor, Petra ist schwanger! Drei Monate nach ihrer Fehlgeburt!"
Ich starre ihn an und weiß nicht, was ich sagen soll. Benni tut mir so leid, und ich bin kurz davor, ihm meinen Job zu schenken und ein paar zu kleine Strampler von Lisa dazu. Doch dann setzt mein Verstand ein. Stopp, Nora, manchmal musst du auch an dich denken - und vor allem an Lisa. Und wenn du diesen Job nicht behältst, dann wirst du so schnell keinen anderen finden. Denn auf frischgebackene Mütter, die nicht ganztags arbeiten wollen, wartet die Berufswelt nicht. Und wenn du nicht arbeitest, bist du unzufrieden und unleidlich und lässt deinen Frust an der armen Lisa und an Daniel aus. Eine Furie will keiner, und ich will auf jeden Fall finanziell unabhängig bleiben, das habe ich mir immer geschworen. Also,

rede ich mir gut zu, du opferst dich ausnahmsweise mal nicht. Benni ist gut, kann Vollzeit arbeiten, der kriegt bestimmt auch woanders eine Stelle. Und sagen tue ich: „Benni, ich red noch mal mit dem Alten, ich mach ihm klar, was er an dir hat, der wird dich bestimmt nicht rausschmeißen."

„Frau Blume, könnten Sie mir bitte ausnahmsweise einen Kaffee bringen? Mit Milch und Zucker", schallt es aus dem Chefbüro. Benni sieht mich sehr gespannt an, und ich beschließe, diese Unverschämtheit einfach zu ignorieren.

Doch der Alte gibt nicht auf. „Frau Bluuume. Käffchen! Also ich meine, ich hätte so gerne eine Latte, hö, hö, hö. Spaß beiseite, Frau Schulte ist krank! Dann können wir Ihr neues, eigenes Projekt auch gleich besprechen."

Na toll. Das hat er ja schön eingefädelt. Genervt stehe ich auf, mache ihm einen Caffè Latte, mit Milch und seeehr viel Zucker, nehme noch eine Prise Staub, der sich auf der teuren Kaffeemaschine breitgemacht hat, streue ihn darüber und trage meine Kreation in sein Büro. Auf seinem Schreibtisch stelle ich sie lautstark ab.

„Bitteschön der Herr."

„Danke." Er probiert mit spitzen Lippen. „Mmhm. Köstlich. Der schmeckt nach dem gewissen Etwas. Ich wusste, dass Sie Talent haben, Frau Blume. Den machen Sie mir jetzt jeden Tag, so gut kriegt das die gute Schulte nämlich nicht hin."

„Ganz sicher nicht! Aber ich kann Frau Schulte gerne einlernen."

„Frau Blume, nicht, dass wir uns falsch verstehen. Dieser Halbtags-Job, das ist mein Goodwill. Und ich denke ja mal, Sie sind emanzipiert genug, dass Sie

Kaffee kochen nicht als Degradierung der Frau empfinden. Wenn ich Sie klein machen wollte, dann würde mir da einiges einfallen. Will ich mal gar nicht drüber nachdenken."

Es ist nicht zu fassen. Wurde der als Kind zu heiß gebadet?! Oder von seiner Mutter immer in rosa Schlafanzüge gesteckt?!

„Herr Gräbner, wir wollten doch über mein neues Projekt sprechen", lenke ich einfach mal taktisch ab.

„Ach ja, Ihr Projekt. Tja, da der Dubai-Deal geplatzt ist, kann ich Ihnen leider keines anbieten. Wir sind ein kleines Büro. Herr Körner braucht aber noch Unterstützung bei der Reihenhaussiedlung in Kaulsdorf, Sie können ihm zur Hand gehen."

„Zur Hand gehen? Wie genau stellen Sie sich das vor." Der Alte grinst anzüglich. „So doch nicht, Frau Blume."

Genervt stehe ich auf. „So habe ich mir das alles wirklich nicht vorgestellt, Herr Gräbner."

Wütend und enttäuscht gehe ich zu meinem Platz, starre den verdorrten Kaktus an, vermisse Lisa und frage mich, was ich hier überhaupt mache. Sollte ich nicht besser mit Lisa auf dem Spielplatz wippen? Nein. Mir hat mein Job immer extrem großen Spaß gemacht und diesen Spaß, den hole ich mir zurück, denn sonst werde ich eine verbitterte, jammernde Mutter, und das will ich auf keinen Fall sein. Und von Daniel finanziell abhängig auch nicht, und Hartz IV beziehen schon gleich dreimal nicht. Mal abgesehen davon, dass ich es gar nicht kriegen würde, da ich eine Lebensversicherung habe und mit Daniel zusammenwohne. Außerdem bin ich jung (naja, mitteljung) und gesund und will dem Staat, also den anderen, nicht auf der Tasche liegen. Darum beschließe ich hiermit, nicht gleich die Flinte in irgendein stacheliges Korn zu werfen, sondern um meine Stellung und mehr Respekt in diesem Männerladen zu kämpfen.

***

Daniel nimmt mich am Abend liebevoll in den Arm und aller Frust ist vergessen.
„Du Arme, wenn dieser Idiot so weitermacht, dann kündigst du sofort, versprochen?"
„Ach, der war vorher auch nicht ganz so schlimm, der kriegt sich schon wieder ein."
„Vor was?"
„Na, vor Lisa. Chefs sehen in Frauen, die gerade Kinder gekriegt haben, nur eine Milch gebende Mutterkuh. Jackys Worte."
„Ich fürchte, da hat sie recht."
„Ach nein, der frisst mir bald aus der Hand, du wirst schon sehen."

Am nächsten Morgen schallt es wieder aus dem Chefbüro: „Frau Blume, könnten Sie mir und meinen Gästen bitte Ihren köstliche Latte machen?!"
Ich sehe Benni an und bin stinksauer. „Der will es nicht anders."
Er grinst. „Hoffentlich findest du noch genügend Staub in der Kaffeeküche."
Und ich nicke und lächle, denn ich habe eine noch schönere Idee. Benni sieht mich amüsiert, erwartungsfroh an. „Du hast doch noch was vor? Und was?"
„Das wirst du schon sehen."
Ich stehe auf, bereite genüsslich den Kaffee zu, stelle die fünf Latte-Gläser auf ein Tablett; Milch und braunen Zucker dazu, würze mit einer großen Prise Staub und balanciere das Ganze in den Besprechungsraum. Der Alte sitzt da mit fünf arrogant blickenden Kunden. Es geht um einen neuen,

wichtigen Auftrag (was ich erst hinterher erfahre, muss ich zu meiner Verteidigung gestehen).

„Danke, Frau Blume. Stellen Sie sie bitte da hin."

Die anderen Herren ignorieren mich, da ich ja ganz offensichtlich nur die Kaffeetante bin. Oh ja, ich bin emanzipiert und habe gerade deshalb ein Problem damit, Kaffee zu bringen. Zumindest Männern wie dem Alten.

Und schwupps kippeln die Latte-Gläser gefährlich auf meinem Tablett herum, und durch einen kleinen, unauffälligen Schubs fallen vier ganz um und landen auf diversen Anzughosen.

„Aaaah, sind Sie wahnsinnig, meine Eier!?", schreit der Alte auf. Und einer der Kunden, deren Chef, japst ebenso laut. „Verdammt noch mal, was haben Sie hier denn für Personal?!"

„Das tut mir jetzt aber soo leid", stammle ich gespielt reumütig, und ein Blick des Alten sagt mir, dass er verstanden hat. Und ich hoffe, dass er und seine Eier es sich für immer werden merken können. Nicht mit der Blume!

Natürlich hat mir die ganze Aktion nichts gebracht. Zumindest kein eigenes Projekt. Dafür aber Genugtuung und Freude. Und den Kaffeekochjob bin ich los. Pünktlich wie ein Buchhalter mache ich jeden Tag meinen Computer aus (das ist der Vorteil, wenn man keine Projektverantwortung trägt) und hetze zur Kita. Lisa ist mitten im Spiel und ignoriert mich. Na toll. Auf der anderen Seite bin ich froh, dass sie sich doch so wohl fühlt hier. Sie mag partout nicht mit, und ich beobachte sie verzückt, wie sie einem Jungen eine Erdbeere zeigt. Der Vorteil der großen Ost-Kita ist, dass es einen riesigen, wunderschönen, altgewachsenen

Garten gibt. Und ich bin froh, hier bei der liebevollen, vollbusigen Sabine, Lisas Erzieherin mit einem seltenen Kleidungsgeschmack, gelandet zu sein und nicht in einer dieser Elterninitiativ-Kitas, die in einer dunklen Erdgeschoss-Altbauwohnung untergebracht sind, wo die Erzieherinnen hippe Tattoos und bauchfrei tragen und wo es keinen eigenen Hof oder Garten gibt. Mal abgesehen davon, dass ich auf Kitaputzen am Wochenende auch so gar keine Lust habe.

Ich denke an unseren schönen Garten in der Himbeersiedlung und an Tobias, wie er da alleine, oder vielleicht schon mit Patrizia von und zu, auf unserer Terrasse sitzt. Wie sie ihre schlanken, braungebrannten Beine, an der kein einziger Besenreiser zu sehen ist, in die Sonne streckt, und mein Magen zieht sich zusammen auf die Größe einer vertrockneten Pflaume.

Am Abend bringt Daniel Dörrpflaumen-Mousse aus dem Bistro mit, und ich starre ihn missmutig an.
„Was hast du denn?", will er besorgt wissen.
„Nichts."
„Ach komm, ich seh's dir doch an. Hab ich irgendwas falsch gemacht?"
„Nein, hast du nicht!"
„Aber irgendwas hast du doch, Bella."
„Mein Gott, ich will halt einfach mal nichts reden, okay?"
„Nicht okay. Weil, wenn *du* nichts reden willst, dann ist Holland in Not. Ist es, weil ich Lisa heute Nacht nicht in unserem Bett haben wollte?"
„Nein, Herrgott. Jetzt red dir doch nicht immer ein, dass du irgendwas falsch gemacht hast, das ist ja furchtbar. Muss an deinem Alter liegen."

Daniel sieht mich traurig an. „Bisher hattest du kein Problem mit meinem Alter."
„Hab ich auch nicht. Und du mit meinem?" Ich weiß, dass ich ungerecht und unausstehlich bin, aber ich kann es einfach nicht abschalten.
Er schüttelt lächelnd den Kopf, nimmt mich in den Arm, hält mich ganz fest, streichelt meinen Nacken und haucht: „Ich liebe dich, Nora. Wie wär's, wenn wir am Samstag mal wieder so richtig schön ausgehen. Das haben wir seit Lisas Geburt nicht mehr gemacht."
Ich sehe ihn etwas ruhiger an. „Ausgehen?"
„Ja, wir essen im Bistro eine köstliche Kleinigkeit und gehen dann tanzen. In Kreuzkölln hat ein neuer Club aufgemacht."
„Ein Club? Lassen die mich da überhaupt noch rein?"
Er lacht. „Du bist unglaublich. Natürlich."
„Und Lisa?"
Er sieht mich an, als habe er diese kleine Winzigkeit vergessen. „Wir finden schon einen Babysitter."
„Irgendeiner, das geht nicht. Wie stellst du dir das vor? Wenn sie denjenigen nicht kennt, kriegt sie Angst und schreit."
„Ach was. Lisa ist cool. Sie kommt nach dir."
Ich sehe ihn genervt an. „Daniel. Man kann so ein kleines Kind nicht irgendjemandem in die Hand drücken und gehen. Ich mache das nicht. Man muss sie an die Person langsam gewöhnen. Und das kostet alles. Und so viel Geld haben wir im Moment nun auch wieder nicht."
Er wirkt nicht gerade begeistert. „Also gut. Ich bekoche dich heute Abend und wir machen es uns wieder hier gemütlich."
„Daniel, du bist süß."

„Und du süßer." Er knabbert an meinem Ohr und beißt aus Spaß hinein.
„Kann denn deine Mum nicht mal babysitten?", fängt er wieder an.
„Meine Mum hetzt vom Kundalini-Yoga zur Meditationsstunde und zum Bio-Laden. Sie hat keine Zeit für so was. Und genug Windeln in ihrem jetzigen Leben gewechselt. Das reiche für ihre drei nächsten Leben als Ameise, Maus oder Kuh auch noch, hat sie gesagt."
Hilde hätte es gemacht, denke ich, aber da sie von Tobias zwischenzeitlich weiß, dass Lisa nicht ihr Enkelchen ist, leider auch nicht mehr. Sie hat sich bei mir seit unserer Trennung kein einziges Mal gemeldet. Enttäuschend.
Und Daniels Eltern sind leider beide schon tot. Sie sind bei einem Autounfall in den Bergen ums Leben gekommen, als er 14 war. Daniel ist damals sofort in die Schweiz gefahren, um sie ein letztes Mal zu sehen. Aber sie waren so zerquetscht, dass er sie nicht mehr erkannt hat. Es muss furchtbar gewesen sein. Ich nehme ihn beschützend in den Arm und hege plötzlich auch für ihn mütterliche Gefühle - und das schockiert mich.
Am Samstag schicke ich Daniel alleine in einen Club, und ich bleibe mit Lisa zu Hause.
„Du darfst diesen Mann nicht einsperren, Nora", hat meine Mutter am Telefon gesagt. „Gerade die jungen Männer, die kommen nicht damit zurecht, plötzlich gar nicht mehr ausgehen zu können."
„Ja, Mum. Mach ich schon nicht. Ich bin ja kein Anfänger", habe ich geantwortet und mich überwunden und Daniel gefragt, ob er alleine gehen will.

Die Antwort hat mich etwas verletzt. „Klar, endlich mal wieder raus", hat er gesagt und sich gleich geduscht und chic gemacht.

Jetzt sitze ich also zu Hause und stelle mir vor, wie er von Anfang 20-jährigen, bauchfreien, gertenschlanken Mädels angebaggert wird und mit ihnen eng umschlungen tanzt. Denn ich weiß ja, er tanzt fürchterlich erotisch!

Lisa schläft auch schlecht, und ich hole sie in unser Bett und schmuse mich an sie. Es ist schon zwei Uhr, und Daniel ist immer noch nicht zurück. Lisa patscht ihre kleinen Händchen auf mein Gesicht und streichelt es und ich bin wieder glücklich.

Und mir wird klar, dass ich auf jeden Fall arbeiten *muss*. Auch, damit wir uns bald einen Babysitter leisten können, denn zusammen ab und zu ausgehen ist für eine Beziehung extrem wichtig.

Daniel kommt um vier Uhr nach Hause, legt sich leise zu uns ins Bett und riecht nach Alkohol.

Leider macht mir mein Job kaum noch Spaß. Der Alte lässt mich zwar keinen Kaffee mehr kochen, aber Projektverantwortung überträgt er mir auch keine. Und das, wo ich mit 39 doch endlich vor meinem Durchbruch stand. Karriereknick, ich komme!

„Frau Blume, haben Sie die Kopien für die Müllentsorgungsfirma zur Hand?"

Da macht es gerade Pling, und ich starre auf meinen E-Mail-Posteingang, es ist eine Mail von Tobias!

„Nein, hab ich nicht", ruf ich dem Alten zu, wohl wissend, wo die Kopien liegen, und lese hastig, was mir Tobias schreibt.

„Liebe Nora, denkst du an die Überweisung für die Hausversicherung? Meinen Anteil habe ich schon überwiesen."
Ich starre den Computer an, als wäre er eine fleischfressende Pflanze, die ihre Greifarme nach mir ausstreckt.
Benni kommt gerade an meinem Arbeitsplatz vorbei, sieht mir über die Schulter und echauffiert sich. „Sag mal, spinnt der, er wohnt doch alleine in eurem Haus, da kann er ja wohl die Hausversicherung alleine zahlen!"
Ich starre Benni an und werde sauer. „Was fällt dir ein, meine Mails zu lesen!?"
„Sorry, aber, das sprang mir so ins Auge …"
„Und ich spring dir gleich ins Gesicht! Was Tobias mir schreibt, das geht dich überhaupt nichts an! Und ich finde es völlig okay, von allem die Hälfte zu zahlen, das haben wir nämlich so ausgemacht."
„Ist ja gut, ist ja gut, Nora, ich wollte doch nur, dass du dich von dem Herrn Anwalt nicht übern Tisch ziehen lässt."
„Tobias würde mich nie übern Tisch ziehen, er ist ein herzensguter Mensch, er würde nie …" Ich breche in Tränen aus. Benni versucht, mich sofort, bestürzt, zu trösten.
„Nora, ach Mensch, tut mir leid, ich bin aber auch ein Holzkopf manchmal. Was ist denn, läuft's mit Dani doch nicht mehr so gut?"
Ich schluchze etwas vor mich hin und schüttle den Kopf. „Es ist dieser langweilige Job. Ich hasse Ablage machen. Ich will endlich wieder was für meinen Kopf! Wenn sich nicht bald was ändert, da mach ich doch lieber ein Mütter-Café auf, da hab ich wenigstens keinen Chef wie den Alten!"

In dem Moment geht die Tür des Chefbüros auf, und Gräbner kommt mit einem strahlenden Lächeln auf mich zu.
„Frau Blume, Sie weinen ja. Ach Gottchen."
Benni reicht mir dezent ein Taschentuch und ich rotze hörbar rein. „Tu ich nicht", sage ich mürrisch, „das ist der Pollenflug." Der Alte sieht verwirrt zum Fenster, das geschlossen ist.
„Ich bin allergisch gegen ... alles hier", setze ich hinzu. Der Alte übergeht das und strahlt erneut.
„Frau Blume, ich habe eine Überraschung für Sie."
„Eine Überraschung? Ihre Überraschungen kenne ich. Soll ich die Regale in Ihrem Büro abstauben oder was? Eine Stauballergie habe ich übrigens auch."
Er lächelt. „Besser."
„Noch besser?" Ich sehe Benni fragend an. Der zuckt die Schultern, weiß offenbar von nichts.
Der Alte winkt die Kollegen her, um seine Neuigkeit gleich vor allen zu verkünden. „Ich habe gerade einen Anruf von ‚Architektur Online' bekommen. Sie wissen ja, dass die gerade Marktführer am Fachzeitschriften-Himmel sind." Er macht eine bedeutungsschwangere Pause. Mir wird etwas flau im Magen, wie immer, wenn ich denke, irgendwas falsch gemacht zu haben.
„Unsere großartige Frau Blume hier hat als Architektin und Projektleiterin für die Himbeersiedlung einen Preis gewonnen!"
Allgemeines Geraune der Kollegen, neidische, aber auch erfreute Blicke treffen mich. Ich sehe Gräbner fassungslos an. Ich, Nora Blume, eingebildete talentfreie Zone seit ihrer Geburt, soll einen Preis gewonnen haben? Für die vielen Fehler, die mein Kollege gerade so noch ausmerzen konnte?

„Das Kunstobjekt Kind und Familie wurde besonders hervorgehoben. Die Himbeersiedlung wird in ‚Architektur Online' als *die* Vorzeigeanlage für junge Familien gehandelt."

„Wow, cool, Nora", freut sich Benni, „herzlichen Glückwunsch!"

Und auch die anderen Kollegen beeilen sich, mir zu gratulieren, auch wenn ich in ihren Mienen eher Unverständnis ablesen kann.

„Frau Blume", wendet sich Gräbner an mich. „Ich habe ja gleich gesagt, dass Sie Talent haben."

„Talent, Kaffee zu kochen, hatten Sie gesagt", entfährt es mir. Allgemeines Gelächter der Kollegen.

„Und Humor haben Sie auch", lächelt Gräbner nachsichtig. „Sobald ein neues Projekt ansteht, können wir darüber reden."

„Ach, jetzt doch", erwidere ich, taktisch nicht besonders klug. Er sieht mich nun leicht verschnupft an, besinnt sich aber und scheint angesichts des Preises für sein Büro besänftigt. „Die Preisverleihung findet übermorgen statt. Ich werde natürlich dabei sein. Es wird viel Fachpresse kommen. Unser Büro wird in aller Munde sein."

Alle klatschen. Ich verbeuge mich aus Reflex (so wie ich es als Biene Maja auf der Bühne als Kind damals getan habe) und freue mich riesig. Ich habe einen Preis gewonnen, und das ich, die ich noch nie in meinem Leben eine Auszeichnung oder Belobigung irgendeiner Art bekommen habe. Es muss an dem Kunstobjekt liegen, denke ich, und das war Daniels glorreiche Idee. Ich schicke ihm sofort eine freudige SMS, dass ich dank ihm gewonnen habe, aber er scheint die SMS nicht zu sehen, er antwortet nicht.

Und dann frage ich mich das, was sich Benni auch fragt. „Wie sind die eigentlich auf die Himbeersiedlung gekommen?", will er wissen, und ich zucke die Schultern.

„Keine Ahnung. Also ich habe die Fotos nirgends herumgeschickt."

„Das sieht dir auch nicht ähnlich, Nora. Du bist immer viel zu bescheiden." Er geht wieder an seinen Schreibtisch, der meinem gegenüber steht, zurück.

„Findest du?"

„Ja. Typisch Frau wahrscheinlich. Zumindest ist meine Petra genauso. Deshalb gibt's ja auch nicht so viele von euch in den oberen Etagen." Er sieht mich forschend an. „Du gehst aber schon hin zu dieser Preisverleihung, oder?"

„Ähm, wieso nicht?"

„Na weil der Alte so was meinte, wie, reicht ja, wenn er hingeht. Die Blume ist eh nicht so fotogen."

„Was?! Das hat er gesagt?" Ich sehe meinen Kaktus an und beschließe, einen neuen zu kaufen. Einen aufrechten, größeren, stattlichen, mit seehr langen Stacheln.

„Ich gehe da hin, da kannst du Gift drauf nehmen."

Benni lächelt und nickt zufrieden.

Dann sehe ich mir im Internet den Artikel genauer an. Ein paar hübsche Fotos der Himbeersiedlung zieren den überaus löblichen Bericht. Ich erkenne Magdas Haus, das Piratenschiff, und da ist unser wunderschönes Haus, mit … Moment mal, wessen Bein ist das denn da am Rand? Ich nehme eine Lupe aus meiner Schreibtischschublade, in der ein chaotisches Durcheinander herrscht, und nähere mich damit dem Bildschirm. Ein elegantes, schlankes Bein in

beigen Pumps ist am rechten Rand des Bildes zu sehen. Und ich identifiziere es eindeutig als … Patrizias Bein! Ich sehe Benni stinksauer an.
„Die hat sich da wirklich schon eingenistet!"
„Was?"
„Die Von-und-zu-Kuh!"
„Von wem redest du?!"
„Ach egal. Jetzt weiß ich wenigstens, wer die Fotos zu dem Bericht gemacht hat."
„Und wer?"
„Tobias!"
„Tobias? Wow."
„Wieso wow?!"
„Na, wenn er die Fotos gemacht hat, dann steckt *er* dahinter. Dann hat er der Redaktion den Tipp gegeben. Weil er wollte, dass du berühmt wirst."
„Was?", reagiere ich lahm, und so langsam sickert die Kunde in mein Kleinhirn. „Woow."
Benni grinst. „Er liebt dich noch, Nora. Wenn ich's dir sage."
Ich sehe ihn blass an. „Woher willst du denn das wissen?"
„Weil ich ein Mann bin. Und zwar kein Chauvi-Typ wie der Alte, sondern ein netter, aber auch cooler, wie Tobias. Einer, den die Frauen mögen, wenn sie's denn mal endlich kapiert haben." Er grinst noch mehr.
Warme Strömungen durchfluten meinen Körper, und mir wird sehr sehr warm ums Herz. Tobias hat DAS für mich getan?
Und plötzlich habe ich wieder ein untrügliches, starkes Gefühl -Hunger. Ich beiße in mein mitgebrachtes Tomate-Mozzarella-Brötchen, lehne mich zurück und lächle versonnen vor mich hin.

Da kommt eine SMS von Daniel. „Wahnsinn, gratuliere, Bella. Lass uns das heute Abend bei einem köstlichen Mahl feiern. In Liebe, Daniel."
Aber ich bin satt und habe keinen Appetit mehr.
Nachdenklich mache ich mich an meine Arbeit und würde am liebsten nach Hause, ich meine natürlich in unser altes Haus, zu Tobias fahren. Tolle Idee, Nora, sagt mein Großhirn zum Kleinhirn. Und was, wenn er es gerade mit den zwei schlanken Beinen auf UNSEREM roten Flokati treibt?!

Auf dem Nachhauseweg mache ich kehrt und fahre bei Jacky vorbei. Nachdem ich Jacky alles erzählt habe, sieht sie mich sehr ernst und sehr ruhig an.
„Nora, er liebt dich noch."
„Ihr macht mich alle wahnsinnig."
„Wer ist wir?"
„Benni und du."
„Sagt er das Gleiche?"
„Mmhm."
„Na also", juchzt Jacky auf. „Und er ist ein Mann. Weißt du nämlich, was wir immer falsch gemacht haben, bei den Männern, wir zwei?!"
„Vermutlich alles. Was genau meinst du?"
„Wir haben immer versucht, die Aussagen oder Taten eines Mannes zu interpretieren. Aber das geht nicht!"
„Weil sie nicht wissen, was sie tun?"
Sie schüttelt lachend den Kopf. „Weil es Männer sind! Wir hätten einfach einen Mann fragen sollen. Wenn ein Mann zum Beispiel sagt: Ich rufe dich an. Dann heißt das, dass er *nicht* anrufen wird. Wenn er es nämlich vorhat, dann macht er es, und sagt es nicht an. Gott, was mir Werner alles klar gemacht hat über meine Ex-Typen!"

„Du hast mit ihm deine ganzen Ex-Affären durchgehechelt?"
„Klar. Mit Werner kann ich über alles reden. So wie du mit Tobias ... damals."
„Das hast du doch jetzt extra gesagt. Jacky, ich kann mit Daniel auch alles bereden."
„Ach ja? Hast du ihm von deinen neuen Altersflecken auf den Händen erzählt? Und dass deine Wangen an der Seite etwas schlaffer werden in letzter Zeit?" Sie sieht mich herausfordernd an.
„Das muss ich ihm ja nicht auf die Nase binden, er hat ja Augen im Kopf."
„Tobias hättest du davon eins vorgejammert."
„Fragt sich, was besser ist."
Sie lächelt. „Nora, was ich dir doch nur klarmachen will, vielleicht ist ja doch Tobias der Mann deines Lebens. Und nicht Daniel."
Ich rege mich auf. „Du spinnst ja total. Daniel ist so süß zu Lisa und zu mir sowieso. Und Tobias hat mir keine einzige Träne nachgeweint. So groß kann die Liebe ja nicht gewesen sein. Er hat null um mich gekämpft! Und sich *nie* nach Lisa erkundigt. Er wollte sie ja noch nicht *einmal* sehen seit unserer Trennung!"
Jacky sieht mich nachdenklich an und scheint sich bestätigt zu fühlen. „Ich bin mir sicher, dass er geweint hat, Nora. Marshmallows?"
„Nein, aus dem Alter bin ich raus." Ich drücke das Kissen genervt in meinen Bauch. „Aber was mich wirklich ankotzt, ist, dass er so schnell Ersatz gefunden hat. Dass diese adlige Schnepfe in meinem Haus sitzt ..."
„... und in deinem Bettchen schläft und von deinem Tellerchen isst." Jacky sieht mich kopfschüttelnd an. „Ich bin mir sicher, Tobias sitzt alleine in eurem Haus,

einsam und traurig. Und wünscht sich nichts sehnlicher, als dich und Lisa zurück. Aber dass er sich nichts traut, wo du ja mit Daniel zusammen bist und - wohnst, ist doch wohl auch klar. Tobias ist kein Draufgänger, der zieht sich eher zurück in sein Schneckenhaus und rotzt es voll."
Ich zucke nur die Schultern und starre stoisch vor mich hin.
„Geh doch einfach mal zu ihm; sonst tu ich es", sagt sie und sieht mich dabei seltsam an.
„Du?"
„Ja, ich meine, Werner ist toll, aber Tobias gefällt mir schon noch besser. Er hat mir schon immer gefallen, und …. ich ihm auch", fügt Jacky leise hinzu.
Unsere Blicke treffen sich.
„WAS willst du damit sagen?"
„Nichts."
„Jetzt sag schon."
„Willst du ihn zurück oder nicht?"
„Nicht. Also sag."
„Naja, wenn du ihn eh nicht zurück magst, kann ich es dir ja sagen."
Ich starre sie an, und wieder wird mir übel. „Du hattest mal was mit Tobias?"
Sie zögert eine Sekunde und nickt dann beschämt, entschuldigt sich schnell. „Es tut mir so leid, Nora, ich wollte es dir nie sagen, wir waren betrunken, also Tobias noch mehr als ich …"
Ich stehe erschüttert auf. „Ihr habt miteinander geschlafen?!"
Sie nickt, ihre Finger krallen sich im Sofa fest.
„Wann?", frage ich tonlos „und wie lange ging das?"

Jacky sieht mich unter Tränen an und stammelt: „Erinnerst du dich an dieses verkorkste Silvester, vor drei Jahren?"

Ich erinnere mich. Wir hatten ein paar Gäste geladen, aber alle hatten nach und nach abgesagt, wie das Silvester oft so ist, wenn plötzlich doch noch jeder eine Einladung auf eine bessere Party bekommt. Nur Jacky, Tobias und ich waren übrig geblieben. Ich fand die Vorstellung nicht so grandios, zu dritt zu feiern. Aber ich wollte meiner besten Freundin, die sonst keine Einladung hatte, natürlich nicht absagen. Also hatten wir ein Fondue geplant, alles vorbereitet, alles geschmückt. Dann kam der Anruf meiner Mutter. Ihr jüngerer Lover hatte sie verlassen und sie klang, als springe sie gleich aus dem fünften Stock. Ich bin sofort zu ihr gerast, und Tobias und Jacky hatten alleine ins neue Jahr gefeiert! Meine Mutter war sturzbetrunken, kotzte die ganze Nacht, und ich bin die ganze Zeit bei ihr geblieben, um für sie da zu sein und die Bettwäsche zu wechseln. Ich hatte Tobias angerufen, dass ich bei ihr schlafe, und ich erinnere mich, dass er es nicht so schlimm fand!

Ich sehe Jacky an, und meine Welt, in der auf eine beste Freundin immer Verlass ist, in der eine Freundin einen nie belügt und auf gar keinen Fall mit dem eigenen Freund betrügt, bricht gerade scheppernd wie der Turm von Lisas bunten Plastikhütchen zusammen. Meine Beine sind wie gelähmt. Mit eisernem Willen befehle ich ihnen, einen Schritt vor den anderen zu setzen und so stakse ich wortlos, und in meinen Grundfesten zerstört, aus Jackys Wohnung.

Daniel ist völlig überfordert mit mir als heulendem Elend, denn er sah in mir bisher immer die starke Frau. Ich verstehe beim besten Willen nicht, wieso.
„Hey, pscht, Bella, ganz ruhig. Wieso hast du dich denn mit Jacky so gestritten?!"
„Wir haben uns nicht gestritten", heule ich ihn voll. „Es ist aus, ich will diesen Namen nie wieder hören, verstanden?!"
Alle weiteren Versuche, mich zum Sprechen zu bringen, enden in einer Wutsalve über treulose Tomaten-Freundinnen und dass ich einfach meine Ruhe haben will.
Daniel tut das, was ein Mann in so einem Fall tun muss. Er geht. Mit Lisa einmal um den Block. Denn Lisa weint, vermutlich weil ihre Mutter weint. Wie konnte mir Tobias das nur antun?!, zermartere ich mein Hirn. Und vor allem, wie oft hat er mich noch, mit welcher meiner anderen Freundinnen und in welchen Stellungen betrogen?!

Bewaffnet mit einem Fernrohr und zu allem entschlossen, biege ich wie eine Amazone in die Himbeersiedlung ein.
Ich will sehen, ob er leidet, ich will sehen, ob Patrizia bei ihm ist.
Da ich schon lange nicht mehr hier draußen war, bin ich erstaunt, wie grün alles geworden ist. Bambusse wiegen sich am Spielplatzrand im Wind, die Weigelien, Hortensien und der Sommerflieder sind schön gewachsen. Wie sehr hatte ich mich auf unseren eigenen kleinen Garten gefreut, wie schade, dass Lisa nun nicht hier spielen kann, umgeben von wilden Himbeeren.

Magda scheidet als einzige meiner Freundinnen als Ex-Gespielin von Tobias aus, da sie lesbisch ist (ich traue ihm plötzlich alles zu, schließlich ist er auch nur ein Mann!). Sie ist meine einzig wahre, beste Freundin und freut sich sehr, mich zu sehen.

„Nora, du siehst aus wie die Rächerin der Enterbten", lächelt sie mich an. „Komm rein, ich habe gerade einen Tee gemacht."

Wir sitzen bei ihr neben den Tomaten auf der Veranda, und Magda hört mir sehr ernst zu. Als ich meine Schimpftirade auf Jacky beendet habe, nimmt sie meine Hand.

„Also, irgendwie glaub ich das alles nicht."

„Genauso ging es mir auch. Tobias!? Das hätte ich nie von ihm gedacht. Und von Jacky, naja, jetzt wo ich's weiß … Sie fand Tobias wirklich schon immer aufregend. Und chronisch untervögelt war sie damals auf jeden Fall - wie fast jede Alleinerziehende."

„Nora", unterbricht mich Magda lieb. „Ich hab dir doch mal erzählt, dass ich mir wegen Ines Sorgen mache."

„Ach ja, tut mir leid, dass ich gar nicht mehr nachgefragt habe, Mensch, Magda …"

„Kein Problem. Es war ja nichts. Sonst hätte ich dich schon längst angerufen. Sie hat sich mit einer Ex-Kollegin getroffen. Um ihr Tipps zu geben wegen ihres Chefs, der sie sexuell belästigt hat. Sie haben einen so schönen Busen, Sie könnten damit ins Fernsehen, hat er gesagt und sie begrabscht."

„Ach super, ich meine, das ist ja toll für dich, dass Ines nicht so ist wie ein Mann."

Wir lächeln uns an.

„Tomate?", fragt Magda und pflückt eine knallrote Cherrytomate ab.

Ich nicke und stecke sie mir in den Mund. Der Geschmack erinnert mich an meine Kindheit im Garten meiner Oma, an Daniels wunderbare Salatkreationen, an Tobias` Fertigpizza, die er immer mit frischen Tomaten verfeinerte.

„Und was willst du nun mit dem Fernrohr?", fragt Magda und deutet darauf. „Ihn erschlagen?"

„Am liebsten ja. Oder diese impertinente Kuh. Keine Ahnung. Ich will ihn einsam und leidend in unserem Haus sitzen sehen. Oder sehen, wie er unter Patrizia liegt, während sie auf ihm sitzt und die Peitsche schwingt." Wir lachen.

„Mmhm, von hier aus kannst du leider nur in euer nördliches Kinderzimmer oder in euer Familienbad schauen. Aber vielleicht liegen sie ja zufällig genau jetzt zusammen in der Badewanne?"

Wir stellen uns in Position. Ich setze das Fernrohr an, das aussieht wie ein altes Piraten-Fernrohr, und versuche, Tobias, der um diese Uhrzeit und dem Audi nach zu schließen, zu Hause sein müsste, ausfindig zu machen. Da! Tatsächlich!

Ein nackter Hintern schiebt sich mir ins Bild. Erschrocken reiße ich das Fernrohr vom Auge, und überlege, ob es sich um einen weiblichen oder männlichen Po gehandelt hat. Ich gucke noch mal.

„Also nackt ist er schon mal." Ich identifiziere den Hintern eindeutig als den von Tobias. „Wahrscheinlich kommt sie gleich splitternackt dazu."

„Das Schwein." Magda ist jetzt unsicher, ob Tobias nicht doch hundertmal mieser ist, als er in seinen korrekten Anwaltsanzügen immer aussieht.

Ich setze das Fernrohr erneut an und ... sehe seinen knackigen, hübschen Hintern, der gerade in die Badewanne steigt. Alleine. Nur mit Lisas rosa

Gummidrachen in der Hand. Tobias lässt den Drachen traurig übers Wasser fahren und wirkt sehr allein.

„Er vermisst uns tatsächlich!", hauche ich verblüfft, während ich ihn weiter beobachte. „Was macht er denn jetzt?!"

Magda will mir neugierig das Fernrohr aus der Hand nehmen, doch ich wehre sie ab. Tobias ist, mit dem Gummidrachen in der Hand, aus der Wanne gestiegen, sieht ihn an, wirft meinen alten Bademantel über, den ich vergessen habe, schnuppert versonnen daran und verlässt mit ernster Miene triefend den Raum.

„Er hat an meinem Bademantel geschnüffelt! Und jetzt geht er ..."

„Ach, echt? Das war aber ein kurzes Bad mit seinem Gummidrachen." Magda sieht mich stirnrunzelnd an.

„Hat ihn wohl zu sehr an uns erinnert", nicke ich und werde sentimental. „Wir haben früher am liebsten zu zweit und seit Lisas Geburt zu dritt gebadet."

Wehmütig erinnere ich mich an unsere glücklichstressige Anfangszeit mit Lisa zurück. Und aus der Entfernung überwiegen die glücklichen Momente, und der Schlafhorror der ersten Wochen tritt in erstaunlich weite Ferne zurück.

„Sag mal, mit Daniel, ist es wohl doch nicht so rosig und schön wie erhofft?" Magda sieht mich an, und mir wird klar, dass sie irgendwie recht hat.

„Es liegt nicht am Alter. Also seinem. Vielleicht an meinem?"

„Wie meinst du das denn jetzt, Nora?"

„Naja, ich schätze, in unserem Alter weiß man einfach, was man will, was einem wichtig ist. Es ist doch mit jedem Typen das Gleiche. Am Anfang ist alles unfassbar romantisch und wenn dann der Alltag oder gar noch ein Kind kommt ... Daniel wirkt, als sei ihm

alles zu viel. Er macht so viel anders, wie ich es nicht machen würde, wie es Tobias auch nie gemacht hat. Ach, was red ich da …"
„Ich weiß, was du meinst." Magda seufzt. „In Erziehungsfragen und Alltagsdingen auf einem Nenner zu sein, ist nicht so einfach. Das muss oft zusammenwachsen. Bei Ines und mir war das zum Glück nie ein Problem. Und ich bin froh, dass ich diese langjährige Beziehung habe. Ich finde es beruhigend und schön, dass da jemand ist, der für einen da ist, auch wenn man immer älter und runzliger und … einbrüstiger wird. Willst du mal meine Brust-Prothese sehen?"
Ich sehe sie überrascht an. Hätte selbst nicht gewagt, sie danach zu fragen.
„Wenn du magst?"
„Inzwischen ja." Sie zeigt sie mir, und ich bin erstaunt, wie natürlich und formschön sie ist.
Ich nehme sie in den Arm, wir lächeln uns an und dann werfe ich noch mal einen Blick durchs Piraten-Fernrohr. Ich zucke zusammen.
„Tobias ist jetzt in Lisas altem Kinderzimmer!"
„Was macht er denn da?"
„Er sieht sich um; keine Ahnung." Ich platze vor Neugierde.
„Weißt du was, geh doch einfach rüber und klingle bei ihm. Ich bin mir sicher, er wird sich freuen."
„Bist du verrückt?! Er hat mich mit meiner besten… , also ich meine mit Jacky betrogen!"
„Stimmt auch wieder." Wir seufzen unisono. So laut, dass sich sogar die Amsel, die sich auf der Terrasse niedergelassen hat, erschreckt und wegfliegt.
„Schade um seinen Hintern. Der war wirklich niedlich."

Magda nimmt lächelnd meine Hand und tröstet mich.
„Da draußen, da laufen so viele Knackärsche rum. Und außerdem hast du doch noch einen jüngeren, bestimmt noch knackigeren zu Hause."
Ich nicke und frage mich, wo mein zu Hause denn eigentlich ist. Und dann wird mir klar, dass es immer da sein wird, wo Lisa ist, und ich fühle mich plötzlich sehr aufgehoben und geborgen und will sofort zu ihr.

***

Am nächsten Morgen gebe ich Lisa in der Kita ab und bin so froh, dass sie heute das erste Mal freudig glucksend zu Sabine auf den Arm geht (ihre Arme nach Sabine ausstreckt, als wäre sie die Mami!), überhaupt nicht weint und sich noch nicht mal mehr nach mir umguckt. Hallo?! Der bunte Kreisel ist spannender als ich?! Liebt sie mich nicht mehr? Habe ich als Mutter versagt oder irgendetwas falsch gemacht? Wieso bin ich ihr plötzlich so egal, schießt es mir durchs Hirn? Ich weiß, dass das mütterlich-irrwitzige Gedanken sind und versuche, sie in die Rubrik Übermutti-Syndrom abzuschieben. Aber sie begleiten mich bis ins Büro und lassen meine Miene, die durch Jackys Verrat eh schon dunkel umwölkt ist, offenbar aussehen, als sei ich gerade in ein wüstes Gewitter gekommen.
Benni sieht mich erschrocken an. „Was ist denn passiert, Nora? Regnet es draußen?"
Erst jetzt merke ich, dass ich nach dem Duschen meine Haare überhaupt nicht gestylt habe. Und das ist mir wirklich noch nie passiert! Ich gehöre zur Fraktion „Nie ohne Wimperntusche zum Mülleimer". Meine Haare hängen herunter wie angeklebte Spaghetti.
„Äh, ja, da, wo ich war, war ein richtiges Unwetter", sage ich und lasse mich mies gelaunt auf meinen billigen Bürostuhl plumpsen, der unter meinem Gewicht aufächzt. Schön, dass man durchs Stillen abnimmt. Und was ist, wenn man nicht stillen konnte?! Ich starre meinen verdorrten Kaktus an. „Tobias hat es hinter meinem Rücken mit Jacky getrieben, als er noch mit mir zusammen war."

Benni sieht mich fassungslos an. „Was?! Tobias!? Das ist ja der Hammer! Ich dachte, so was gibt's nur bei ‚Gute Zeiten, schlechte Zeiten'!"
„Tja. Mein Leben ist eine einzige Seifenblase." Ich hänge auf meinem Bürostuhl wie eine verwelkte Tulpe. Benni starrt mich an, und ich gucke zurück mit diesem Blick: „Jetzt guck nicht so", aber er guckt noch intensiver, und erst da merke ich, dass er immer wieder zur Tür starrt, und ich folge seinem Blick und da steht … Tobias, mit einem großen, duftenden Strauß weißer Lilien im Arm! Tobias hier?!
Sofort setze ich mich aufrecht hin, streiche meine Spaghetti-Haare zurück und stottere giftig herum. „Was … was machst du denn hier?!"
Tobias kommt unsicher einen Schritt näher, sieht mich sehnsüchtig an, und weiß nicht so recht, was er sagen soll. Er drückt mir einfach den Strauß in die Hand, und da steht zum Glück Benni auf und lässt uns alleine. „Ich muss mal schnell … äh … für kleine Mädchen." Und raus ist er.
„Nora, bitte, es tut mir alles so leid, ihr fehlt mir so, bitte, kommt zurück, ich denke, ich kann es, so viele können es, ich denke, ich kann Lisa als mein Kind annehmen. Ich will es doch so!"
Ich starre ihn an, rieche den Lilien und meine Wut im Bauch ist auf die Ausmaße eines unförmigen Zeppelins angeschwollen, der kurz davor ist, mit einem Knall zu explodieren.
„Du denkst, du kannst es?! Du willst es so?! Und wenn nicht?! Wenn du sie nicht lieben kannst?! Wie du mich nie nie nie richtig lieben konntest?! Du bist so ein unsensibler, korrekter, widerlicher Lackaffe, hier!" Ich drücke ihm den Strauß ins Gesicht, eine Blüte fällt dabei zu Boden. Während ich ihn zur Tür schiebe, trete

ich aus Versehen darauf. „Und jetzt geh! Ich will dich nie wieder sehen. Und Lisa auch nicht. Ich meine, du Lisa, und sie dich nicht ..., geh!"

Tobias lässt es völlig überrumpelt mit sich geschehen, sieht mich schockstarr dabei an und schließt so schnell die Tür hinter mir, als hätte er es mit einer Irren zu tun, die eingesperrt werden muss. Und genau so fühle ich mich auch.

Da geht die Tür wieder auf und der Alte sieht mich alarmiert an.

„Was haben Sie mit Ihrem Mann gemacht, Frau Blume? Kastriert oder so was in der Art?" Er grinst anzüglich.

„Fragen Sie besser, was dieser Mann mit mir gemacht hat, Alter, ich meine Herr Gräbner!", blaffe ich ihn an.

Er grinst nur. „Wie sehen Sie heute überhaupt aus?! Sie wissen schon, dass die Preisverleihung in einer Stunde ist?!"

„Was?! Wieso heute? Ich dachte morgen früh?!"

„Hat Ihnen das Frau Schulte nicht gesagt? Sie wurde verschoben. Schade, da können Sie dann ja wohl nicht mitkommen."

„Und wieso nicht?" Ich funkle ihn an.

Er lacht und zeigt mit dem Finger auf meine Haare. „So? Als Tagliatelle? Auf keinen Fall. Sie wissen doch, dass da die ganze Fachpresse anwesend sein wird. Der Ruf unseres Büros steht auf dem Spiel."

„Sie ahnen gar nicht, wie schnell ich mich umstylen kann."

Er lacht wieder. „Da wären Sie aber die erste Frau auf dieser Welt. Ist aber doch alles kein Problem, Schätzchen. Ich nehme den Preis für Sie, also für unser Büro, entgegen, und Sie dürfen ihn dann von mir aus auch mal auf ihren Schreibtisch stellen." Er sieht den

verdorrten Kaktus und das übliche Chaos auf meinem Schreibtisch fast angeekelt an. „Oder vielleicht stellen wir ihn doch besser auf meinen."
„Nennen Sie mich nie wieder Schätzchen!"
„Mein Gott. Na gut. Schätz … ähem, schätze, ich bin heute Nachmittag wieder zurück und berichte dann."
Er geht.
Gerade als ich ihm etwas hinterherpfeffern will, klingelt mein Handy und das Wort „Kita" leuchtet auf. Schnell gehe ich ran und höre Sabines besorgte Stimme. „Hallo, Frau Blume, hier ist Sabine von der Kita Sonnenhügel, ich fürchte, die Lisa hat Temperatur."
„Fieber?! Wie hoch denn?"
„38,5. Und die Süße ist ziemlich unruhig."
„Ich komme sofort. Danke, Sabine, dass Sie mich angerufen haben."
Ich lege auf und denke fieberhaft nach. Fieber! Ausgerechnet jetzt. Ich wähle Daniels Nummer, doch der geht mal wieder nicht an sein Handy, und auch im Bistro geht keiner ran. Damals, als er noch was von mir wollte, da ist er immer sofort ans Telefon gegangen, denke ich wütend, nehme meine Tasche und sage Benni, der gerade zurückkommt, dass ich zu Lisa muss.
„Aber sag dem Alten, dass ich zur Preisverleihung da bin. Hübsch und adrett, total fotogen und eine Augenweide fürs Büro."
„Super", ruft er mir hinterher.

Super, ja. Alles super. Wem kann ich mein krankes Kind anvertrauen, wenn der Herr Papa wieder mal nicht auffindbar ist? Jacky auf keinen Fall. Und meine Mutter oder Magda gehen auch nicht, die beiden kennt meine Süße ja kaum. Gerade wenn Lisa krank ist, will sie eigentlich nur zu Mama auf den Arm, oder zur Not zu Papa.

Ich rase zur U-Bahn und natürlich hat diese heute Verspätung. Ein obdachloser Jugendlicher mit einer Pulle Bier in der Hand grinst mich höhnisch an. „der Zug is abgefahren! Scheiß verdammtes Leben!"
Endlich kommt die nächste Bahn und ich hetze hinein. Die arme Lisa, wundert sich bestimmt, wo ihre Mami bleibt.

Sabine hat die schlafende Lisa auf dem Arm, während sie einem anderen Kind liebevoll das Rotznäschen säubert.
„Sabine, tausend Dank, es ging leider nicht schneller, diese verflixte Bahn ..."
„Kein Problem, Frau Blume. Lisa-Mäuschen, die Mami ist da."
Ich nehme meine Kleine auf den Arm und fühle mit der Wange ihre Stirn. „So wahnsinnig heiß kommt sie mir gar nicht vor."
„Ich glaube, das Fieber ist auch wieder etwas runtergegangen. Zum Glück."
„Zum Glück." Ich lächle sie an. „Komm, Mäuschen, wir gehen nach Hause, zu Papi. Hoffentlich ist er jetzt da."

***

Daniel ist im Bistro, aber er ist nicht alleine!
Jacky steht bei ihm, sieht ihn misstrauisch an, die beiden haben mich und Lisa noch nicht bemerkt.
Daniel schüttelt gerade nachdenklich den Kopf. „Nora war völlig durch den Wind, jetzt wundert mich nichts mehr."
Jacky wird blass und beißt sich auf die Zunge. „Sie hat den Bullshit wirklich geglaubt. Au Mann, das tut mir so leid, das war so eine dämliche Schnapsidee von mir."
„Du und Tobias." Er grinst.
„Hallo?! Findest du etwa, ich bin seiner nicht würdig?"
„Ach Quatsch." Daniel lächelt. „Aber Nora hat ihn mir immer als ... so gut und unfehlbar geschildert."
„Ist er ja auch.", erwidert Jacky patzig. „Ich muss los. Ich wollte nur wissen, ob sie diesen Quatsch wirklich glaubt. An ihr Handy geht sie nämlich nicht mehr, wenn sie meinen Namen liest."
Ich räuspere mich, trete mit Lisa im Arm einen Schritt vor und sehe die beiden wütend an.
„Das heißt also, das war alles nur eine fiese Lüge?! Du hast gar nicht mit Tobias geschlafen?!"
„Natürlich nicht, Süße." Jacky sieht mich reumütig und entschuldigend an. „Das würde ich dir doch nie antun, ich bin doch deine Freundin! Und Tobias natürlich auch nicht. Ich hab das doch nur gesagt, weil ..." Sie hält inne und sieht Daniel an. Der versteht und geht diskret in die Bistroküche.
„Ich hab das doch nur gesagt, weil ich deinen Jagdinstinkt wecken wollte", fährt sie leiser fort.
„Jagdinstinkt?!"
Sie nickt. „Funktioniert bei Kindern super. Wenn ich Gregor seinen ollen Stoffhasen wegnehme, den er

pupslangweilig findet und mit dem er seit Monaten nicht mehr gespielt hat, wird der Hase plötzlich wieder hochinteressant und er will ihn unbedingt haben."

Ich sehe sie an, gebe Lisa einen Kuss und muss unwillkürlich schmunzeln. „Hat funktioniert. Ich war bei meinem Stoffhasen."

„Echt?! Bei Tobias? Wow, das ist ja super. Und?"

„Nichts und. Dachte ja, er ist ein unterirdisch gemeiner Fremdgeher. Aber zu meiner Genugtuung hab ich gesehen, dass er uns vermisst. Und dann kam er heute Morgen ins Büro, so klein mit Hut und einem riesigen Blumenstrauß in der Hand und wollte uns zurück."

Jacky strahlt und juchzt auf. „Aber das ist ja supergenial!"

„Ich will aber nicht", bremse ich ihre Euphorie. „Ich glaube ihm nicht, dass er Lisa wirklich will. Er will mich, aber nicht mein Kind. Und dann kann er das grade mal schön vergessen."

„Ach nein Nora, das kann ich mir nicht vorstellen. Das ist wieder typisch für dich, du alte Pessimistin. Übrigens, Werner und ich …" Sie grinst. „Du kannst dir schon mal ein Brautjungfernkleid kaufen. Apricot mit rosa Rosen fände ich hübsch kitschig." Sie grinst. „Er hält es ohne mich und Gregor keine Sekunde mehr aus. Wir suchen uns eine neue, große Wohnung, wir drei. Oder `n Häuschen wär übrigens auch nicht schlecht. Ist denn da bei euch in der Himbeersiedlung noch eins frei? Ich mein natürlich, weit weg von Werners Ex?"

„Die Himbeersiedlung", fällt es mir schlagartig wieder ein. „Ich muss los, die Preisverleihung! Ich hab `nen Preis gewonnen, Jacky, ICH, stell dir vor! Und der ganze Presserummel geht in einer halben Stunde los!

Ich muss da hin, ich will da hin, auch um es meinem idiotischen Chef zu zeigen, aber Lisa ist krank!"
Ich wiege sie sanft im Arm.
„Autsch, und mit diesem Horror-Hair-Look willst du vor die Presse? Du siehst ja aus wie Bridget Jones, mit dem Kopf in die Suppe getunkt."
„Egal. Es kommt auf meine fachliche Qualifikation an. Kannst du für ein paar Stunden Lisa nehmen, du kennst dich wenigstens aus mit fiebernden Kindern."
„Ich? Oh ja. Äh, klar, ach shit, ich hab gleich `nen Zahnarzttermin, aber ihr jungscher Papi ist doch da. Oder glaubst du, der kommt nicht mit seinem eigenen Kind zurecht, wenn's mal krank ist?"
„Nein, nein, doch, doch", erwidere ich schnell, aber tatsächlich habe ich tief in mir so meine Bedenken.
„Danieel!", rufe ich laut, und Daniel kommt aus der Bistro-Küche geeilt.
„Was gibt es, Bella?"
„Ich muss zu der Preisverleihung, die ist jetzt doch schon heute, der Alte hat mich gelinkt, und zwar ist sie … in 20 Minuten, und Lisa kränkelt ein bisschen und …"
„… ich soll sie nehmen?" Er sieht mich an und deutet bedauernd auf die Gäste im Bistro, die ihm gerade wegen der Rechnung winken.
„Ja. Das sollst du", schaltet sich Jacky mit barscher Stimme ein. „Und ich fahre Nora dahin, komm Süße, keine Widerrede. Mein Name ist Speedy Gonzales, und keine rote Ampel ist sicher vor mir."
Daniel sieht sie perplex an, und ich nutze den Moment und drücke ihm Lisa in den Arm. Dann gebe ich ihr noch rasch ein Küsschen. „Mami ist gleich zurück, Mäuschen. Sie muss nur noch schnell vor die Presse

und dann auf die Titelseite von irgend so einer total wichtigen Zeitschrift."
Jacky grinst und zieht mich mit sich. Ich drehe mich noch einmal nach meiner Kleinen um, will ihr winken, doch da sehe ich, dass Daniel sie einfach einer Aushilfskellnerin in die Hand drückt und zu dem Tisch mit den Gästen geht, um abzukassieren!

Jacky gibt ordentlich Gas, und ich versuche, mich mit Jackys Not-Schminkset während der Autofahrt nachzuschminken. Meine Spaghetti-Haare werden mit ihrer Lockenbürste malträtiert, in der Hoffnung, danach schwungvoller auszusehen. Während sie rasant in eine Kurve geht, male ich mit ihrem knallroten Marylin-Monroe-Lippenstift meine Lippen nach, doch ich male natürlich daneben und sehe aus wie Dolly Buster mit dicken Pornolippen.
Dann sind wir endlich da und Jacky hilft mir, mit Popo-Feuchttüchern von Baby Gregor, das Schlimmste wieder abzurubbeln, toupiert mir schnell den Haaransatz (zum Glück hat sie mal in einem hippen Friseur-Salon in Mitte gejobbt) und schafft es, dass ich innerhalb von zwei Minuten wie eine erfolgreiche, straighte Powerfrau aussehe.
„Wow. Bin ich das?"
„Klar." Jacky grinst. „Endlich wieder."
„Danke", hauche ich, drücke ihr ein Bussi auf die Wange und steige aus.
„Wozu sind Freundinnen denn da." Jacky lächelt mich noch mal entschuldigend an, und ich kann ihr schlagartig überhaupt nicht mehr böse sein.
Ich hetze in den Saal, wo der Alte bereits auf der Bühne steht, um MEINEN Preis entgegenzunehmen.

Angeberisch grinst er den Journalisten zu, die ihre Fotoapparate zücken.
„Halt!", rufe ich laut, und alle Anwesenden drehen sich zu mir um. Normalerweise hätte ich mir jetzt ein riesiges Mauseloch gewünscht, aber irgendwie bleibe ich ganz ruhig und selbstbewusst, ich scheine etwas gereift zu sein.
„Tut mir leid, dass ich jetzt erst kommen konnte, ich hatte noch einen wichtigen Termin", sage ich und gehe hocherhobenen Hauptes auf die Bühne.
„Blümchen, sind Sie das?", zischelt der Alte und sieht mich total beeindruckt an.
„Sie sollten nicht den Fehler machen, mich zu unterschätzen, Herr Gräbner", raune ich zurück und lächle die Journalisten selbstsicher an.
Der attraktive Redakteur von „Architektur Online" gratuliert mir charmant und übergibt mir den Preis. Eine durchsichtige Plastik-Statue, die sich ganz wunderbar auf meinem Schreibtisch machen wird und die ich noch stolz meinen Enkeln zeigen werde, sofern Lisa jemals Kinder haben wird.
„Frau Blume, herzlichen Glückwunsch", reißt er mich aus meinen großmütterlichen Gedanken. „Mit der Himbeersiedlung ist Ihnen etwas ganz Besonderes gelungen. Moderne, junge Familien werden sich dort sehr wohl fühlen. Ihr Konzept Kind und Kunst hat uns von Architektur Online komplett überzeugt."
Applaus der anwesenden Fachpresse, Blitzlichtgewitter. Ich fühle mich wie Demi Moore auf dem roten Teppich, müde und alt, aber wie ein Star.
Der Alte sieht mich mit seinen Frettchen-Augen neidisch, aber auch voller Respekt an.
Nachdem die Fotos geschossen sind, stecke ich mir noch schnell ein, zwei Lachs-Häppchen in den Mund,

kippe einen Spritz Aperol hinunter und verlasse die Veranstaltung. Ich will nur noch nach Hause, zu Lisa. Hoffentlich hat mein Schnuckelchen nicht noch mehr Fieber bekommen!

Wieder hat die U-Bahn Verspätung und wieder begegne ich diesem obdachlosen Jugendlichen mit der Pulle Bier in der Hand, der unter einem Postbank-Plakat steht und grinsend darauf deutet. Das Plakat zeigt eine heile Familie vor einem adretten Reihenhäuschen. „Na, Sweetie, kannste dich nich entscheiden, wa? Sone Scheiße aber auch. An jeder Hand `nen Typen is einfach Mist."
Ist dies wieder eine dieser schicksalhaften Begegnungen, die mir irgendetwas sagen soll? Ich habe mich doch schon für Daniel entschieden. Oder etwa nicht?

Ich hetze zum Bistro, renne die Treppen zu unserer Wohnung darüber hinauf, schließe auf und rufe nach Lisa und Daniel.
Doch keiner antwortet, die Wohnung ist leer. „Wo seid ihr, Lisaa, Mäuschen? Danieeel?!"
Ahnungsvoll renne ich die Treppe wieder runter, hinein ins Bistro. Florence hat sich aufgrund von Regelschmerzen krankschreiben lassen! Die etwas bräsige 19-jährige Aushilfskellnerin mit ihren spröden, zu oft blondierten Haaren, sieht mich nur an und grinst sich eins.
„Wissen Sie, wo Daniel ist?", frage ich außer Atem.
„Nee. Auf und davon, vielleicht?", antwortet sie feixend, und setzt grinsend hinzu. „Jetzt mal ehrlich. Ich hab mir das gleich gedacht, dass das nich passt."
„Aha und wieso?", frage ich spitz.

„Naja, das wissen Se doch selbst."
„Nein, weiß ich nicht. Sagen Sie es mir."
Sie sieht mich an und traut sich doch nicht mehr, die Wahrheit zu sagen.
„Jetzt sagen Sie schon." Meine Stimme wird rauer, ich bin jetzt richtig angespannt.
„Also, ich kann mir das halt nich vorstellen, wenn ich in Ihrem Alter wär ... mit `nem soo viel jüngeren Kerl. Da fühlt man sich doch immer alt. Das muss man sich doch nich antun, das ist doch bescheuert."
Ich sehe sie an und fühle mich alt und bescheuert.
Sie lächelt zerknirscht. „Ach, fast vergessen, er hat mir `nen Zettel für Sie gegeben." Sie geht schnell hinter den Tresen und bringt mir ein altes, etwas verknautschtes Kuvert. Postbank steht darauf gedruckt. Und darunter hat Daniel gekritzelt: „Lisa ist bei ihrem Vater."
Ich sehe das gebrauchte Postbank-Kuvert an und weiß plötzlich, dass man im Leben zwar manchmal die falschen Entscheidungen trifft, dass es das Schicksal aber meistens gut mit einem meint und man sein Leben immer noch ändern kann. Man braucht nur ein kleines bisschen Mut dazu. Ich rufe Jacky an, und meine Stimme klingt zittrig. „Jacky, Daniel hat mir einfach einen Zettel hinterlassen. Lisa sei bei ihrem Vater!"
„Hä? Was will der?"
„Mann, kapierst du's nicht?! Egal. Ich brauch dein Auto, Jacky, mit den Öffentlichen dauert das so ewig da raus. Bitte, kannst du mir es leihen?"
„Ich versteh zwar nur Bahnhof, aber na klar. Ich bin eh grad um die Ecke und fertig beim Zahnarzt, ich komm vorbei und du setzt mich an `ner U-Bahn ab."
„Danke, du bist die Allerbeste. Ich bin so froh, dass es dich gibt."

„Ja, ja, jetzt heul nich." Jacky legt auf, und ich starre den dahingekritzelten Zettel von Daniel an.
Kurz darauf ist sie da, wie sie immer da ist, wenn man sie braucht. Und wir nehmen uns ganz fest in den Arm und heulen zusammen, wie es nur beste Freundinnen tun können.

Nachdem ich sie an der U-Bahn abgesetzt habe, fahre ich alleine über die Stadtautobahn, und im Radio läuft „Tears dry on their own", von Amy Winehouse, und ich denke an Amy und ihr kurzes, unglückliches Leben. Und beschließe, aus meinem Leben so viel Glück wie nur irgend möglich herauszuholen und sehne mich so sehr nach Lisa.

Kurz bevor ich in Jackys altem schwarzen Fiesta über die etwas holprige Straße in die Himbeersiedlung einbiege, kommt mir Daniel in seinem blauen Lieferwagen entgegengebraust. Er hält direkt neben mir, unsere traurigen Blicke treffen sich. Der Kindersitz neben ihm ist leer. Ich lasse schnell das Fenster herunter, um irgendetwas zu sagen, doch Daniel lässt seine Scheibe oben, sieht unwohl weg und gibt Gas. Erschüttert sehe ich der Staubwolke seines Wagens im Rückspiegel nach, atme tief durch und fahre weiter.

Unser Häuschen sieht noch idyllischer aus als das auf dem Postbank-Plakat. Eine Clematis wächst neben dem Hauseingang, Schopf-Lavendel im Topf am Boden. Tobias scheint den Garten tatsächlich gepflegt und gegossen zu haben, die Knospen der Clematis sind kurz davor, rot aufzublühen.

Ich starre auf die Klingel, auf der noch unsere beiden Namen stehen, gebe mir einen Ruck und drücke darauf.
Das Schrillen ist im ganzen Haus zu hören. Es ist ein lauter, alles durchdringender Ton. Die wolltest du eigentlich ersetzen, schießt es mir durch den Kopf. Ich wollte so viel ... und habe fast alles bekommen.
Ich klingle noch mal und diesmal entschlossener, länger. Unser Audi, der extra für unser Baby gekauft wurde, steht da und lächelt mich an. Tobias muss da sein - und Lisa auch. Wieso macht er nicht auf? Hat er es sich anders überlegt, nachdem ich ihm als irre Furie im Büro den Lilienstrauß ins Gesicht gedrückt habe?!
Ich spüre meinen Schlüsselbund in der Hosentasche, ziehe ihn heraus und zögere einen Moment. Vielleicht hat Tobias inzwischen das Schloss ausgetauscht? Nein, Nora, wieso hätte er das tun sollen? Weil ich ihn für einen Jüngeren verlassen habe?! Ich schäme mich so, ziehe unseren alten Hausschlüssel heraus und öffne die Tür.
„Tobias?!", rufe ich laut, „bist du da? Ist Lisa bei dir?"
So langsam bekomme ich es mit der Angst zu tun. Wo ist denn nur mein Mäuschen?
Ich haste rasch in ihr altes Kinderzimmer und bleibe überwältigt im Türrahmen stehen. Tobias hat die Wände rosa gestrichen und liebevoll mit selbst gemalten, mintgrünen Ornamenten und bunten Schmetterlingen verziert. Das ganze sieht aus wie ein wahr gewordener Kleinmädchentraum. Es sieht aus wie das Kinderzimmer, das ich mir als Mädchen vor 100 Jahren immer erträumt habe.
Ich gehe lächelnd in Lisas neues, wunderhübsches Zimmer und weiß jetzt, dass er sie auch wirklich will.

Durchs Fenster sehe ich, dass da Tobias auf einer Decke auf unserer Wiese liegt und schläft – mit Lisa selig schlummernd auf seinem Bauch.

Ich renne hinunter und gehe leise zu ihnen, sehe die beiden berührt an, lege mich neben meine kleine Familie und umschließe Tobias` Hand.

Wenn Männer schlafen, schlafen sie. Mit offenem Mund, vibrierenden Nasenhaaren (wie habe ich die vermisst), und Tobias schläft lächelnd.

Und ich sehe in die Wolken über uns und sehe weiße und graue, und da, tatsächlich, da ist auch eine … rosa!

DANKSAGUNG

Ich danke meinen lieben Lesern und Leserinnen aus ganzem Herzen, meiner Familie, meinen drei Männern, ohne deren Liebe und Unterstützung es nicht gegangen wäre. Mein Dank gilt auch meinen Kolleginnen und Freundinnen, ihr habt mich oft inspiriert.

Wenn euch das Buch unterhalten hat, freue ich mich über eine kleine Rezension und hoffe, dass wir in Kontakt bleiben.

Auf meiner Homepage findet ihr auch noch viele andere Romane von mir:

www.Anja-Saskia-Beyer.com
www.facebook.com/AnjaSaskiaBeyer
www.instagram.com/AnjaSaskiaBeyer

www.ingramcontent.com/pod-product-compliance
Lightning Source LLC
Chambersburg PA
CBHW022110040426
42450CB00006B/651